COALITION GOVERNMENT IN JAPAN

日本の連立政権

Yoshikazu IWABUCHI　　Masahiro IWASAKI
岩渕美克／岩崎正洋 編著

八千代出版

執筆分担 （掲載順）

岩渕美克	元日本大学法学部教授	序章
岩崎正洋	日本大学法学部教授	序章・第6章
石上泰州	平成国際大学法学部教授	第1章
中井孔人	日本海テレビジョン放送取締役	第2章
新川匠郎	上智大学外国語学部特別研究員	第3章
水戸克典	日本大学法学部教授	第4章
山田尚武	日本大学大学院新聞学研究科博士後期課程	第5章
菊池正史	日本テレビ政治部記者	第7章
木下　健	福岡工業大学社会環境学部助教	第8章
荒井祐介	日本大学法学部准教授	第9章
浅井直哉	日本大学大学院法学研究科博士後期課程	第10章
富崎　隆	駒澤大学法学部教授	第11章
宮脇　健	日本大学危機管理学部専任講師	第12章
岡田陽介	拓殖大学政経学部助教	第13章
松浦淳介	慶應義塾大学法学部専任講師	第14章

目　　次

序　章　日本の連立政権をどのようにみるのか ……………………… I
　　1　日本における連立政権の常態化 I　　2　連立政治の3つの側面 2
　　3　連立政権のフェーズ 4　　4　日本の連立政権論を考えるために 5

第1章　細 川 政 権 ……………………………………………… II
　　1　自民党単独政権の崩壊 II　　2　非自民・非共産連立政権の誕生 I4
　　3　連立政権の運営 I9　　4　政治改革関連法の成立とコメの部分開放 2I
　　5　政権の崩壊 25

第2章　羽 田 政 権 ……………………………………………… 29
　　1　細川退陣表明後の混迷 29　　2　「改新」騒動で始まった波乱の船出 33
　　3　組閣作業のずれ込みと異例の発足 37　　4　社会党をめぐる駆け引き 40
　　5　羽田内閣の実績と評価 42

第3章　村 山 政 権 ……………………………………………… 49
　　1　理念なき野合か 49　　2　なぜ生まれたのか 49　　3　何をしたのか 54
　　4　どのように終わったのか 60　　5　村山政権の理念とは 62

第4章　橋 本 政 権 ……………………………………………… 67
　　1　第一次橋本連立内閣の誕生と自社さ連立政権 67
　　2　第二次橋本内閣の発足と閣外協力 68
　　3　連立政権形成の理論と橋本内閣 70
　　4　与党審査と連立政権 72　　5　橋本内閣による行政改革 74

第5章　小 渕 政 権 ……………………………………………… 79
　　1　ポスト橋本と小渕内閣の成立 79　　2　連立政権の形成 82
　　3　自自公連立形成過程 84　　4　小渕政権の終焉 88
　　5　小渕政権の再考 90

i

第6章　森　政　権　………………………………………………… 95

1　連立政治の歴史における森政権　95　　2　森政権の誕生　96

3　政権運営　101　　4　終わりの始まり　105　　5　森政権の位置づけ　108

第7章　小　泉　政　権　………………………………………………… 111

1　自民党保守政治の崩壊　111　　2　「小泉政治」と公明党　124

第8章　第一次安倍政権　………………………………………… 141

1　第一次安倍政権の誕生　141

2　教育基本法改正と防衛庁の省昇格関連法案　142

3　任命責任と消えた年金問題　144　　4　内閣改造後のねじれ国会　152

5　第一次安倍政権の失敗　154

第9章　福　田　政　権　………………………………………………… 159

1　福田政権の誕生　159　　2　大連立政権構想の頓挫　161

3　決められない政治　167　　4　福田首相の辞任　172

第10章　麻　生　政　権　………………………………………………… 175

1　解散を見送る「選挙管理内閣」　175　　2　政権与党の不協和音　177

3　定額給付金をめぐる混乱　179　　4　小沢の揺さぶり、公明党との軋轢　182

5　「死に体」の麻生政権　184　　6　麻生政権の評価　187

第11章　鳩　山　政　権　………………………………………………… 191

1　鳩山政権の歴史的位置づけ　191　　2　鳩山政権の軌跡・概要　192

3　鳩山政権における政策決定：拒否権プレイヤー・モデルによる分析　198

4　戦後日本の民主制における政策決定と権力構造　205

第12章　菅　政　権　………………………………………………… 211

1　菅政権の発足の経緯　211　　2　脱小沢路線と郵政改革法案　212

3　参議院議員選挙とねじれ国会　216

4　脱小沢路線の継続と「ねじれ国会」　218

5　東日本大震災の対応と菅おろし　222　　6　菅政権の総括　224

目　次

第13章　野田政権　……………………………………………………… 227

  1　野田政権の成立　227

  2　内閣改造と支持率（第一次改造～第二次改造）　230

  3　民主党代表選挙再選と第三次改造内閣　235　　4　解散　237

  5　野田政権とは　239

第14章　第二次安倍政権　………………………………………………… 245

  1　安倍の再登板と長期政権　245　　2　長期政権の前提とは何か　247

  3　政権基盤の確立　250　　4　安全保障法制の整備　253

  5　安保後の安倍政権　257

  あ と が き　263

  索　　　引　266

iii

序　章　　日本の連立政権をどのようにみるのか

岩渕　美克・岩崎　正洋

1　日本における連立政権の常態化

　1993 年の非自民連立政権誕生から四半世紀が過ぎ、今や日本政治において、連立政権は常態化している。この間、一時の例外はあるものの、基本的に連立がつくられてきている。本書は、日本における連立政治の形成と変容について考えるために、1993 年以降、現在に至るまでのすべての政権に注目し、それぞれの特徴を明らかにするとともに、日本における連立政権の歴史を概観しようとしている[1]。

　細川、羽田、村山までの連立政権においては、連立の組み合わせ、連立にあたっての政策の合意、連立の維持、連立における決定作成の方法など、連立政権の「形成」そのものを考える際に極めて有益な題材が数多く存在する。それぞれの政権の成立事情は大きく異なっており、一つひとつの連立政権の形成そのものが連立政治のダイナミズムを描いている。そのため、各政権の記録をまとめるだけでも、日本における連立形成のいくつかのパターンを示すことができる。橋本政権以降においては、それ以前の（連立）政権と比べて、自民党内の政治力学が強く働いており、連立政権の形成というよりも、連立政権の変容ないし連立政治の変容という視点から捉えることで、各政権の特徴を明らかにすることができる。

　いわば、1993 年以降の日本政治は、細川から村山までの時期に連立形成という経験を蓄積し、その時期までに連立政治そのものが形成された。それに対して、橋本政権以降は、連立が常態化した状況下において、そのときごきの連立が組まれており、日本における連立政治の変容の段階にあると考えられる。その意味で、本書は、日本における連立「政治」の「形成」と「変容」に関する本邦初の包括的な書物として位置づけることができる。

本書では、細川政権以来、現在の安倍政権に至るまでのすべての連立政権について、1つの政権を1人の執筆者が担当し、各政権の特徴を明らかにすることで、まず、日本のこれまでの連立政権に関する情報の蓄積を行うことを企図している。本書のスタイルにかかわる類書としては、たとえば、白鳥令編『日本の内閣』新評論（全3巻）が挙げられる。同書は、1つの内閣について1人の執筆者が担当しており、本書もそのスタイルを参考にしている。また、本書の内容にかかわる類似の書物としては、後藤謙次『ドキュメント平成政治史』岩波書店（全3巻）が挙げられる。『ドキュメント平成政治史』は、平成時代の日本政治という切り口であるが、まさに、本書の対象とする連立政権の常態化する時期とも重なっており、1人の著者による通史として参考にするには手頃な書物である。しかし、同書は、ジャーナリストの手によるものであり、必ずしも連立政権という切り口からではなく、平成政治史を網羅したものであるという点で、本書とは異なる性格をもつ。

本章は、後に続く第1章から第14章までで取り扱う個別具体的な政権を考えるための前提として、連立政権そのものについて基本的な理解を共有するための役割を担うことを企図している。本章では、次節において、連立政治がみられる3つの側面に注目し、その次に、連立政権の3つのフェーズについて説明した後、日本の連立政権を考える際に注目すべき論点を指摘し、今後の日本における連立政権の研究の方向性について言及することにしたい[2]。

2　連立政治の3つの側面

連立政権は、いくつかの政党が連立を組むことによって政権がつくられることを意味するが、連立そのものは、政権の形成や維持だけに限定されるのではない。実際に、連立は、選挙、議会、内閣という3つの側面においてみられるからである。

第一に、選挙における連立は、政党同士の選挙協力というかたちで実現する。選挙協力は、政党間で候補者調整を行い、それぞれの政党の議席を確実に確保できるような戦略を採る。ある選挙区では一方の政党の候補者を擁立

し、他の選挙区ではもう一方の政党の候補者を擁立する。それぞれの政党は、自党の候補者を擁立している選挙区だけでなく、協力関係にある政党の候補者がいる選挙区においても同様に選挙運動を行う。自党の候補者がいない選挙区では、自党の支持者に対して、連立のパートナーとなっている政党の候補者を支援するように依頼する。たとえば、2つの政党が協力して選挙運動を行うことにより、選挙における連立が成り立つ。

　選挙協力が黙示的に、選挙後の議会や政権で連立を組むことを意識しているとしても、明示的に、事前に連立政権の形成をうたって選挙共闘を行うとは限らない。選挙での連立には、選挙共闘だけでなく、候補者調整などの選挙協力も含まれる。

　第二に、議会における連立は、議会での法案提出や法案審議、法案採決などにおいてみられる。場合によっては、異なる政党同士が議会で会派を組むこともあるし、会派を組まないとしても、法案をめぐり協力関係を構築することがある。議会における連立は、議院内閣制における首班指名が象徴的である。議会での連立は、そのまま政権での連立につながることから、首班指名に際して、各党が誰を指名するのかという問題は、連立を組んでいるか否かを識別する基準となる。政党間の関係は、議会で連立を組むことにより、同一の首班指名を行い、その後の連立政権を形成することになる。

　第三に、内閣における連立が挙げられる。多くの場合に、連立政権という表現は、内閣における連立を意味している。本書では、連立がみられる側面として、選挙、議会、内閣の3つの側面を挙げ、内閣での連立を「いわゆる」連立政権として位置づけている。連立政権においては、いくつかの政党が連立を組んで政権を獲得し、政権を担当する。議会における連立が立法の領域でみられたのに対し、内閣における連立は、執政の領域でみられる。

　閣外協力は、連立の一つの形態であるが、議会での連立というよりも、内閣での連立として捉えられる。閣外協力という言葉は、いくつかの政党が連立を組んで政権を担当しているにもかかわらず、一部の政党は内閣に参加せずに、内閣の外側に位置して政権を支える場合に用いられる。その意味で、閣外協力は、執政の側面における連立パートナーとしての役割よりも、立法

の側面におけるパートナーという役割に重点が置かれる可能性もある。この場合は、執政面での役割が事実上あまりなく、議会運営のためにパートナーの存在が必要なときなどが該当する。同様のことは、二院制において、上下両院の勢力分布が異なる場合に、連立が組まれる場合にも該当する。この場合は、必ずしも閣外協力ではなく、議会においても内閣においても連立が組まれることがある。

連立には、選挙、議会、内閣という３つの側面が挙げられるが、これらは相互に関連している。いずれか一つの側面で連立を組んだとしても、結果的に他の側面の連立に関連し、一連の政治過程に影響を及ぼすことになる。もちろん、それぞれの側面を切り離して、個々の側面における政党間の相互作用に注目することもできる。

3　連立政権のフェーズ

連立政権は、これまでに３つのフェーズを中心に論じられてきた。第一に、連立政権の形成、第二に、連立政権の安定や存続、第三に、連立政権における決定作成過程にかかわるフェーズである。

まず、連立政権の形成については、連立政権論の中心的な論点であり、ゲーム論的アプローチによっても、ヨーロッパ政治の伝統アプローチによっても、これまでに膨大な研究が蓄積されてきた。ある国において、連立政権が誕生すると、まず手始めに連立政権の形成に注目が集まり、一連の形成過程を解明しようという試みがなされる。連立形成へのアプローチは、ゲーム論であろうと、事実の詳細な描写にもとづく経験的な研究であろうと、いずれも可能である。理想的には、両方のアプローチにより情報が収集されていくことであり、その次に両者の総合が必要となる。

連立政権の形成に関しては、既に大量の先行研究が存在しているが、今でも異なるアプローチによって研究が進んでいる分野である。実際に、連立政権が１つ誕生すれば、それがそのまま新しい一つの事例をもたらすのであるから、その後も連立形成へ注目し続けることができる。

第二に、連立政権の安定性や存続については、「安定性」や「存続性」、あ

序　章　日本の連立政権をどのようにみるのか

るいは「永続性」などの用語によって説明され、さまざまなデータによって測定されている。ヨーロッパ諸国のクロスナショナルな分析の多くは、各国の連立政権がどの程度の期間にわたって続いているのかという問題を取り扱っている。このような試みは、連立政権を経験した事例が増えるほど補強される傾向があるし、新たな仮説やモデルの提起につながる可能性をもつ。

　経験的な研究が多くなると、どのような政党の組み合わせが安定的であるのかとか、どのような政策を採用することが存続にかかわってくるのかとか、連立政権の安定性には何が必要なのかという問いに対する回答が現実の経験から導き出されるようになる。もちろん、政治学において容易に法則性を見出すことはできないとしても、連立政権が不安定なものであるとか、存続しにくいものであるという認識は、政治学における共通認識ではなく、むしろ誤った認識であることが明らかである。

　第三に、連立政権における決定作成過程にかかわるフェーズについては、政策過程論や政治過程論のように、決定作成過程を取り扱う分野から注目を浴びていた。連立政権の形成、連立政権の安定や存続などは、時間の流れと関係している。連立政権が形成されるまでにどのような過程を経るのかという論点は、時間の流れそのものを扱うことになるし、連立政権の安定や存続などは、時間の経過そのものを対象としている。

　連立政権における決定作成過程もまた、時間の経過を取り扱うが、上記の2つとは異なる意味合いがある。政権の日々の運営においては、さまざまな決定作成がなされる。ときには、政権が議会の審議を揺るがしたり、国論を二分したりするような決定を行う場合があるとはいえ、それ以外の多くの場合は、日常的な決定作成を行っている。ここで注目するのは、連立政権の日常の運営であり、言い換えるなら、連立政権のガバナンスともいえる問題である。この点は、連立政権を考えていくのに欠かせない視点であり、今後さらに関心が集まってくると思われる。

4　日本の連立政権論を考えるために

　最後に、日本の連立政権を考える際に、注目すべき論点を挙げるとともに、

5

今後の研究の可能性を示唆することにしたい。まず挙げることができるのは、政党システムとの関連である。従来、日本の政党システムは、一党優位政党制とされてきた。日本の一党優位政党制がみられるようになったのは、1955年以降であるとされる。それ以降、(1993年の自民党の分裂と非自民連立政権の誕生を経て、途中の2009年の総選挙で自民党が衆議院の過半数を割り、民主党を中心とする連立政権の誕生を除き)現在に至るまで自民党の一党優位は変わらず、政党システムのタイプが一党優位政党制から変化したとされることはなかった。

1993年の政権交代の折に、それまでの一党優位政党制が穏健な多党制へと変化する可能性があると考えられた。2009年の政権交代の前後には、一党優位政党制ではなく、二党制の可能性が論じられたり、穏健な多党制などが今後の日本の政党システムとして形づくられていくのではないかと考えられたりした。2009年の総選挙では、自民党が公示前の勢力より181議席を失って119議席となり、長期にわたる一党優位の状況は崩れたのであった。それに対して、民主党は、308議席を獲得し、自民党に代わり、圧倒的に優位な立場に就くことになった。

日本の政党システムが一党優位政党制の一つの事例として扱われ、他国の一党優位政党制との比較の対象とされるのは、これまでの経験から明らかである。それに加えて、日本における連立政権の経験は、一党優位政党制における連立政権の形成、安定や存続、連立政権のガバナンスを考えるための材料を提供する。一党優位政党制において、どのように連立政権が形成されるのか、どのような理由によって政権が安定し存続するのかという点を解明することは、日本の事例を考えることによってこそ導き出される視点である。

さらに、国会との関連からいえることであるが、日本の連立政権が衆参両院における与野党の勢力分布の違いによる影響を受けて形成されたり、存続したりしていることを指摘できる。いわゆる「ねじれ国会」にみられるように、衆議院では、自民党単独で政権を獲得できるほどの議席数を有していても、参議院では、単独で過半数議席を獲得できない場合には、議会運営だけでなく、政権運営についても安定を図るために他党と連立を組むことになる。とりわけ、自民党と公明党との連立政権は、1999年以来(民主党政権の時期を

序　章　日本の連立政権をどのようにみるのか

除き）、現在まで続いており、選挙、議会、内閣の３つの側面で連立が組まれている。

　日本の連立政権は、政権獲得に必要な過半数議席の確保という数合わせではなく、国会対策のための数合わせという性格をもっている。そのため、連立政権における議席数をみると、多くの場合に最小勝利内閣ではなく、過大規模内閣がつくられる傾向がある。この点は、世界の連立政権のパターンとは異なる点である。多くの国において、最小勝利内閣が最も頻繁につくられている。過大規模内閣は、特定の国で形成されており、社会構造が非同質的であり、さまざまな社会的亀裂を抱えているため、大連立を組まざるを得ないような事例においてみられるタイプの内閣である。

　日本の場合は、ヨーロッパのように、社会構造の影響によるものではなく、選挙対策という意味での連立であるとともに、国会対策という意味もある。とりわけ、自民党と公明党との連立政権が選挙、議会、内閣というかたちの連立となっており、この点を考えることにより、連立政権における政党間関係の重層性を明らかにできる。たとえば、そこには、政党組織の問題も含まれるし、一党優位政党制であるにもかかわらず、連立を組むため、過大規模内閣が形成されるという実態から政党システムの問題も含まれてくる。日本の連立政権に注目することは、日本の政党政治を再検討することにもなり、さらに、日本の議会制民主主義そのものを体系的に考えることにもなるといえよう。

【注】

1　これまで刊行されてきた連立政権に関する書物は、傾向として、ジャーナリスティックな政局話が中心である。本書は、大学で研究および教育にかかわる執筆者によって書かれるものであることから、学術的な色彩のあるものを企図する。ただし、主たる読者として専門家のみを念頭に置くというよりも、本書は、①学生を中心とした読者への知識の提供、②1993 年以降の日本政治の大まかな流れの概説、③「連立」をキーワードとして、連立の形成と維持、さらに変容について解説することに力点を置く。

2　本章における以下の議論は、岩崎（2018）の議論に多くを依拠している。

7

【参考文献】

Beyme, Klaus von (1985) *Political Parties in Western Democracies*, English translation by Eileen Martin, Aldershot: Gower.

Bogdanor, Vernon (ed.) (1983) *Coalition Government in Western Europe*, London: Heineman.

Browne, Eric C. and John Dreijmanis (eds.) (1982) *Government Coalitions in Western Democracies*, New York: Longman.

Budge, Ian and Hans Keman (1990) *Parties and Democracy: Coalition Formation and Government Functioning in Twenty States*, Oxford: Oxford University Press.

Dodd, Lawrence C. (1976) *Coalitions in Parliamentary Government*, Princeton: Princeton University Press. 岡沢憲芙訳（1977）『連合政権考証――政党政治の数量分析』政治広報センター。

Laver, Michael and Kenneth A. Shepsle (eds.) (1994) *Cabinet Ministers and Parliamentary Government*, Cambridge: Cambridge University Press.

Laver, Michael and Norman Schofield (1990) *Multiparty Government: The Politics of Coalition in Europe*, Oxford: Oxford University Press.

Müller, Wolfgang C. and Kaare Strøm (eds.) (2000) *Coalition Governments in Western Europe*, Oxford: Oxford University Press.

Pridham, Geoffrey (ed.) (1986) *Coalition Behaviour in Theory and Practice: An Inductive Model for Western Europe*, Cambridge: Cambridge University Press.

Sartori, Giovanni (1976) *Parties and Party Systems: A Framework for Analysis*, Vol. 1, Cambridge: Cambridge University Press. 岡沢憲芙・川野秀之訳（1980）『現代政党学――政党システム論の分析枠組み（Ⅰ・Ⅱ）』早稲田大学出版部。

Strøm, Kaare (1990) *Minority Government and Majority Rule*, Cambridge: Cambridge University Press.

Strøm, Kaare, Wolfgang C. Müller and Torbjörn Bergman (eds.) (2008) *Cabinets and Coalition Bargaining: The Democratic Life Cycle in Western Europe*, Oxford: Oxford University Press.

網谷龍介（2015）「日本における EU・ヨーロッパ政治研究の可能性」『上智ヨーロッパ研究』第 7 号、107-123 頁。

網谷龍介・伊藤武・成廣孝編（2014）『ヨーロッパのデモクラシー（改訂第 2 版）』ナカニシヤ出版。

岩崎正洋（1999）『政党システムの理論』東海大学出版会。

岩崎正洋編（2011）『政党システムの理論と実際』おうふう。

岩崎正洋（2018）「連立政権研究と政党政治」『桜文論叢』第 96 巻、311-333 頁。

岡沢憲芙（1988）『現代政治学叢書 13　政党』東京大学出版会。

岡沢憲芙（1997）『連合政治とは何か――競合的協同の比較政治学』日本放送出版協会。

加藤淳子／レイヴァー，マイケル（1998）「政権形成の理論と 96 年日本の総選挙」『レ

ヴァイアサン』第 22 号、80-105 頁。

加藤淳子／レイヴァー，マイケル／シェプスリー，ケネス・A（1996）「日本における連立政権の形成——ヨーロッパ連合政治分析におけるポートフォリオ・アロケーション・モデルを用いて」『レヴァイアサン』第 19 号、63-85 頁。

後藤謙次（2014）『ドキュメント平成政治史 1　崩壊する 55 年体制』岩波書店。

後藤謙次（2014）『ドキュメント平成政治史 2　小泉劇場の時代』岩波書店。

後藤謙次（2014）『ドキュメント平成政治史 3　幻滅の政権交代』岩波書店。

篠原一編（1984）『連合政治 I・II　デモクラシーの安定をもとめて』岩波書店。

白鳥令編（1986）『新版　日本の内閣 I　内閣の創設から政党内閣の崩壊まで』新評論。

白鳥令編（1986）『新版　日本の内閣 II　支那事変から安保闘争まで』新評論。

白鳥令編（1986）『新版　日本の内閣 III　経済大国への道から模索の時代へ』新評論。

成田憲彦（2001）「日本の連立政権形成における国会の論理と選挙制度の論理」『選挙研究』第 16 巻、18-27 頁。

新川匠郎（2012）「いかに、ヨーロッパで連立政権は成立しているのか？——連立形成の理論を政党システムに関する研究との対比から再考する」『上智ヨーロッパ研究』第 4 号、107-124 頁。

新川匠郎（2013）「西ヨーロッパ諸国に見る過大規模連合の政権と説明モデル——混合研究法から」『上智ヨーロッパ研究』第 5 号、93-115 頁。

野中尚人（1998）「先祖帰り？——連立政権時代における政策過程の変容」『レヴァイアサン』臨時増刊号、37-67 頁。

的場敏博（1990）『戦後の政党システム——持続と変化』有斐閣。

山口二郎・生活経済政策研究所編（1997）『連立政治——同時代の検証』朝日新聞社。

依田博（1991）「政党システムと政府形成」『レヴァイアサン』第 9 号、190-195 頁。

レイヴァー，マイケル／加藤淳子（2001）「政権の形成と政党交渉力決定構造——1990 年代の日本の事例をめぐって」『レヴァイアサン』第 29 号、91-112 頁。

第1章　細川政権

石上　泰州

1　自民党単独政権の崩壊

自民党の分裂と「政治改革」

　日本の内閣は、制度上、衆議院において過半数を占める政党勢力によって形成されるのを基本としている。戦後しばらくの間は、単独で過半数議席を獲得する政党が存在せず、複数の政党による連立政権が形成されることが多かったが、1955年の保守合同により自民党が結党してから1993年までの38年間は、ほぼ一貫して、自民党が衆議院における過半数の議席を維持しながら、単独で政権を担い続けていた[1]。55年体制と称されるこの間の日本の政治は、自民党による単独政権の時代であったといってよい。その後、日本の政治は連立政権の時代へと転換することになるのだが、その端緒となったのが、1993年8月に発足した細川護熙内閣である。

　自民党による単独政権の時代にピリオドを打った直接的なきっかけは、自民党内の分裂であった。自民党は「派閥の連合体」などとも称されてきたが、当時の最大派閥は、田中角栄元総理が創設した田中派の流れを汲む、竹下派（経世会）である。数の上で他の派閥を圧倒する竹下派は、党内の主導権を握り、誰が自民党の総裁、すなわち総理大臣になるかは、事実上、竹下派の意向によって決定づけられていた。

　その竹下派内部では、1992年8月、派閥の会長であった金丸信元副総裁のヤミ献金問題（東京佐川急便事件）が発覚した後、後継会長の座などをめぐって対立が深まっていた。竹下派の創設者で元総理の竹下登、後に総理となる小渕恵三元幹事長と橋本龍太郎元幹事長、この騒動の後に幹事長となる梶山静六らのグループと、小沢一郎元幹事長、後に総理となる羽田孜元蔵相らのグループが激しい主導権争いを繰り広げたのである。勝利を収めたのは

竹下らのグループであり、会長には小渕が就任して、竹下派は小渕派となった。敗れた小沢らのグループは、竹下派を離れて羽田派（改革フォーラム21）を結成する。これにより、党内最大派閥の竹下派は分裂して、第四派閥の小渕派と第五派閥の羽田派とに転落した。

　それまで党内主流派として自民党の中心にいた小沢らのグループ（羽田派）は、分裂後、自民党執行部との対決姿勢を強め、党内刷新を主張していく。そして、その際に大義名分として掲げられたのが、1980年代末のリクルート事件以来、懸案となっていた「政治改革」の実現であった。

　当時の「政治改革」は、選挙制度改革と政治資金改革を意味していた。政治とカネの問題が後を絶たない背景には中選挙区制があり、これを政党本位の選挙制度である小選挙区制や比例代表制に改める必要がある。すなわち、中選挙区制では自民党議員の同士討ちが避けられないため、政策の争いというよりは、利益誘導や有権者サービスによる争いを引き起こし、その結果、政治腐敗を招くという構図である。また、中選挙区制は与野党の議席の固定化を招きがちなために、日本で政権交代が起こらない遠因になっているとの議論もあった。政治資金については、もっぱら政治家個人による資金集めの際に政治とカネの問題を引き起こすのであり、これを政党中心の制度に改めるとともに、公開性を高める必要があるといった議論が進められていた。

　こうした意味合いにおいての政治改革は、リクルート事件後の1989年の参議院選挙で自民党が大敗したのを受けて発足した海部俊樹内閣が、第八次選挙制度審議会を設置するなどして積極的に取り組んでいた。しかし、海部内閣は政治改革法案を国会に提出したものの廃案に追い込まれ、政治改革は次の宮澤喜一内閣に引き継がれるかたちになっていた。宮澤総理は政治改革の実現に一定の意欲は示していたが、自民党が単純小選挙区制、野党側が小選挙区制と比例代表制をミックスした制度をそれぞれ主張するなか、結局、自民党と野党の合意を得られる案をまとめることはできなかった。1993年の通常国会において政治改革を実現すると公言していた宮澤総理は、同国会の会期末が迫るなか、野党やマスメディアから公約違反を厳しく問われる事態になった。

宮澤内閣不信任案の可決

6月17日、社会、公明、民社の野党3党は、宮澤内閣不信任案を提出するが、折から自民党執行部との対立を深めていた羽田派は、これに賛同する意向を表明する。羽田派の衆議院議員36人が賛成に回れば、不信任案は可決される見通しであった。翌18日、衆議院の本会議場において、羽田派全員が予定通り賛成票を投じ、自民党から他にも造反者が出て、宮澤内閣不信任案は賛成255、反対220で可決された。同日、宮澤総理は衆議院の解散を決定し、総選挙へと突入していく。

世間の関心は、不信任案に賛成した羽田派の動向に注がれていたが、同日、突如として、武村正義らが自民党からの離党を表明し、翌21日、10人による「新党さきがけ」の結成を発表した。武村は、かねてよりユートピア研究会なる若手中心のグループを立ち上げ、カネのかからない政治の実現を目指して活動していたところであった。羽田派は、新党さきがけの後を追うかたちで自民党を離党し、「新生党」を結成する。党首は羽田で、小沢はナンバーツーの代表幹事に就任した。

他方で、参議院議員、熊本県知事をいずれも自民党公認で務めた細川護熙が1992年に結成していた「日本新党」は、同年の参議院選挙で4人を当選させるなど、政界でのプレゼンスを高めるなかで、総選挙に本格参入することになった。こうして、新生党、新党さきがけ、日本新党という保守新党が誕生し、長らく唯一の保守政党として保守層の支持を集めてきた自民党は、本格的に分裂することになった。

保守新党のなかで、新生党は反自民の立場を明確にしており、結成直後から、社会、公明、民社、社民連に対して、連立政権の樹立を呼びかけていた。そして27日には、これら5党が党首会談を開き、総選挙での選挙協力で合意した。さらに、労働組合のナショナルセンターである連合の傘下の全電通、ゼンセン同盟、鉄鋼労連、全逓などの主要な労働組合は、保守新党系の候補者も支援することを表明する。総選挙を前に、共産党を除く野党+新生党の「非自民・非共産」グループが急ピッチで形成されていったのである。

他方で、日本新党と新党さきがけは選挙協力で合意し、さらには総選挙後

に統一会派を結成することでも合意した。こうして、自民党と非自民・非共産勢力の対立を軸に、日本新党と新党さきがけが絡むかたちで選挙戦は展開していった。

2 非自民・非共産連立政権の誕生

総選挙の結果と連立政権交渉

　7月18日、第40回となる衆議院総選挙が執行された。有権者の関心は高いかにみえたが、投票率は史上最低の67%にとどまった。各党の獲得議席は、自民223、社会70、新生55、公明51、日本新党35、民社15、共産15、さきがけ13、社民連4、無所属30である。無所属は、自民系が10、非自民系が20という色分けで、自民党は、自民系の無所属を合わせても233議席と、過半数の256議席を大きく下回った（表1）。もっとも、自民党は、解散時の議席が222であったことからみれば、逆風のなか、善戦ともいえる結果だった。

　他方、非自民・非共産の連立政権の樹立を目指すとしていた、社会、新生、公明、民社、社民連の各党は、非自民系の無所属議員を加えても合計215議

表1　第40回衆議院選挙結果と勢力図

	（選挙前）	議席数 （率）	
自民党	222	223 (43.6%)	233 (45.6%)
自民系無所属		10 (2.0%)	
日本新党	0	35 (6.8%)	48 (9.4%)
新党さきがけ	10	13 (2.5%)	
社会党	134	70 (13.7%)	215 (42.1%)
新生党	36	55 (10.8%)	
公明党	45	51 (10.0%)	
民社党	13	15 (2.9%)	
社民連	4	4 (0.8%)	
非自民系無所属		20 (3.9%)	
日本共産党	16	15 (2.9%)	
合計		511	

出所：薬師寺克行『現代日本政治史——政治改革と政権交代』
　　　64頁より筆者作成。

第1章　細川政権

席であり、過半数はもとより、自民党をも下回った。新生は躍進、公明、民社も議席を増やしたが、社会党が選挙前の134議席から半減に近い大敗だった。こうして、自民、非自民、いずれも過半数には届かずという結果となり、新政権の行方は、自民か非自民かの立場を明確にしていなかった日本新党とさきがけの両党（合計48議席）に委ねられるかたちになった。両党は、連立政権交渉におけるキャスティング・ボートを握ったのである。なお、自民党、非自民ともに、「非共産」の立場は明らかだったので、共産党は連立政権交渉の外に置かれていた。

　55年体制下の日本の政治は、衆院選で過半数議席を獲得した政党（自民党）の党首（自民党の総裁）が総理大臣になって単独政権を担うという構図に慣れ切っていたが、この選挙結果のように、過半数議席を獲得する政党（または政党グループ）が存在せず、各党間の交渉によって政権の枠組みと総理大臣が決まるという構図は、日本の政治が長らく経験してこなかった事態であった。

細川内閣の誕生

　自民、非自民の両陣営は、過半数勢力の形成を目指して、日本新党とさきがけの取り込みを試みた。両党は、選挙前から共同歩調を取ってきたが、選挙後、院内統一会派を結成して、細川と武村が共同代表に就くなど、さらに連携を深めていた。

　こうしたなか、7月22日、新生党の小沢代表幹事は日本新党の細川代表と面会して総理就任を持ちかける。そして、細川はこれを受け入れた。さきがけの武村は必ずしも前向きではなかったが、翌23日、日本新党とさきがけは、「政治改革政権構想」を発表して、小選挙区比例代表並立制の導入など、連立を組むにあたっての条件を提示した。自民党にとって高いハードルを課したつもりだったが、非自民側だけでなく、自民党もこれを受け入れた。自民党にとっては、それを受け入れることができなかったことが過半数割れを引き起こした要因であったが、野党転落への恐怖からか、いともあっさりと並立制受け入れを党議決定したのである。

　このとき、自民党側は、さきがけを通じた連携を模索していた。さきがけのメンバーは宮澤内閣不信任案に反対票を投じた上で離党していたので、自

15

民党内のさきがけへの反発は、新生党に対する反発ほど強くはなかった。そして、かねてから政治改革推進派の重鎮であり、さきがけ党首の武村との関係も深い、後藤田正晴元副総理を後継総裁に据えれば、さきがけと日本新党を引き寄せることができるという期待もあった。

　しかし、後藤田は総裁選出馬の見送りを表明する。こうした動きをみて細川と武村は非自民側につくことを最終判断し、29日には社会、新生、公明、日本新党、民社、新党さきがけ、社民連の7党と、参議院会派の民主改革連合が党首会談を開いて細川を首班とする連立政権樹立の合意文書に署名した。ここに、非自民・非共産の連立政権である細川内閣の誕生、そして自民党の初めての下野が確定した。

　では、なぜ細川だったのか。後に小沢一郎は、「社会党というのは誰も考えなかったし、公明党というわけにもいかんでしょ。民社党といったって、一番小さいところから総理大臣というのも常識じゃない。やっぱり、ほどほど人数を持っていて、政治の潮流をつかんでいて、しかも、本来、保守の流れをくんでいるということだね、国民を安心させるには。だから、細川さんは一般的には予想外かもしれないけど。当然の選択でもあったんです」と述懐している[2]。また、小沢の側近だった平野貞夫は、小沢が羽田に対して細川首班の理由を次のように説明していたと述べている[3]。「議席数でいうと、社会党、新生党の順だが、惨敗した社会党から首相は出せない。新生党から出すのが筋だが、自民党を離党したグループから首相を出すとなると、非自民のイメージが薄くなる。国民を引き付けるためにも細川護煕という人物を起用すべきだ」。

　8月5日、特別国会が召集され、衆議院議長には与党第一党の社会党から土井たか子元委員長が選出された。議長は与野党合意の下で比較第一党から出すのが慣例であり、自民党はそれに従うよう強く求めたが、連立政権側は譲らず、異例の多数決での決着によるものだった。議長への就任に土井本人は必ずしも前向きではなかったとされるが、「初の女性議長」は新政権の目玉であり、また、与党第一党に対してしかるべき処遇を行っていることの証でもあった。

第1章 細川政権

そして、首班指名選挙の結果、細川が第79代の総理大臣に指名される。投票結果は、衆議院で細川262、河野224、参議院で細川132、河野93であった（自民党総裁には宮澤内閣の官房長官であった河野洋平が就任していた）。参議院は、1989年の選挙で当時の野党が大勝した際の「貯金」があり、非自民が過半数を占めていたので、衆参ともに細川票が過半数ラインを超えた。

史上初の女性議長となった土井は、「右の結果、細川護熙さんを、衆議院規則第18条第2項により、本院において内閣総理大臣に指名することに決しました」と声高らかに宣言した。帝国議会以来、「○○君」と呼ぶのが慣例であったところ、女性議長による「さん」づけでの総理指名は、新しい政治への転換を感じさせるものだった。

発足した細川内閣は、皇居での認証式の後、首相官邸の中庭でシャンペングラスを片手に乾杯をした後、芝生の上で集合写真の撮影に臨んだ。従来は、官邸建物内の西階段で撮影するのが慣例であったが、これもまた、かつての自民党政権とは違う新しいスタイルの政権が誕生したことを印象づける一幕であった。こうしたパフォーマンスも手伝ってか、細川内閣は国民から高い支持と期待を集めた。発足時の内閣支持率は、朝日71％、毎日75％、読売72％、日経70％、産経83％、中日・東京79％、共同76％、時事63％、NHK70％であり、当時としては異例の高さであった。

細川連立政権・細川内閣の特徴

ここで、細川連立政権の特徴を整理しておこう。

第一は、政権を構成する政党が8党派（7党1会派）に及んでおり、政権与党の数が多いという点である。しかも、保守の新生党から革新の社会党まで、イデオロギーや基本政策において相当の距離感がある8党派でもあった。このことは、連立与党間の合意形成が円滑に進まない可能性を示唆していた。

第二は、総理大臣を務めるのが、与党第四党、衆議院内では第五党に過ぎない政党の党首であるという点である。連立政権の首班は、与党第一党の党首が務めるケースが多いが、先に紹介した小沢や平野の述懐に示されたような事情が、与党第四党の党首を総理大臣に押し上げたといえる。

第三に、総理大臣を務めるのが、参議院議員の経験こそ2期あるとはいえ、

17

衆議院に初当選したばかりの人物であったという点である。当時の日本の政治においては、総理に就任するのは、内閣や党の要職を経験したベテラン衆議院議員であることが半ば常識であった。第二と第三の特徴は、細川総理の政権基盤が弱体であること、および、政権運営の経験が乏しいことを示唆していた。

これらはいずれも細川政権の弱点ともいえる特徴であったが、それをカバーして余りあったのが、弱点の裏返しでもある、「新しさ」に対する高い支持率であったといえよう。

次に、細川内閣の顔ぶれの特徴は以下の諸点である。第一に、連立政権を構成する7党の党首全員が入閣した。社会党の山花貞夫委員長が政治改革担当大臣[4]、新生党の羽田党首が副総理・外務大臣、公明党の石田幸四郎委員長が総務庁長官、民社党の大内啓伍委員長が厚生大臣、さきがけの武村代表が官房長官、社民連の江田五月代表が科学技術庁長官、そして日本新党の細川党首が総理大臣であった。党首を入閣させることで、連立政権の結束を図り、求心力を高めるのをねらったとみられた。

第二に、おおむね各党の議席数に比例して閣僚ポストが配分された。総理大臣を除いた閣僚ポストは、社会党が6、新生党が5、公明党が4、民社党、さきがけ、社民連が各1、非議員が2であった。なお、非議員の2ポストは日本新党の枠があてられたものとみられる。自民党政権時代は、派閥の勢力（議員数）に応じて閣僚ポストを各派閥に配分することで、特定の派閥から不満が出ないよう配慮してきたが、それと同じ手法が採られたといえる。

第三に、要所は旧自民党の新生党が押さえた。主要閣僚とされてきた外務、大蔵、通産の3ポスト、それに安全保障の防衛、ウルグアイ・ラウンドを控えた農水は、いずれも新生党に配分された。なお、官邸もまた、旧自民党のさきがけが固めた。総理を官邸内で補佐する政治家は、官房長官の武村、政務官房副長官の鳩山由紀夫、そして首相特別補佐[5]の田中秀征の3人だが、すべてさきがけのメンバーであった。総理の細川を含め、内閣や官邸の要所が「元自民党」で固められたことは、内外に対して基本政策の継続性や政権の安定感を示そうとしたといえる。

第四に、細川総理も含め、副総理・外相の羽田を除く全員が初入閣だった。与党経験が初めてとなる旧野党のメンバーが初入閣だったのはもちろんのこと、新生党やさきがけの議員も全体的に若手が多かったので、羽田以外、全員が初入閣だった。フレッシュである分、経験不足も懸念されるところであった。連立政権の基本政策の決定には、後述する各党派の代表者会議等が重要な役割を果たすため、閣僚にはさほどの経験が求められなかったことの表れかもしれない。

3　連立政権の運営

　細川連立政権は、基本政策や支持基盤を異にする7党1会派による寄り合い所帯であり、政権運営にあたっては、与党内の合意形成を円滑に図ることが最重要課題であった。衆議院における連立与党の議席数は過半数を若干上回るだけであり、どの党が連立から離脱しても、政権は崩壊の危機に直面するのである。

　まず、細川連立政権は発足前の7月29日に「連立政権の樹立に関する合意事項」を作成して、政策の基本理念のすり合わせを行った。そこでは、「外交及び防衛等国の基本施策について、これまでの政策を継承」、「日米関係の基軸としての日米安全保障条約を継承」、「経済政策は、自由主義経済を基本」といった文言が並び、従来の自民党政権の基本政策を引き継ぐことを明記している。自民党政権の安全保障政策を厳しく批判してきた社会党であったが、これを継承することは否定しなかった。他方で、「憲法の理念と精神を尊重」、「世界の平和と軍縮のために責任及び役割を担い」、「かつての戦争に対する反省を踏まえ」など、社会党ならではの主張を反映した文言も盛り込まれた[6]。

　連立政権の意思決定システムについては、細川内閣の発足から間もなく、各省庁の官房長を集めて、その大枠が示されている[7]。そこにおいて、連立与党の最高協議機関として位置づけられていたのが「与党各派代表者会議」であった。代表者会議は、連立政権を構成する8党派のうちの、主要5党派の幹事長・書記長クラスで構成された。メンバーは、社会党の赤松広隆書記

長[8]、新生党の小沢代表幹事、公明党の市川雄一書記長、日本新党・さきがけ（両党は統一会派）の園田博之代表幹事、民社党の米沢隆書記長である。小沢、市川、米沢の３者は、1990年に当時の自公民３党の幹事長、書記長としてPKO法案を取りまとめた経験をもつ旧知の仲であった。特に、小沢・市川両氏の「一・一ライン」は、代表者会議での主導権を握り、細川内閣を動かしていると評されることになる。

　代表者会議は、与党第一党の社会党の書記長が座長を務め、国会開会中は毎週開かれた。決定方式としては、基本的には全会一致が求められた。5党派のうち1党派でも同意しなければ、衆議院での過半数を割ってしまうからである。なお、「派閥の連合体」とも称された自民党では、派閥間の合意形成を図ることが極めて重要であり、事実上、それを最終確認する場であったのが自民党総務会であったが、連立各党を自民党の主要派閥と置き換えて考えれば、代表者会議は自民党の総務会に類似した機能をもっていたとみなすことができるだろう。

　代表者会議の下で実務を担うのが「各派幹事会」で、ここには「政務幹事会」と「政策幹事会」が置かれた。自民党の組織でいえば、前者が国会対策委員会、後者が政務調査会に相当する。両幹事会ともに、メンバーは代表者会議と同じ5党派から各1人で構成され、政務幹事会は国会対策委員長クラス、政策幹事会は政務調査会長クラスが務めた[9]。各派幹事会は、政務幹事会と政策幹事会の合同会議というべき性格で、両幹事会の10人のメンバーで構成された。座長は与党第一党の社会党の国会対策委員長（政務幹事会の座長）が務め、国会開会中は週2回、開催されて、政府側からは鳩山官房副長官が陪席した。

　内閣提出法案をはじめとする政策案件は、政策幹事会→各派幹事会→代表者会議という流れで審査されることが想定されていたが、トップダウン志向の強い代表者会議が幹事会を軽視する傾向もしばしばみられたという。他方で、政策幹事会の下には自民党の部会に相当する省庁割りの組織が各党で整備されつつあり、政策幹事会においては、自民党にならったボトムアップ方式が形成されつつあったが[10]、そうした手続きが定着する前に連立政権は崩

壊する。

なお、連立政権の重要事項の最終的な確認、決定は、「政府・与党首脳会議」において行われた。連立政権の重要事項については、閣議決定の前に、政府・与党首脳会議を開いて、その承認を得るという手続きが採られた。政府・与党首脳会議は、定例では毎週月曜の正午から開催され、政府側からは閣僚を務める各党の党首（社会党の委員長交代後は非閣僚の村山委員長も出席）、与党側からは代表者会議のメンバーが出席した。要するに、主要5党派の党首と幹事長・書記長クラスによる会議ということである。なお、自民党政権時代にも同様の会議があったが、そのメンバーだった蔵相や通産相は、党首ではなかったので出席していない[11]。なお、首脳会議とは別に、「政府・与党連絡会議」があり、これには、首脳会議のメンバーに加えて、社民連党首の江田大臣、蔵相、通産相、参議院の改革連合から2人、そして、各派幹事会のメンバーらが出席した。

4　政治改革関連法の成立とコメの部分開放

政治改革関連法の成立

細川内閣にとって最大の政治課題は、「政治改革」の実現であった。細川総理は、着任後の所信表明演説において、「本年中に政治改革を断行することを私の内閣の最初の、そして最優先の課題とさせていただきます」と明言した。政治改革とは、具体的には、衆議院の選挙制度と政治資金制度の改革である。

年内の政治改革の実現を目指す細川内閣は、9月に臨時国会を召集して、政治改革関連四法案（改正公職選挙法、衆議院議員選挙区画定審議会設置法、改正政治資金規正法、政党助成法）を提出した。小選挙区250・比例区250の並立制、有権者が小選挙区と比例区で別々に投票する二票制、比例区の選挙区は全国一区、企業団体献金は政党または政党の政治資金団体に一本化（5年後見直し）、公的助成は国民一人あたり335円（総額414億円）、などを内容とするものであった。

既に並立制の導入を党議決定していた自民党も対案を提出したが、その内

容は、小選挙区 300・比例区 171 の並立制、比例区への投票は小選挙区で投票した候補者が属する政党へ投票したとみなす一票制、比例区の選挙区は都道府県単位、政党交付金は国民一人あたり 250 円（総額 309 億円）であった。

連立与党側の案である、比例区重視、二票制、比例区の全国一区制は、いずれも政権を構成する小政党へ配慮した内容であり、逆に自民党案は大政党に有利に作用するものであった。

連立与党は衆参ともに過半数の議席を有していたので、法案を粛々と成立させることができるはずであった。しかし、社会党内にはいまだ並立制の導入に根強い反対論があるなど、与党内の足並みは必ずしもそろっていなかった。また、自民党内も、政治改革に対する積極派と消極派との対立があり、さらなる分裂をもたらす引き金にもなりかねない状況であった。連立与党、自民党の双方が複雑な内部事情を抱えるなかで、政治改革関連法案の審議は進められていった。

11 月 18 日、連立与党側は、自民党への譲歩として、小選挙区の比重を高める（250 → 274）などの修正を行った上、衆議院本会議で法案を可決させた。修正案は自民党の同意を得たものではなかったので、自民党は反対票を投じた。その際、自民党から 13 人が賛成票を投じ、連立与党側からも 5 人が反対票を投じるなど、双方から造反者を出す結果となった。

審議は参議院に移ったが、12 月中旬の会期末までの法案成立の目途は立たず、連立与党は 45 日間の会期延長を決めた。公約としてきた年内成立は断念したわけである。与野党の駆け引きがさらに激しさを増すなか、1 月 21 日、参議院本会議での採決が行われたが、賛成 118、反対 130 で、法案は否決された。社会党から 17 人もの反対票（その他に欠席 2 人、棄権 1 人）が出たことによるものであった。

衆議院可決、参議院否決という結果を受け、両院協議会が設置された。両院協議会での審議が進められるなかで、会期最終日の 1 月 29 日未明、細川総理・河野総裁のトップ会談が行われ、結果、連立与党側が自民党に歩み寄るかたちで決着が図られた。小選挙区 300・比例区 200 の二票制、比例区は 11 ブロック制、政治家個人向けの企業団体献金は 5 年に限り 1 団体とする

などの 10 項目の合意事項を次の通常国会で法制化することを前提に、施行日を修正した上で、今国会で成立させるとの合意である。この合意を受けて、両院協議会が開かれ、賛成多数で可決、引き続き、衆参両院の本会議で同修正案（両院協議会案）は可決、成立した。なお、一院が否決した法案を両院協議会において成案を得て成立に漕ぎつけるというプロセスは、日本の立法過程において極めて異例であった。

　こうして、1989 年のリクルート事件以来、最大の政治課題であった政治改革は、ひとまずの決着をみることとなった。政治改革の実現を最優先の課題としてきた細川総理にとって、法案の不成立は政権の存立そのものに影響しかねない事態であったが、他方、自民党にとっても、この問題を長引かせることは、政治改革の推進派と消極派との亀裂を深め、さらに離党者を増やすことにつながるとの危機感が強く、早期に決着を図ることはマイナスではなかった。衆参の本会議での採決では、自社両党から、欠席者を含めると、40 人以上の造反者を出すなどの混乱は続いていたが、ともあれ、法案は成立した。細川総理は、公約を果たしたのである。

ウルグアイ・ラウンドとコメの市場開放

　政治改革をめぐって緊迫した情勢が続くなか、細川内閣は、同時並行で、重要な政策課題についての決着を迫られていた。現在の WTO（世界貿易機関）の前身、GATT（関税及び貿易に関する一般協定）のウルグアイ・ラウンド（新多角的貿易交渉）への対応、すなわち、コメの市場開放問題である。

　GATT は自由貿易を推進する立場から、数次にわたる多国間交渉（ラウンド）を重ねてきたが、1986 年から 1994 年のウルグアイ・ラウンドでは、農業分野が焦点になっていた。アメリカをはじめとする農産物輸出国は、農業分野での非関税障壁（輸入数量制限など）をすべて撤廃する、「例外なき関税化」を求めていた。当然、コメも例外ではなかった。そして、農業について合意しなければ、全体の合意もないという強いスタンスで臨んでいたのである。そのウルグアイ・ラウンドの 7 年余りにわたる交渉期限が 12 月 15 日に迫っており、他の主要な懸案が解決していくなか、日本がコメ問題で妥協しなければ、ウルグアイ・ラウンド全体が崩壊しかねないという状況になって

いた。

　当時の日本は、一部の加工原料用を除いて、コメの完全自給政策を続けていた。細川連立政権も、発足前の合意文書で、「自由貿易体制を堅持する立場からウルグアイ・ラウンド交渉は成功させるべきであるが、コメの例外なき関税化には反対」として、関税化反対の立場を示していた。しかし、日米間ではコメ問題の妥結に向けて事務レベルでの交渉が水面下で進められており、細川内閣の発足後までには、事実上の合意に漕ぎつけていた。コメの関税化は6年間猶予するが、その間は一定量を輸入する「ミニマム・アクセス」（最低輸入量）を受け入れるという内容である。細川総理は、この方向での決着を図る方針を固め、10月上旬には小沢代表幹事にも伝えていたが、問題は、社会党の同意であった。社会党は農村部を基盤とする議員が多く、とくに、反対論が根強かったのである。

　交渉の最終期限が迫るなか、12月8日、GATT側の最終調整案が明らかになる。関税化を6年間猶予する間のミニマム・アクセスを4%（1995年）〜8%（2000年）とするというものである。連立各党が細川総理に最終調整案の受け入れを伝えるなか、社会党だけが決断できないままであったが、13日の深夜、ようやく両院議員総会で了承された。社会党から官邸への連絡を受け、細川総理はただちに受け入れの決定をGATTへ伝え、これにより、ウルグアイ・ラウンド全体も妥結した。

　政府・与党首脳会議を経て、午前3時過ぎから臨時閣議が開かれ、ここにおいてGATT案の受け入れ、すなわちコメの部分開放が正式決定する。細川総理は午前4時前に記者会見して、「将来にわたる国益を考え、私の責任で決断した」と述べ、GATT案の受け入れを国民に向け発表した。

　なお、宮澤前総理は、在任中、ウルグアイ・ラウンドの妥結に相当の覚悟を決めていたとされるが、コメ議員を多く抱える自民党の政権下で実現できるかどうかは不透明なところもあった。非自民の細川連立政権ならではの成果といってよいかもしれない。宮澤前総理は、細川政権によるウルグアイ・ラウンドの妥結を、「パーフェクトゲーム」と評したとされる[12]。

5　政権の崩壊

　政治改革関連四法案が決着をみてから数日後の2月3日の午前0時、細川総理は政府・与党首脳会議において、1997年度から、税率3%の消費税を廃止して、新たに税率7%の「国民福祉税」を創設すると提案した。社会党の村山委員長が反対し、民社党の大内厚相とさきがけの武村官房長官も、それぞれ党首の立場として反対や憂慮を表明した。こうした反対があったにもかかわらず、細川総理は午前1時前に記者会見を行って、国民福祉税構想を国民に向け発表したのである。

　当時、バブル崩壊後の景気対策として、また、対米貿易黒字削減のための内需拡大の一環として、所得税の大幅減税が求められており、政府与党内では、これを補塡する財源をいかにして確保するかが検討されていた。国民福祉税構想は、所得税減税を3年間先行させた後、消費税の名称を変えて税率を7%にアップするという内容であるが、連立与党内の合意が得られぬまま、見切りでの記者会見となった。

　細川総理は記者会見で7%の根拠を問われると、「腰だめ」の数字と答え、税率の根拠が薄弱であるとの印象を与える結果となり、何よりも、国民にとっては唐突感の否めない提案であった。

　社会党は連立離脱も辞さない勢いで反対の立場を明確にし、武村官房長官も記者会見で「過ちを改めるに如くはなし」と明確に批判した。4日、代表者会議が開催され、国民福祉税構想は白紙撤回することが決まり、8日、細川総理は記者会見を開いて、一連の騒動を国民に詫びた。

　この一件により、連立政権の亀裂は深まっていく。小沢代表幹事は、かねてから武村官房長官の交代を求めていたが、国民福祉税騒動以来、細川総理もこれに同調するようになり、武村官房長官を他の閣僚に横滑りさせる方向での内閣改造を図ろうとした。しかし、武村官房長官はこれに抵抗し、小沢代表幹事らの影響力が高まることを警戒した社会党や民社党も反対して、結局、内閣改造は断念される。行おうとした内閣改造を行えなかった総理大臣の求心力が、さらに低下していくのは避けられなかった。

加えてこの時期、自民党は細川総理のカネにまつわる疑惑を厳しく追及していた。佐川急便グループからの1億円の借り入れと、義父名義のNTT株購入問題である。越年編成となっていた1994年度予算案は、自民党の抵抗により、新年度の4月に入っても審議に入れない状態だった。

　こうしたなか、4月8日、細川総理は急遽、政府・与党首脳会議を招集して、突然、辞意を表明する。40年弱に及んだ自民党政権に終止符を打った連立政権の首班となり、国民の支持をかつてないほどに集めるなか、懸案の政治改革とコメの部分開放を実現した日本政治の「功労者」としては、実にあっけない幕切れであった。

【注】

1　1983年の総選挙で過半数を割った自民党は、当時、自民党から分裂して結成されていた新自由クラブとの間で連立政権を形成した。ただし、1986年の総選挙での自民党大勝により、連立は解消され、新自由クラブは解散して自民党に合流した。

2　小沢 1996：88。

3　平野 2008：80。

4　社会党の執行部は9月25日に交代して、委員長には村山富市が就任するが、山花が大臣を続け、村山は入閣しなかった。

5　田中は「内閣総理大臣特別補佐」として首相官邸に専用の執務室をもって常駐したが、当時は法令上の根拠のない首相の私的な相談役という位置づけだった。後に、内閣総理大臣補佐官として、内閣官房に設置される正式な官職となる。．

6　久保 1998：24-33。

7　村川・石上 1995：117-125。

8　9月25日に久保亘書記長に交代。

9　当初のメンバーは、政務幹事会：村山富市、渡部恒三、森本晃司、荒井聡、神田厚、政策幹事会：日野市朗、愛知和男、日笠勝之、井出正一、中野寛成。

10　奥 2015：13-15。

11　自民党政権時代は、政府側から総理、蔵相、外相、通産相、官房長官ら、与党側から幹事長、総務会長、政調会長、国会対策委員長らが出席。

12　細川 2010：513。

【参考文献】

朝日新聞政治部編（1994）『連立政権回り舞台』朝日新聞社。

石原信雄（1997）『首相官邸の決断——内閣官房副長官石原信雄の2600日』中央公論社。

奥健太郎（2015）「連立政権下の与党間政策調整システム」『東海大学紀要　政治経済学部』第47号、13-31頁。

小沢一郎（1996）『語る』文藝春秋。

草野厚（1999）『連立政権——日本の政治1993～』文春新書。

久保亘（1998）『連立政権の真実』読売新聞社。

後藤謙次（2014）『ドキュメント平成政治史1　崩壊する55年体制』岩波書店。

佐々木毅（1994）「細川政権とは何だったのか」『中央公論』第109巻第6号、54-64頁。

田原総一朗（2000）『頭のない鯨——平成政治劇の真実』朝日文庫。

成田憲彦（1996）「政治改革法案の成立過程——官邸と与党の動きを中心として」『北大法学論集』第46巻第6号、405-486頁。

平野貞夫（2008）『平成政治20年史』幻冬舎新書。

細川護熙（2010）『内訟録』日本経済新聞出版社。

御厨貴・牧原出編（2011）『聞き書　武村正義回顧録』岩波書店。

御厨貴・牧原出編（2012）『聞き書　野中広務回顧録』岩波書店。

村川一郎・石上泰州（1995）『日本の政党』丸善ライブラリー。

薬師寺克行（2014）『現代日本政治史——政治改革と政権交代』有斐閣。

渡邉昭夫編（1995）『戦後日本の宰相たち』中央公論社。

第2章 羽田政権

中井　孔人

1　細川退陣表明後の混迷

1994年4月8日、細川護熙が突然退陣表明し、これを受けて、後継首相選びが始まった。自民社会両党による55年体制を打破して、自民党の一党支配に終止符を打ち、国民から熱狂的に迎えられた細川だったが、新しい政治スタイルを確立する間もなく、あっさりと政権を投げ出した。

細川政権は崩壊したが、連立与党は、議席数をみれば依然として衆参両院で多数の勢力を維持しており、自民党政治の復活を阻止するためにも、新たな後継の首班は、同じ枠組みで臨むのが自然の流れであった。したがって、連立政権を構成する各党が協議し、再度基本政策の合意を確認した上で、次の首班を指名し選出するのが筋であった。

本来なら、連立政権とは政権に参画する各党の理念をもとに基本理念を掲げ、それにもとづき政策を遂行するのが常道である。しかし、自民党一党支配に終止符を打った細川政権の成立過程をみても、不幸なことに、必ずしも各党の理念にもとづいて形成されたとは言い難い。当時権勢を振るっていた自民党竹下派＝経世会の内紛に端を発した「非自民」政権の樹立という1点でまとまっただけの連立政権であった。このため、結局各党の基本政策の一致はみたものの、理念はいうに及ばず、政策の遂行にあたっては、各党の思惑が入り乱れる有様であった。

さらに、強権的手法で物事を進めようとする新生党の代表幹事小沢一郎と、官房長官でありながら、政権内で首相とは異なる意見を発信することがあった新党さきがけの武村正義では、相互に信頼関係を築くことは不可能に近かった[1]。

細川の退陣表明は、連立与党内の小沢とこれに追随する公明党の市川雄一

を中心とする「一・一ライン」と、さきがけの武村を中心とする反小沢の二極による、さらなる権力闘争の激化であり、与党が事実上、新生・公明を中心とするグループと、社会・さきがけのグループに分裂したなかでの後継者選びであった。

　また、細川が率いる日本新党は、武村とともに組んでいた統一会派「さきがけ日本新党」から離脱し、社民連と新しい会派「改革」を結成したが、これにより、さきがけは次期政権では閣外協力に転じることを、15日に決定した。

与野党を巻き込んでの後継首班選び

　表層的にみれば、連立与党内での首班交代は、自民党単独政権時代と同様、同じコップ内における首のすげ替えという「疑似政権交代」的な性格を有している。しかし、自民党単独政権時代と決定的に異なる点が1つある。それは、自民党政権の時代は、自民党内の派閥を中心とした権力争いであり、自民党総裁の座、すなわち次期首相ポストは、派閥間の合従連衡や話し合い、さらには駆け引きなどで決まっていた。しかし、細川政権崩壊後の一連の動きは、政権を担っていた連立与党の各党内だけにとどまらず、野に下っていた自民党の一部をも巻きこんだかたちで次期首班選びが進んだことが、自民党時代と違うところであり、政界再編の可能性が常に潜んでいたことである。

　小沢としては、細川後は、自民党内で自らの考え方と近い議員の一部を取り込み、社会党やさきがけなど政権内の左派的な要素を排除したい思惑があった。新生党と政策的に距離の遠い社会党の左派の一部を切り捨てて、連立与党内で保守系議員の比率を増やし、政権運営を安定させるとの名目で、自らの意のごとく進めようと考えていたとしても不思議ではない。

　その最大の理由に挙げられるのは、連立与党内での意思決定方法について不満があったからである。連立与党の代表者会議での決定事項に関して、一事が万事、中央執行委員会に諮って了解を取らないと進まない社会党の政策決定スタイルの非効率さに、小沢は耐えられなかった[2]。

　こうした思惑から、小沢は、元副総理で自民党の派閥の領袖である渡辺美智雄を担ぐために動いた。「連立の強化と自民党分断の一石二鳥を狙った[3]」

ものであり、こうした動きが細川の後継首班選びで混迷を続ける大きな要因となった。一方の渡辺も、小沢に呼応するかのように、細川退陣表明翌日の4月9日、新聞各社のインタビューで、次期首相指名選挙に強い意欲を示した[4]。

　一方、政権奪回を目指す自民党も手をこまねいて傍観していたわけではなかった。さきがけ、社会党、そして民社党をも巻き込んだかたちで、自民党を中心とする連立政権の樹立に向けて動いていた。

　また、社会党内でも、渡辺が自民党を離党して新生党とともに新たな政権を誕生させた場合、そのままの枠組みの連立政権にとどまることはもはや不可能であると考え、こうした事態に備え、一部の議員はさきがけや自民党のハト派と水面下で会談を行っていた。

　社会党が、9か月前まで与党と野党として対立していた自民党と手を組むことは不自然に思われる[5]。しかし、社会党の野坂浩賢によれば、自民党の森喜朗が、憲法について「守る意思がある」と明快に答えたことで、社民リベラル勢力は自民党の一部良識派と組むことができると考えるようになった[6]とのことである。さらに、野坂自らが自民党の河野洋平の出馬を促したということであり、これに呼応したかどうかは不明だが、4月12日に、河野は首相指名選挙へ出馬表明をしている。自民党から2人が出馬を表明する事態になったため、渡辺と河野は15日に会談をもつものの、話し合いは平行線に終わった。

　これら一連の動きをみてもわかるように、欧州での連立政権のように理念や政策の観点からだけではなく、人間の情やしがらみが絡んだ、極めて日本独特の視点で状況が動いていたことが読み取れる。こうした動きの中心に常々いたのが小沢であり、小沢の強権的な政治手法や考え方に対する是非を判断材料にして、他の政党や政治家は動いていたのである。

　ただ、注目すべきなのは、既にこの時点で自民・社会・さきがけの間で話し合いがもたれており、羽田孜政権崩壊後に発足する自社さ連立政権の芽は生まれ始めていることである。

　こうした動きのなか、4月15日、自民党を離党した鹿野道彦や北川正恭

らが、新党みらいを結成し、渡辺の離党を促した。さらに18日、自民党渡辺派の柿沢弘治ら5人が離党し、自由党を結成した。

しかし、最終的に渡辺は河野との3回目の会談後の4月19日、首相指名選挙への立候補を断念し、自民党離党を取り辞めた。その理由として挙げられたのは、小沢にとって「渡辺政権」をつくることよりも自民党の分断に主眼があった[7]ことであった。

新たな枠組みによる合意と羽田選出

渡辺の離党断念を見越して、連立与党は4月17日から政策協議を進めていた。後継の首班が最終的に決まっていないなか、細川政権の一翼を担っていたさきがけが離脱したことなどから7会派から5会派に減ったが、4月22日、連立与党の代表者会議は基本政策で合意した。

連立与党の代表者会議で合意した「新たな連立政権樹立のための確認事項」と題する基本政策の骨子は以下の通りである。

Ⅰ）衆院小選挙区の区割り法案を今国会で成立させ、次回の総選挙は新制度で実施すること。

Ⅱ）北朝鮮の核開発問題に絡む安全保障政策については、憲法のもとで緊急の事態に備え、米韓両国と緊密に協調し、アジアの関係各国と必要に応じ連携すること。

この問題に関しては、社会党が「日中の連携」を加えるよう求めたが、他党が必要ないとして対立、最終的にアジアにおける関係各国を受け入れるかたちになった。社会党が朝鮮半島問題で中国に関する表現にこだわったのは、社会党が中国との交流を重視し長年取り組んできた[8]からであった。

Ⅲ）安全保障政策では、憲法は、国連による普遍的安全保障を理念としていることを認識し、日米安保を維持しつつ、国連の平和活動に積極的に参加すること。

Ⅳ）税制の抜本的改革については、国民の理解を得つつ年内に関連法案を成立させること。

しかし、間接税の引き上げを中心とする税制改革をめぐっては、「国民の合意を求めつつ」と国民の合意形成を条件につけた社会党と他党の間で協議

が行われ、最終的に国民の「理解」という文言で決着した。

この他、ウルグアイ・ラウンド合意の協定・関連法案を年内に提出し、速やかに成立させることなどで合意した。

22日未明にようやく合意したが、各党が基本政策をすり合わせる過程で、小沢らの社会党に対するハードルは上がるばかりであったが、連立の枠組み維持のため社会党は譲歩に譲歩を重ねた。また市川が、憲法に関する問題と税制改革に関して、これまでの社会党の主張と大きくかけ離れた提案を行ったため、これに社会党が反発するかたちとなり、合意するまでに難航する要因となった。

基本政策の合意を受けて、22日の社会党・新生党・公明党・日本新党・民社党・衆議院の会派「改革の会」・参議院の民主改革連合の7つの党首と代表の会談が開かれた。

会談の席上、社会党委員長の村山富市が口火を切り、次期首相指名選挙に、新生党党首で細川政権の副総理兼外相の羽田孜を推薦し、各党の党首が同意、満場一致で決定した。

これを受けて、羽田は「国内外の課題は山積みしており大変だが、死力を尽くして応えたい」と答え受諾した。

既に閣外協力に転じていたさきがけの武村は、協力を要請した羽田に対し、首相指名選挙で投票することを約束した。

この時点で、細川の退陣表明から既に2週間が経っていた。羽田に決まるまでに、渡辺の擁立劇や、自民党と社会党の連立の動きなど、舞台裏では紆余曲折があったが、ようやく、非自民連立政権としての第二幕がスタートすることになった。しかし、これまでの過程をみてもわかるように、後継に羽田が選ばれたものの、中心的な役割を果たしていたのは小沢や市川であったため、政策を遂行するにあたって、羽田のリーダーシップは期待できなかった。

2 「改新」騒動で始まった波乱の船出

4月25日午前10時、細川内閣は臨時閣議を開き総辞職した。

そして、午後からの衆院本会議で、社会党・新生党・公明党・日本新党・民社党と、衆議院の院内会派「改革の会」に加え、閣外協力に転じたさきがけ、さらには柿沢弘治の自由党と鹿野道彦らの新党みらいなどが羽田孜に投票し、自民党総裁の河野洋平らを抑え、羽田が第80代の内閣総理大臣として指名された。

参議院でも、社会・公明の両党と、新緑風会（新生・民主改革連合・日本新・民社の院内会派）などが羽田に投票、第80代の総理大臣として羽田孜が選出された。

首班指名を受けて、羽田は組閣作業に入り、ただちに新内閣が発足するはずだった。しかし、羽田内閣としての混迷はここからだった。すなわち、羽田の預かり知らないところで、統一会派の結成問題が持ち上がっていた。

もともとの予定では、午後4時から組閣に向けた連立与党の党首会談が、首相官邸で行われることになっていた。

しかしその直前の午後3時頃、民社党委員長の大内啓伍が、村山の議員会館の部屋を訪ねた。そこで、大内は村山に対し、「今度『改新』という名前で会派をつくることになったので今後よろしく」というようなあいさつをしたとのことだった[9]。

社会党書記長の久保亘によれば、民社党内で存在感を失いかけていた大内が、党内でグループをつくり、足場を固めると考えた村山は「よかった、あなたもがんばれ」との答えを返したとのことであった[10]。これをもって、大内は村山が新しい統一会派の「改新」を了解したと判断したのだろうと久保は推測している。

一方、自身の回顧録のなかで村山は、議員会館でのやりとりについて、大内から「もう民社党に居づらいから何か考えなければいけない」といわれたので「大変だけど気を落とさんで頑張れ」と激励して別れた。「改新」の話をしたつもりかどうか知らないが、全く認識はない[11]と記している。

連立与党内の話をしたとされる大内と、民社党内のことと受け止めた村山の両者の話は食い違っており、真相は定かではないが、いずれにせよ、この行き違いが羽田政権の行方に決定的な打撃を与えることになった。

改めて当日の動きを詳しくみておきたい。

まず、午後3時半に民社党の両院議員団会議が開かれ、大内はその場で統一会派構想を提唱した。午後4時半には日本新党が議員懇親会を開き、細川から統一会派「改新」をつくることが提唱され了承された。

一方の社会党だが、午後4時を過ぎても、予定されていた党首会談を開く連絡が届かないため、村山は午後5時過ぎに羽田に電話を入れた。これに対し羽田からは「新生党から入閣する人数がもめており、もう少し待ってほしい」との答えがあった[12]とのことである。相前後して、担当記者から、連立与党内で新たな会派を結成するとの動きが社会党に伝えられ、これを受けて社会党は党本部で緊急の三役会議を開くことになった。

午後7時過ぎから、新生党、日本新党、民社党、自由党や改革の会の代表らが集まり、午後8時前に、新生・日本新・民社・自由の各党と、院内会派「改革の会」の5会派が議員130人の新たな統一会派「改新」を結成し、事務局に届け出た。以上が「改新」結成の経過である。

久保によれば、午後8時に衆議院事務局が会派の結成届を受け付けたということは、事前に周到な準備がされていたものと考える[13]ということであった。

こうした流れを受けて、午後8時半には首相官邸で、与党党首会談が始まったが、統一会派結成について知らされていなかった社会党の村山は30分足らずで退席した。さらに、自由党党首の柿沢もこの会議に出席していたが、枠組みの組み換えも社会党には知らされていなかった[14]。

これらの動きとは別に、午後9時からは近くのホテルで、小沢、市川、民社党書記長の米沢隆、久保の4人の与党代表者会議のメンバーで話し合いがもたれたが、不調に終わり、午後10時半に久保は社会党本部に戻った。

社会党が連立政権から離脱へ

統一会派「改新」の結成について、仕掛け人は大内といわれているが、民社党内で、小沢・市川の「一・一ライン」と歩調を合わせる米沢に実権を奪われ、巻き返しに出るため、一芝居打ったとの説が取り沙汰された。前述したように、大内は事前に社会党の村山の了解を取った上で、小沢に伝えたと

している。そして、その話を受けた小沢も大内の言葉を信じ、会派結成に
ゴーサインを出した。このため、小沢からみれば、村山も承知の上で新会派
の話を進めた社会党が、組閣作業の直前の段階で、新会派の結成をはねつけ
たと感じ、不快感をあらわにしても不思議ではない。しかし、社会党からみ
れば、全くの寝耳に水の話であり、到底受け入れられる提案ではなかった。

「改新」騒動以降、大内は一切村山の部屋に寄りつかず、国会であっても
目を背けた[15]。村山によれば、「改新」騒動以前は、武村と大内と3人で、
秘密裡に情報を交換していたとのことで、今回の大内の行動は二重の裏切り
と感じた。

最終的に、社会党は三役懇談会を開き、「連立与党からの離脱やむなし」
との結論に至った。その後の中央執行委員会で承認され、さらに離脱の決定
は、両院議員総会で了承された。

そして、4月26日未明、社会党が連立政権から離脱を表明した。記者会
見した村山は、「首相指名直後に新会派が結成されたことは連立与党間の信
義に反し、特定の意図を感じる」と不信感をあらわにした。さらに「恣意的
な操作を行うことは、新しい連立政権の政治に対して国民の不信を増大させ
るものであり許すことはできない」ともつけ加えた。その一方で、細川が投
げ出した1994年度予算の成立には全力を挙げるとして、細川政権時代の与
党としての責任を果たすことは強調した。

統一会派結成のねらいと羽田の責任

統一会派「改新」が130議席で、公明党を加えれば、社会党の70議席を
大きく上回っており、連立与党内での主導権をもつねらいがあったが、それ
には2つの理由が考えられる。

連立与党内には、そもそも自民党に対抗する二大政党制を目指す小沢や市
川と、リベラル勢力などの第三極を含めた多党制を目指す社会党の考え方の
違いが根底にあった。基本的な政治信念の違いを内包する連立与党には避け
られない問題であったが、リベラル色を薄くして党内の政策的距離を縮め、
保守的な二大政党制を強く推し進めたい思惑が小沢にはあった。

次に、政策や意思決定の迅速化を進める点である。前述したように、あら

ゆる問題を党の執行委員会に諮り了承を得なければならないという、社会党内の意思決定の煩雑さの排除を目指したことである。トップダウンを好む小沢にとっては、数の力を武器にして、連立与党内で社会党内の議論を封じ込め、物事をスムーズに進めたかった。細川政権時代の非効率さを、首班交代を機に、一気に転換しようとしたのである。

ところで、「改新」騒動における羽田の責任はいかなるものであろうか。

羽田は、就任直後の報道各社の共同インタビューで、「改新」が結成されることを「承知していなかった」と答えている。確かに社会党の村山も知らなかったとされているが、いみじくも羽田は公党の党首である。同じ党の代表幹事の小沢には大内から事前に話が伝えられていたにもかかわらず、公党の代表者が、自ら所属する政党の会派問題を「知らなかった」で済ませることはできない。

もし、事前に知らされていなかったとするならば、自ら率いる政党におけるガバナンスが全く効いていなかったことになる。逆に、知っていたとすれば、自らを細川の後継首班に指名した社会党への政治的な裏切りである。したがって、いずれの場合においても、羽田は「改新」騒動の責任から逃れられるものではない。

さらに重要なことは、連立与党内の亀裂を決定的に深め、最終的に社会党の離脱を招いただけでなく、国民に対して連立政権そのものへの不信感を増大させ、幻滅させたことへの責任は極めて大きい。

3　組閣作業のずれ込みと異例の発足

社会党が連立政権から離脱したことで、組閣作業は大幅にずれ込み、結果的に内閣の発足は4月28日まで遅れることとなった。25日に羽田が首班指名されてから既に3日が経っていた。さらに第二次鳩山一郎内閣以来、39年ぶりの少数与党政権であった。それまでの少数与党政権は、第二次と第五次の吉田茂政権、第一次・第二次の鳩山政権の4回だけだったが、いずれも1955年の保守合同前の出来事であった。

組閣は28日午後に行われたが、当日の午前9時から皇居で任命式が行わ

れた。本来、首相の任命式は、組閣後に閣僚の認証式とともに行われるが、翌29日に発令する春の叙勲を新首相で行う必要があることなどから、先に任命式が行われた。このため形式上ではあったが、一時は羽田が臨時代理として全閣僚を兼務した。

羽田は、任命式の後、連立与党から離脱した社会党の村山と会談した。羽田は村山に対し連立政権にとどまるよう要請したが、村山は拒否。結局、社会党への説得が不調に終わったことを受けて、羽田は組閣作業に入った。

羽田内閣では、細川時代に社会党が占めていた大臣ポストが、連立与党の各党に振り分けられ、新生党が5から8、公明党が4から6と増えた。官房長官には、小沢の側近である熊谷弘が就き、重要閣僚も両党が占めたため、新生・公明両党が主導する内閣となった。その他、民社党2、日本新党、自由党、改革の会、民間から各1の割り振りとなった[16]。また、このなかで注目されたのは、外相に選ばれた柿沢弘治である。柿沢は、細川が退陣表明をした後で、小沢が一時後継候補とした渡辺の元秘書官であった。自民党を離党し自由党を結成したばかりであり、小沢としては、自民党内への牽制の意味もあった。こうした動きをみても、組閣にあたって羽田が指導力を発揮した形跡はみられなかった。

「非自民」を掲げた細川政権のときと比べると、さきがけと社会党の離脱により、リベラル色が薄まり保守的な色彩が強まった。しかし、比較第一党の野党自民党はいうまでもなく、比較第二党の社会も閣外に去っている状況での政権発足のため存立基盤は極めて弱く、政権運営において当初から困難な道のりが予想された。

結局、発足から崩壊までわずか64日間の、戦後2番目に短い内閣に終わるわけだが、戦後直後の混乱期の東久邇宮稔彦内閣を別にすれば、もう一つの超短命政権として、宇野宗佑内閣が挙げられるが、両者の違いについて一言触れておきたい。

宇野内閣も68日間という短い期間だったが、これは、宇野本人の女性スキャンダルが端緒となり、直後の参院選で大敗北するという、予期せぬものであり、発足当初から想定されたものではなかった。

それに比して羽田内閣は、対決姿勢をさらに鮮明にしていた自民党だけでなく、細川時代にともに連立政権を組んでいた社会党が、政治的信条はいうまでもなく、感情的なしこりを残したままの状態であったことで、政権発足当初から短命に終わることは目にみえていた。

　少数内閣で存立基盤が弱く、多難な前途は十分予想されたが、国会運営の点だけでなく、発足したばかりの内閣の内部からも大きな問題が噴出した。

　就任直後、元陸上幕僚長で法相の永野茂門が、新聞のインタビューで「南京大虐殺はでっち上げだと思う」と発言した[17]。中国や韓国がこの発言に対して強く反発したこともあり、5月7日に羽田は永野を更迭し、後任には民社党の中井洽が就任したが、発足直後の主要閣僚の失言は、政権運営に暗い影を落とした。

　こうした混乱のなか、5月10日、羽田は所信表明演説を行い、基本理念は「改革と協調」を掲げ、最重要課題として政治改革を挙げ、衆院小選挙区の区割り法案の成立と、新選挙制度での次期総選挙を行うことを表明した。

　その所信表明直後の5月21日、社会党の久保が、中国の大連で「94年度予算が成立したら、羽田内閣の自主的な総辞職を求める」との談話を発表した。社会党としては、連立政権の基盤を安定させ、枠組みを組み直すためという説明だったが、この談話で羽田の命運は決定的になったといえた。

「改新」騒動にまつわる疑問

　国会での首班指名後に、連立の枠組みを崩した統一会派「改新」騒動だが、もし、会派の届け出を首相指名選挙の前に行っていれば、どのような政治状況になったと考えられるだろうか。

　当時の政策協議の行方などから、小沢・市川の「一・一ライン」に反発して、おそらく社会党は羽田に投票せず、自主投票、あるいは村山を首班指名したであろう。もしそのように仮定するなら、羽田首相そのものが誕生していなかった可能性が十分に考えられる。

　新たな統一会派を結成するというなら、基本政策の合意を進めるのと並行して、細川政権時代からの統一会派構想を各党で議論し、新会派結成を国民に示した上で首相指名選挙に臨むのが筋ではなかったか。

細川を継承した連立政権とはいえ、羽田政権は会派の構成も異なり、枠組みとしては全く異質なものになった。さらに、「改新」の結成が、村山のいうように「信義にもとるような」かたちだったことは、曲がりなりにも選挙という国民の洗礼を受け、その結果として発足した細川政権とは性格を全く異にするものである。

　また、「改新」の結成は、その手順からみても政治的な背信行為と受け取られても抗弁できないものであり、それを内包したままでの政権の発足には、その政治的意味合いからみても正統性の点で疑問符がつく。

4　社会党をめぐる駆け引き

　羽田内閣発足時の議席構成をみてみると、連立与党側は、衆議院で「改新」と公明党、さらに閣外協力のさきがけと新党みらいを合わせても202議席、一方、野党自民党は206議席と拮抗していた。連立与党を離脱した社会党は74議席を占めており、この時点でキャスティング・ボートを握っていたのは社会党だった。

　羽田として必要なことは、離脱した社会党を再度連立政権内に引き込む、あるいは、政権運営において確実に協力を得られることを担保することだったが、統一会派結成の経緯からして簡単な話ではなかった。

　このため羽田は、組閣直前まで社会党の村山と会談し、連立政権に復帰するよう促したが、これは社会党の協力の下、何とかして安定した政権運営を図るねらいがあった。しかし、社会党からみれば、小沢や市川らとの政策的距離や、さらには心理的距離の大きさから、羽田の求めに応じることはなかった[18]。

　一方、自民党にとっては、政権から転落し野党としての悲哀を存分に味わっており、長期政権を見込めない羽田後の政権復帰が至上命題であった。

　諸状況を勘案すると、社会党が離脱した連立政権であったにもかかわらず、政局のカギを握っていたのは実は社会党であった。皮肉なことに、細川時代から羽田擁立までは、連立維持という名目のため妥協に妥協を重ねた社会党の方針や考え方が、たとえわずかな期間だったとはいえ、連立与党側と、野

党自民党の双方から頻繁に接触がもちかけられたことにより、陽の目を浴びることになった。

　社会党もしたたかに動いた。党内には、連立復帰を求めるグループと、小沢の強権的政治手法への反発をもち、自民党と接触を図るグループがあり[19]、それぞれ、水面下で交渉を行っていた。

　小沢を中心とするグループは「いずれ社会党は政権に戻る」と高を括り、社会党を甘くみていたが、その代償は後で高くつくことになる。

　その後の連立与党内では、5月22日に社民連が解党し日本新党と合併したほか、6月1日、「改新」を提唱した民社党の大内が、混乱の責任を取って辞任し、後任に米沢が選ばれた。このような動きはあったものの大きな影響がなかったのは、連立のパートナーである公明党や民社党は、小沢に追随するだけの勢力であり、細川時代のように、小沢に対抗する武村や村山の存在は、羽田の時代にはみあたらなかったからである。すなわち、羽田の時代は連立とは名ばかりで、議席数などとは関係なく、小沢や市川が主導し、それに追随する勢力の政権だったのである。

実績なき政権の終焉

　内政的にみるべき実績のない羽田政権だが、国内の問題だけでなく国外の問題も適切に対処できたとは言い難い。

　国内での政治的混乱に加え、国際的には、隣国北朝鮮の核開発問題への対処が緊急の課題であった[20]。5月31日に北朝鮮は日本海に向けてミサイル発射実験を行い、6月13日には国際原子力機関（IAEA）からの脱退を発表した。緊迫した状況が続いたが、6月17日にアメリカのカーター元大統領が北朝鮮を訪問し、米朝交渉への道筋をつけるなどの動きに対して、羽田政権は国際社会に対し何ら影響力を与えることもなかった。

　そうしたなか、6月23日に1994年度予算が可決成立した。予算が成立したのを受けて、自民党は内閣不信任決議案を提出した。これに対し羽田は、当時解散で対抗する気持ちだったが、小沢らが反対し説得したとのことであった[21]。そして、自らの進退を「連立与党と社会党との協議に委ねる」とした。

予算成立の 2 日前の 21 日、社会党は新政権構想を発表し、各党に提示していた。そして、連立与党とも再度の政策協議を始めており、羽田としては、「身を投げ出す覚悟を示すことによって社会党の連立復帰に望みをかけた[22]」のだった。

　しかし、24 日まで続けられた連立与党と社会党の協議は不調に終わり、内閣不信任案の可決が確実になったことから、羽田は 25 日朝、記者会見を開き総辞職することを表明。その後の臨時閣議で正式に総辞職を決定した。

　在任期間は 64 日だった。ベテラン秘書の北澤英男によれば、「本人が総理の座にしがみつくような執念を持たず、淡々としているんだからどうしようもない[23]」とのことだった。

　不信任案が衆議院で可決されたため総辞職した例はあるが、内閣不信任案が提出された段階で総辞職したのは、1954 年の第五次吉田内閣以来 2 回目だった。

5　羽田内閣の実績と評価

　残念ながら、羽田政権は、細川政権時代の積み残しになっていた 1994 年度の予算を成立させただけで、政権としての実績はないに等しい。

　長く続いた自民党政権に取って代わって、1993 年に発足した「非自民連立政権」は、実質、選挙を通して初めての政権交代だった。しかし、細川、羽田 2 つの政権は、国民の期待の大きさとは裏腹に、前述したように、結局のところ自民党経世会の権力争いに敗れた小沢を中心とする勢力と、それに反発した武村らの勢力の権力闘争に他ならなかった。

　プレーヤーは代わったものの、事の本質はかつての自民党内の派閥抗争と同じであった。

　もちろん、政治スタイルなどにはいくつかの変化がみられた。しかし、政権の顔は代わっても政権運営の中心は常に小沢であり、その強引な政治手法は自民党時代と何ら変わりがなく、二重権力構造がさらに進むにつれ、自民党に取って代わった政権に対する失望感が徐々に広まっていった。

　政治に対する国民の期待を失望に変えたことは、総理の資質や言動に問題

があった上に、リーダーシップも欠け、意見も集約できず、党内の争いに終始する姿をみせた、後の民主党政権と同じである。

それ以上に特筆すべきことは、野党に転落した自民党に、単独政権時代とは異質なまでに柔軟な思考を取らせるようにさせ、政権奪回のためには、なりふり構わず邁進するような政党に変貌させてしまったことである。野党の辛酸をなめた自民党は、社会党の首班を認めてでも政権への復帰や奪回への渇望を生んでいた。

「雨降って地固まる」ではないが、一度野に下ったことで、結果的に自民党に対して権力の重要性を再認識させることになった。それは、後の麻生政権で一敗地にまみれたことで、さらに強固になったといってよい。その後、政権の維持のためには、政策面を中心として柔軟な対応を示し、現在では公明党との連立政権でありながら、ほぼ自民党の一党支配体制を生んでしまったことである。

政権交代という国民の大きな期待に対して応えられなかった上、政治不信へとつながる国民のあきらめにも似た状況をつくった責任の一端は、羽田政権にもあるといえよう。

羽田孜個人の政治家としての評価

最後に、政治全体に対する国民の不信感、虚脱感とは別に、羽田個人の評価について論じておきたい。

羽田は、ミスター「政治改革」として信念の政治家として知られていた。その昔、金丸信は羽田について「政治改革にうなされている」とも語ったほど、政治改革に多くの力を注いできた。

そもそも、政治改革と選挙制度改革は本来別物であるはずである。しかし、奇妙なことに当時は小選挙区制を導入することで、二大政党を中心にした政権交代可能な制度に変えるという選挙制度改革が、政治改革と同義語で捉えられており、政権交代により政策本位の政治になるということだった。

また、選挙制度改革の議論のなかで、中選挙区制では、同一の選挙区に同じ政党から複数の候補者が立候補することなどから金がかかり過ぎ、これが政治の腐敗を招く原因とのことであった。このため、金のかからない選挙を

目指すために小選挙区制の導入を決めたのであった（しかしながら、その後の選挙運動に金がかからなかったという話を聞いたことはない）。

　選挙制度関連法案は成立済みであったが、選挙区割りが未確定だったため、解散すれば旧制度、すなわち中選挙区制で総選挙が行われることになり、政治改革の旗手としては、結果として、それまで声高に叫んでいた選挙制度改革が頓挫してしまうと考えても不思議ではなかった。

　1994年度予算が成立した直後に出された内閣不信任案に対して、解散・総選挙に打って出る方策もあった。実際に羽田が一度は総選挙に打って出る構えをみせたが、小沢らの反対もあり結局は総辞職の道を選んだ[24]。ミスター「政治改革」としては信念である政治改革との板挟みに悩んだことは想像に難くない。

　1つだけ評価できることは、政治家として、地位に恋々としない姿勢である。往々にして権力をいったん握ると、なかなか手放さないものだが、個人としての権力保持ではなく、結果的に政治家として自らの信念を貫き通したことで、ミスター「政治改革」の面目は守ったといえよう。

　しかし、残念ながら羽田の政治改革に対する思いが、その後の政治家に引き継がれているかは、はなはだ疑問である。

　羽田が、もし内閣不信任案に対して、解散・総選挙に踏み切っていたなら、選挙結果やその後の政治状況にもよるが、中選挙区制は小選挙区制に移行せず、羽田の目指した政治改革が成し遂げられなかったかもしれない。他方、選挙に勝利していれば、確実に自らの信念である政治改革は断行でき、小選挙区制は導入されたであろう。

　ところで、小選挙区の導入によって本当に政治改革が進んだのだろうか。党本部主導の候補者擁立が進んだことで、党内の派閥やグループの力が相対的に弱まり、これに代わって党首や執行部の力が強大になった。このため、候補者選定においては、そうした執行部の意向で大きく左右されることになった。派閥などについては、その功罪はあるものの、かつては、異なる意見が存在し、議論を戦わせたものだった。しかし、小選挙区制の導入によって、上に対して「ものをいわず忖度する」議員が増え、議員の画一化が進ん

だ。

　国民からみれば、小選挙区制によって候補者の選択肢の幅が狭まったこと
もあるが、さらに問題なのは、政治家個人の資質が激しく低下していること
である。

　小泉チルドレンや小沢ガールズなど、党首から抜擢された議員の資質につ
いては問題が多く、また、不祥事などを起こし議員として全く資質に欠ける
者が、後も絶たずに国会に送り込まれている。

　また、小選挙区制では、得票率と議席率に大きな乖離が生じる。現在、衆
議院で自民・公明の与党が3分の2以上の議席を有する状況だが、第二次安
倍政権でのおごり高ぶりははなはだしいものになっている。異質な意見を排
除する安倍の政治姿勢とともに、最近では、民主主義を否定するような閉塞
状況に陥っている。

　残念ながら現状は、政策本位の政治とは無縁な状態であり、羽田の描いた
政治改革とはかけ離れたものになっている。

　そういった意味でも、当時の羽田の決断が正しかったかどうかは極めて微
妙な問題である。

　わずか64日しか存在せず、みるべき実績もなかった羽田政権だが、今振
り返ってみれば、その後の日本の政治の流れを大きく左右する分岐点の政権
だったことは間違いないであろう。

【注】
1　宮澤内閣不信任案に、反対票を投じた上で自民党を離党した武村と、策謀
　し不信任に追い込んだ羽田や小沢らでは、理念の違いが根底にあった。
2　草野　1999：39。
3　後藤　2014：242。
4　この間の渡辺をめぐる動きは、詳しくは後藤（2014：243-248）を参照され
　たい。
5　55年体制時代の、自民社会両党の「国対政治」では、表面的には対立して
　いても、水面下では互いに連絡を取り合い、妥協の道を探るのが常だった。
6　野坂　1996：35。

7　後藤 2014：249。

8　薬師寺 2012：149。

9　久保 1998：74。

10　同書：75。

11　薬師寺 2012：153。

12　野坂 1996：43。

13　久保 1998：71。

14　野坂によれば、連立の枠組みに加わるためには、代表者会議で決めること
　　になっていたが、柿沢については、そういった手順は踏まれなかった。

15　薬師寺 2012：153。

16　民間からは、赤松良子が文相として入閣した。

17　『毎日新聞』1994 年 5 月 5 日掲載のインタビュー。

18　羽田が連立与党内で自らの考えを政策に活かそうとしても、社会党の協力
　　も得ようとする羽田に対して、実質的な決定権が小沢と市川のラインに握ら
　　れている状況では、自らの存在感を示すことはできなかった。

19　社会党内では、幹事長の久保亘ら右派系が連立政権への復帰を模索してい
　　たのに対し、村山や野坂ら左派系が自民党と水面下で接触を図っていた。

20　北朝鮮情勢が緊迫していたため、小沢は、安全保障政策上、社会党を切り
　　自民党の一部と連携したい思惑もあった。

21　石原 1997：200。

22　後藤 2014：271。

23　大下 2012：201。

24　羽田自身は当初から総辞職の考えだったが、小沢や石原によれば、解散を
　　考えたとのことである。詳しくは石原（1997）を参照されたい。

【参考文献】

朝日新聞政治部編（1994）『連立政権回り舞台』朝日新聞社。

飯尾潤（2008）『日本の「現代 3」　政局から政策へ――日本政治の成熟と転換』NTT
　出版。

石川真澄・山口二郎（2010）『戦後政治史（第 3 版）』岩波書店。

石原信雄（1997）『首相官邸の決断――内閣官房副長官石原信雄の 2600 日』中央公論社。

岩見隆夫（2001）『日本の歴代総理大臣がわかる本』三笠書房。

逢坂巌（2014）『日本政治とメディア――テレビの登場とネット時代まで』中公新書。

大下英治（2012）『小沢一郎と田中角栄』角川マガジンズ。

加瀬英明（1995）『総理大臣の通信簿』日本文芸社。

草野厚（1999）『連立政権――日本の政治 1993 ～』文藝春秋。

草野厚（2008）『政権交代の法則』角川書店。

久保亘（1998）『連立政権の真実』読売新聞社。

後藤謙次（2014）『ドキュメント平成政治史1　崩壊する55年体制』岩波書店。

小林英夫（2014）『自民党と戦後史』KADOKAWA。

島野恵次郎（1994）『羽田孜・全人像』行研出版局。

白鳥令編（1981）『日本の内閣Ⅲ　経済大国への道から模索の時代へ』新評論。

第三書館編集部編（1994）『羽田孜のマヤカシ、新生党のゴマカシ』第三書館。

俵孝太郎（2004）『戦後首相論』グラフ社。

冨森叡児（2000）『素顔の宰相』朝日ソノラマ。

仲衛（1993）『羽田孜という男』東洋経済新報社。

野坂浩賢（1996）『政権——変革への道』すずさわ書店。

羽田孜編著（1996）『これで、始める』同文書院。

羽田綏子（1996）『首相公邸』東京新聞出版局。

本田雅俊（2008）『総理の辞め方』PHP新書。

御厨貴編（2013）『増補新版　歴代首相物語』新書館。

薬師寺克行編（2012）『村山富市回顧録』岩波書店。

薬師寺克行（2016）『公明党——創価学会と50年の軌跡』中公新書。

第3章　村山政権

新川　匠郎

1　理念なき野合か

　第129回衆議院本会議で村山富市が第81代首相に指名された。これこ
よって日本政治で前代未聞の政権が実現した。それは自民党、社会党、新党
さきがけの自社さ三党連立政権であった。かつてのライバルたちによる理念
なき野合と評された村山政権は長続きしないと考えられていた。だが、村山
政権は日本の歴代内閣のなかで決して短い在職期間でない。なぜ村山政権は
生まれ、何を試み、そしてどのように終わったのか。こうした問いを通じて
本章は村山政権の561日を考えてみたい。

2　なぜ生まれたのか

　1994年6月30日に村山政権は発足した。村山政権の特徴はこれまで得票
数の最も多かった二大政党（自民党と社会党）が協力した大連立にあった。ま
た、この政権は国会の「数の論理」から逸脱した協力関係からも成り立って
いた。自社連立で議会の過半数を掌握できるにもかかわらず、新党さきがけ
も政権参画したのである。政権での利益（大臣職）の最大化に向けて他との
協力を最小限にする「公職追求」を考えるならば、ぎりぎり過半数を超える
規模・数の政権が好ましい。だが議会最大の会派であった自民党は、議会第
二の会派の社会党との連立、さらには新党さきがけも含めた政権にねらいを
絞っていたという。なぜ過大規模連合が選ばれたのか。この問いには、①
「公職追求」の行動動機、②政策実現を目指す「政策追求」の行動動機、③
政党の行動を縛る「制度的制約」から一般的な説明が試みられてきた（新川
2017も参照）。以下では、これらの視角から村山政権の誕生の経緯を捉えてみ
よう。

公職追求による説明

　政権に就いて大臣職を占有したいという動機は目的・手段のいずれにせよ各党にあるだろう。だが当時はその動機が自民党、社会党で特に強かった。長らく二大政党の地位を占めた両党は当時、ともに政権におらず、政権復帰を目指したと考えられるのである（伊藤 1997：155-157）。

　もともと社会党と新党さきがけは細川護煕を首班とした非自民連立政権に参画していた。だが連立与党の新生党・小沢一郎を中心にトップダウンで決定を下す運営方針に両党は不満を募らせていた。1993 年末には社会党のトップであった村山が公の場で不満を述べており、翌年 4 月中旬には新党さきがけが細川政権後続の連立協議への不参加を表明している。

　細川が辞任表明するなか、小沢は与党第一党の社会党を抑え込むため、自民党・渡辺美智雄を引き抜き、次期首相に据える動きをみせていた。この動きは社会党内で物議を醸すものであったが、社会党はその後の羽田孜を首班とする非自民連立政権への参画に合意した。ただし首相指名を終えた 4 月 25 日に新生党や民社党が新会派を結成したことは社会党にとって耐え難かった（薬師寺 2012：151）。社会党の議席を上回る議会内勢力「改新」が成立した同日に、新政権での大臣職に関する交渉も行われた。突然の議会第二の会派の登場によって、与党第一党として最も大臣職を得るはずであった社会党は、その配分の縮小を余儀なくされたのである。これを拒んだ社会党は翌日 4 月 26 日に政権離脱を表明している。

　この経緯からは、社会党を軽んじた当時の与党を引きずり落としてでも政権に就く、公職追求の動機が社会党内に生まれていたと推察できる。同様の公職追求の動機は、小沢らの意思決定様式により確執が深まり、閣外協力および改新の結党を拒否した新党さきがけにもあっただろう。もちろん自民党から離反した新党さきがけにとって、自民党と手を組むのは違和感があったという（御厨・牧原 2011：198）。だが最終的に新党さきがけの党首・武村正義は村山を首相に担ぐことを表明、村山政権の「仕掛け人」としての役割を果たすのである。

　自民党に目を向けると、党内には社会党と新党さきがけよりも政権を目指

す動機が強くあっただろう。長らく一党優位政党制の特権を享受してきた自
民党の政治家は、細川・羽田政権期において、与党でなくなることで失った
権益の数々を認識することになった。つまり自民党にとって政権復帰とは、
これまで享受してきた特権を取り戻すという目的でもあった。このような公
職追求の動機に突き動かされていたからこそ、議会第一党の自民党内から社
会党の村山を首班にするという話が飛び出したとも考えられるのである（五
百旗頭他 2007：182-183）。

政策追求による説明

　村山首相案は社会党が羽田政権から離脱した直後の 5 月の自社さ三党首会
談では固まっていなかったという。この会談では各党の公職追求の動機を無
視できない一方で、同じ野党であった共産党と協力する意思はなかったよう
である（御厨・牧原 2011：199 も参照）。自社さの党首間で「憲法擁護派・リベ
ラル」の考えがあったからこそ、政策合意の展望が開けたと当事者は語って
いる（梶本他 2011：100）。

　また党指導者だけでなく若手・中堅議員のなかでも、自社連立に向けての
働きかけがあった。たとえば自民党の白川勝彦と社会党の伊東秀子を中心に、
政治改革（腐敗防止法）の勉強会を通じた問題意識の共有が行われていたとい
う（伊東 1994：193-195）。この自社の垣根を超えた政策連携は、村山を後押し
した「リベラル政権を創る会」という超党派の研究会につながった。当時は、
社会党・久保亘書記長や連合の山岸章会長の非自民連立政権の樹立に向けた
発言、それに呼応した社会党内の一グループ「デモクラッツ」を中心とした
動きがあった。これに対して、白川・伊東らの「リベラル政権を創る会」に
名前を連ねた社会党議員はわずか 13 人であった。だが、この議員数は他の
野党すべてと合わせることで羽田政権に対する不信任案を賛成多数で可決に
導ける数でもあった。そのため、この動きは当時の非自民連立政権へ社会党
が復帰することに歯止めをかける起点と位置づけられていた（同上：177-178）。

　こうした党指導者や若手・中堅議員の働きかけの背景に、各党の主義主張
を多元的な政策軸のなかで位置づけて互いに認識できたことは重要だろう。
もし保守・革新という 1 軸のみに位置づけていたならば、保守寄りか革新寄

りかのどちらかでしか政党間の妥協は生まれない。しかし経済・外交という日本で重要であった2軸に視点を変えるだけで、外交政策で合意を調達するために経済政策で折れるといった戦略を想定できるようになる。ここでは、自社さを含めた当時の8党内での経済・外交政策に対する姿勢の強硬さを考えてみる[1]。

　図1の左上の象限では、社会党内に一致した外交政策の考えがあり、他党と妥協が難しかったことを示している。対して経済政策では新党さきがけのなかで一致した意見があり、他党と折り合いをつけにくかった。そして、これらと比べて自民党内では両政策での一貫性が強くなく、他党との調整は比較的容易であったと考えられる。この図からは譲歩しやすい、もしくは譲歩しにくい政策が何かについての相互認識をもとに、自社さが共同して政権運営を行う際のビジョンを描きやすかったと推察できる。

　ただし図1では非自民連立政権のメンバーも右下の象限に落とし込まれる。そこでは、これらの政党も新党さきがけと同様に政策的な妥協可能性を秘めていたはずである。そのため、政策追求のみを理由に自社さの3党が連立を組んだと述べることはできない。また村山政権は、いわゆる「アンチ小沢」を共有して公職追求を目指した野党連合で、さらには後述する制度を通じて

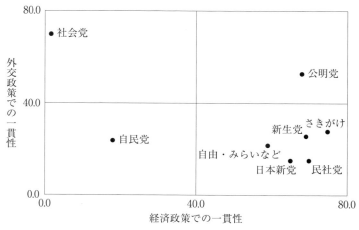

図1　経済政策・外交政策における妥協の難しさ

自民党と社会党というかつてのライバルの接近が可能になったとも考えられる。ついては各党が制度的制約の下で公職追求を行うなか、政策的な妥協可能性を背景に、党指導者や若手・中堅議員の働きかけが政権成立に影響を及ぼしたという推論にとどまる。

制度的制約による説明

村山政権のように野党同士が協力して政権をつくることは、制度上でそれが許容されている必要がある。日本では、欧州の一部の国のように選ばれた組閣担当者が政権発足の交渉を進めるのではなく、「フリースタイル」の交渉で政権をつくる（成田 2001 : 19-21）。そのために、当時の非自民連立を推す社会党・久保亘書記長、自社連立を目指した自民党・森喜朗幹事長らによる政権発足の駆け引きが大きな意味をもっていたといえる。

ただし、この制度は自民党と社会党という野党の組閣を可能にするだけであり、自社連立の実現を直接説明するものでない[2]。村山政権を制度的に説明する上では、各党の国会対策委員会を通じた人的ネットワークを挙げる必要がある（井田 2016 : 49-76）。1994 年当時、国対委員長であった社会党の野坂浩賢、自民党の小里貞利、新党さきがけの渡海紀三朗、そして自民党の亀井静香らは非公式の会合を通じて安定政権樹立の構想を練っていたという。このなかで長らく親交のあった野坂・亀井ラインを通じて両党のトップ会談の案が出てきて、6 月 28 日には少なくとも村山と自民党の河野洋平総裁の会談が決定されている[3]。

なお、ここで述べた党上層部の人的ネットワークだけでは、自社連立に向けた政党内・政党間における賛成の取りつけを十分に説明できないことも付言する必要がある。公職を目指し、超党派の政策研究会を立ち上げていたような中堅・若手議員の働きかけも重要であった。たとえば、自民党の衛藤晟一はタカ派と目されていたにもかかわらず、白川・伊東らの「リベラル政権を創る会」の発起人に名を連ねていた。大分出身の衛藤は、次の選挙で総理大臣と直接戦うことになるにもかかわらず、村山を次期首相にすることへ賛成を表明した。この自身の公職追求、そしてタカ派としての政策追求の一時凍結とも解せる表明が、自民党で村山を推すために一つ役割を果たしたとさ

れる（同上：174）[4]。

村山政権の成立

6月29日の首相指名選で村山は241票と多数派になったが、議会過半数に満たなかったため、自民党を離反した元総理大臣の海部俊樹と決選投票になった。この2回目の投票の結果、村山が総理大臣に指名された（村山261票、海部214票）。村山は同じ日に表明していた新党さきがけとの政策合意について、6月30日には自民党からの口頭での合意も取りつけて政権をスタートさせた。

当時の衆議院には8党あり、潜在的には 2^8-1 の政権パターンを想定できた（図1を参照）。このうちで衆議院多数派の政権に絞っても122の組み合わせがあったはずだが、本章では自社さという連立パターンを促す、①野党間協力、②政策的な妥協可能性、③人的ネットワークという条件を指摘した。ただし人的ネットワークにもとづく社会党・自民党の協力を中心とした組み合わせは64通り想定できる。また先の図1にみた公明党・共産党[5]を除いた、政策的な妥協可能性をもつ多数派連立のパターンも27通りあったはずである。そして、当時の羽田少数政権のメンバーを含まない野党による多数派形成でも4通りあった。そこでは、①野党間協力、②政策的な妥協可能性、③人的ネットワークのどれかが決定的な要因であったと述べるのではなく、3条件の組み合わせから村山政権が誕生したと推論するにとどまる。

しかし3条件を満たした連立パターンでも、自民党・社会党、ないし自民党・社会党・新党さきがけの2通りが残っていた。なぜ後者の三党連立が現実において選ばれたのか。そこでは自社さの3者を結びつける政策追求の条件が重要であっただろう。具体的には人的ネットワークを使って野党間協力を試みるなか、政策的な妥協点を探れることについて認識したことで、自社さの共同政権運営の機運が生まれていったと考えられるのである[6]。

3　何をしたのか

以上の経緯をもって成立した村山政権は何をしたのか。一般的に、多様な政策的主張を包含している過大規模連合は常に瓦解の危機をはらんでおり、

現状維持の政策しか打ち出せないとされる。だが多様な主義主張のために現状維持に陥るという予測は、各党の個別の政策的主張のみに関心を払っている（川人 2015：114-118）。少なくとも村山政権では、自社さの間の政策合意をもとに可能な範囲で諸政策を進める余地があっただろう。

　また村山政権の成立過程にあった公職追求（野党間協力）と制度的制約（人的ネットワーク）に注目すれば、野合という性質が浮き彫りになる。野合ゆえに政権に対する現状打破への期待が低かったという点は、村山政権の低い支持率からも見て取れる。しかし野合ゆえに現状維持という予測は、政策追求の条件がなかったことを前提とした議論である。村山政権の成立において公職追求・制度的制約のみならず、政策追求に向けた条件も働いていたとすれば、政権は単に現状維持の政策しか生み出さないとは予測しにくい。

　とはいえ村山政権で見逃せない点として、細川・羽田政権とは異なる意思決定の手続きが導入されていたことがある。大臣職の配分が衆議院議員数に応じて行われた結果、閣僚の数において自民党が多数派となっていた。これは、自民党による強引な政権運営が可能であることを意味していた。自民党の閣内でのプレゼンスは、細川・羽田政権のトップダウンの意思決定様式に対する不満から政権離脱した社会党と新党さきがけにとって心配の種であった。また自民党にとっても政権に就き続けるためには、社会党の反発を招かない低姿勢で話を聞くという態度を示すことが重要であったという（五百旗頭他 2007：182）。この結果、村山政権では自民党5、社会党3、新党さきがけ2の割合を原則とする与党政策調整システムが採用されている。この多数派形成に交渉が必要なシステムは、首相のリーダーシップ発揮を妨げて現状維持を促すと考えられる（Nonaka 2000：102-124）。村山政権はどうであったか。以下では、社会党・村山の公職追求・政策追求・制度的制約へ焦点をあてて検討していく。

公職追求による説明

　村山政権の実践は、野党・社会党の掲げた理念に即した革新的な政策であったのか否かによって整理できる。これは従来の政権とは異なる社会党・村山の特徴的な政策は何であったかを特定するために有効である。たとえば

1995年3月に発生した地下鉄サリン事件への対応後、改正宗教法人法が成立、破壊活動防止法の適用が行われた。これは、破壊活動防止法の適用に反対だった野党・社会党の政策理念と照らし合わせ得る。また住宅金融専門会社の問題発覚を通じて、1995年12月に農林系金融機関の負担能力を超える6850億円の財政支出を決定したことも革新的か否かに分類できるだろう（詳しくは、藤本 2000：39-45）。

　ただし、この分類では村山政権期の偶発的な出来事への対処を整理することが難しい。たとえば阪神淡路大震災への対応はどうか。1995年1月17日に生じた大地震に対して村山は初動が遅れ、野党から退陣署名運動も行われた。その傍らで村山政権は、被災地復旧のための補正予算編成や災害対策基本法の改正を進めた。また先述の地下鉄サリン事件への対処は、この阪神淡路大震災の経験を活かして迅速に行えたとも評される（梶本他 2011：206）。こうした緊急事態への対応をスムーズに行うことに努めた背景には、政策追求や制度的制約よりも、まずもって村山自身の公職追求・政権維持のために必須との考えがあっただろう[7]。

政策追求による説明

　外的要因によって不可避となった政策に比べ、政策追求にもとづく実践は政党・個人の政策志向が顕著に出やすい。社会党・村山は国際問題にかかわる政策で制約が多かった一方、国内問題では比較的容易に政策追求できたという（伊藤 1997：165）。ただし国内・国際で二分することで村山政権による戦後処理問題への対応を取り扱うことが難しくなる。

　村山は1994年7月から8月にかけて韓国および東南アジア諸国を歴訪して、帰国後に戦後処理問題へ言及、過去の歴史に対する反省を表明した。これに連なる村山の行動は国内問題への取り組みであり、同時に国際的なメッセージを込めたものでもあっただろう。たとえば、社会党が長らく議論していた被爆者援護法については1994年12月に成立している。この政策は、被爆者に対する福祉などの総合的援護という点で国内向けの意味をもっていた。それと同時に、原爆で被害を被った人々に国が責任を負うと表現したことは日本の歴史認識・対外的な姿勢とかかわるものであったといえる。

その後の同種の施策に、1995年6月の「歴史を教訓に平和への決意を新たにする決議」、同年7月の「女性のためのアジア平和国民基金」がある。これらも自民党政権期に具体化されず、社会党・村山の下で政策追求されたものである。一つ目の「歴史を教訓に平和への決意を新たにする決議」は終戦50年節目の目玉企画といえる。この決議の特色は、植民地支配や侵略戦争の過去を振り返って反省することを国会の議決とすることで、諸外国に対する日本の立場を明示化するものであった。この謝罪、続く「村山談話」での首相のリーダーシップ発揮は大臣の罷免・首相の辞任という交渉カードを出し、公職放棄をされたら困る自民党の低姿勢を逆手に取ったことで可能になったともされる（梶本他 2011：22-23）。二つ目の「女性のためのアジア平和国民基金」は戦後処理問題、男女共同参画審議会（1994年8月設立）を通じた女性の人権問題への村山の取り組みとも関係があっただろう。当該基金は手つかずだった従軍慰安婦問題の打開策と位置づけられた。この問題に言及していた1993年の「河野談話」を起点に、この政策では償いとして広く国民に募金を求める一方、元従軍慰安婦への福祉事業などを政府資金で行い、国家の償いのメッセージも含めることにした。

　しかし社会党・村山の政策追求には、自社さ三党連立政権の制度的制約を通じた不徹底さもあった。まず、被爆者援護法では国家が補償するという村山の踏み込んだ考えは含まれなかった（同上：212-213）。次に「歴史を教訓に平和への決意を新たにする決議」も本会議で新進党や与党内からの欠席者が出て、議会過半数を割った230人の出席者多数の賛成で可決している。この可決の後、1995年8月15日に「村山談話」を満場一致の閣議決定で発表したのは、決議が相対多数の支持しか得られなかったことを原動力にしていたという（薬師寺 2012：216-217）。最後に「女性のためのアジア平和国民基金」でも、国民からの拠金という性質や韓国政府の十分な理解を得られなかったことなど、慰安婦問題の抜本的な解決策として内外で一致した賛同を得るものでなかった。

　こうした制約の下での政策追求は他に、水俣病の未確認患者や地方政治改革といった取り組みのなかでも見て取れる。村山は1994年8月の段階で既

に、長年の水俣病問題の抜本的な解決を掲げており、意欲的な取り組み姿勢をみせていた。この案件は当初、官僚の反発をともない難航した。しかし1995年7月に水俣病の未確認患者救済案が提出されて、同年の12月にそれが採択、首相の陳謝の談話が出されている。他方で、「地方分権を推進することが不可欠」と所信表明で述べていた社会党・村山の政策追求も、地方分権推進法というかたちで実現している。この法案にも官僚の抵抗があったものの、自治体での経験をもつ閣僚のイニシアチブもあり、約1年後の1995年5月に成立となった（御厨・牧原 2012：216-217）。

制度的制約による説明

　ここまでは制度的制約がありながらも、社会党・村山による政策追求の結果として実施された主要な政策について検討してきた[8]。その一方で、社会党・村山にとって制度的制約を通じて呑まざるを得ない諸々の政策もあった。その最たる例は、政権発足してすぐの1994年7月に表明された自衛隊合憲、日米安保体制の維持である。野党・社会党の採ってきた立場からの抜本的な転換について村山は、自衛隊の存在などを既定路線としてきた自民党と連立する上で避けて通れないと考えていたのだろう。ただし、この社会党の基本方針の転換は、首相指名後の時間的制約も相まって、社会党内の公的な決定手続きを踏まえていなかった。1994年9月には臨時党大会で追認されたものの、同年8月に社会党前委員長の山花貞夫が新党結成を試みていたように、これは当時の党内の揺らぎと無関係なものではなかった。村山自身、所信表明の内容を事前に党内審議にかけたら、「賛成と反対で党の中がバタバタになる」と考えていたようである（五百旗頭他 2007：181）。

　確かに自衛隊合憲、日米安保を前提とした安全保障政策分野で、防衛費削減は社会党・村山の政策追求的な試みであったかもしれない。だが安全保障政策に関しては概して、社会党にとって強いられたものが多かった（梶本他 2011：169-177）。それは、1994年9月のルワンダ難民支援に向けた自衛隊の派遣決定だけでない。社会党が野党であったならば反対であったとされる、日米防衛協力指針をめぐっての「新防衛計画大綱」の決定もある。加えて沖縄米軍基地問題を挙げられる。1995年、沖縄駐留の米兵による少女暴行事

件によって基地使用問題が政治化していた。ここで確かに「沖縄米軍基地問題協議会」が設置され、政府と沖縄県の協議が進められたという過程は見過ごせない。だが最終的に、沖縄県知事の代理署名拒否に対して村山は、日米安保条約にもとづき代理署名の代理をする義務があるとした。この結果、同年12月には村山が知事に代わって署名するための訴訟を起こすに至っている。

　安全保障政策分野以外の政策でも制約条件によって好ましいとはいえないものが打ち出されている。その一例が1994年9月の与党首脳会談を通じた1997年からの消費税5％導入決定である。社会党は消費税反対の運動を展開しており、それをもって当選した議員を抱えていた。これを踏まえれば、高齢者福祉や当時の赤字補填のための財源となる消費税導入の決定は社会党・村山の純粋な政策追求の結果と断定することは難しい[9]。また社会党・村山にとって反対であった衆議院の小選挙区・区割り法案も1994年11月に成立させなければならなかった。当時は、小選挙区制を推奨する大きな流れがあり、それを拒否することは難しかったという（御厨・牧原 2012：153-154）。小選挙区制の導入に関しては、最大会派の自民党のみならず、新党さきがけも推進していたものであった。この連立政権の制度的制約においては、小選挙区制を整備する法案について通さざるを得なかったといえる。

村山政権の実践

　村山政権の実践には公職追求、制度的制約と深くかかわるものがあった一方で、社会党・村山の政策追求した結果とみなせる取り組みも見出せた。この政策追求にかかわるものとは、①村山政権が多様な政策的主張を含む連合として成立したために現状維持、②村山政権が公職追求と制度的制約にもとづく野合として成立したために現状維持、③多数派形成に交渉が必要な与党政策調整システムによって現状維持、といった発足当初の予測に反する能動的な取り組みであったと位置づけられる。

　連立パートナーが花をもたせたようにも映る社会党・村山の政策追求の実践はなぜ可能であったのか。公職追求の動機が強い自民党の村山政権利用のための低姿勢、村山自身の辞職・大臣罷免の可能性という制度上での交渉

カードは無視できない。だが、これらは社会党・村山の政策への能動的な取り組みを説明するものでない。そこでは、そもそも連立政権の成立条件のなかに社会党・村山の政策追求を可能にする条件も含まれていたことが重要であったと考えられるのである。

4　どのように終わったのか

以上、村山政権の実践をみてきた。自社さのような過大規模連合は政党間関係が複雑ゆえに一般的に長く続かないという (Clark et al. 2012：492-498)。村山政権はどのように幕を閉じたのだろうか。この点を公職追求・政策追求・制度的制約という視角から考えてみよう。

公職追求による説明

社会党・村山にとって政権維持、すなわち公職追求ができなくなる一因として自身の健康状態を挙げることができる。1924 年生まれの村山は当時 70 歳であった。そして政権運営では 2 年弱の間に数多くの政策課題に直面してきた。そこでは地下鉄サリン事件、阪神淡路大震災、全日空航空機ハイジャック事件など突発的に生じた問題への対応も少なくなかった。もちろん他の歴代首相と比べたとき、村山の場合の問題とは身体的というよりは精神的なものであっただろう。だが直面した政策課題一つひとつは決定的でないにせよ、その積み重ねによって村山は精神的に疲弊していったと考えられるのである (草野 1999 を参照)。

また公職追求できなくなる他の要因にスキャンダルを挙げ得る (一般的に Maravall 2009)。村山政権でも政権メンバーの物議を醸す発言・辞任劇があった。たとえば 1995 年 10 月には田沢法相の 2 億円借り入れ、宝珠山防衛施設庁長官の沖縄米軍基地に関する発言が政治問題化した。だが首相自身や当時の重要閣僚によるものとはいえず、彼らの辞任劇それ自体が政権を窮地に追い込む決定的な要因とは認識されていないようである (梶本他 2011：168)。

政策追求による説明

辞任に際しては公職追求だけでなく、政策追求もできなくなったためと考えられる。村山は 1995 年の夏頃から既に辞職を考えており、その理由とし

て今の政権でやれる範囲のことに目途がついたと振り返っている。たとえば、1995年8月に出された「村山談話」は村山にとって締めくくりとして位置づけられていた（薬師寺 2012：186, 195）。

村山が辞任した1996年1月の3か月後には、クリントン・アメリカ大統領が来日していた。もともと社会党・村山は、アメリカが求めていた日米軍事協力のガイドラインの見直しに消極的であった。この自社さの連立政権でやりたくないことを考えた時、政策追求の限界を認識して辞任したとも推察できる（宮城 2016：77-78, 93-97も参照）。ただし政策追求できなくなるという村山の認識は、激務による精神的な疲弊という公職追求上の問題、および後述のような社会党・村山の制度的制約の問題と密接に結びついていただろう。

制度的制約による説明

社会党・村山にとって大きな制度的制約であったのが、本章の第2節でも述べたように、自身が議会第二党の首相として政権運営にあたったということであった。そもそも第二党の党首率いる政権が「憲政の常道」から外れていたと村山自身は認識しており、当初から政権を長引かせることは考えていなかったという。また夏頃から政策追求に限界を感じていたという認識には、1995年7月にあった参議院選挙での社会党の大敗も背景にあった。実際に村山は選挙結果を受けて第一党の自民党に首相の座を譲る話を自民党・河野にもちかけた（五百旗頭他 2007：190-192）。このときは、自民党が村山を引き留めて村山改造内閣を選挙後に発足させている。だが、この参院選の結果は村山が自身の進退を考えさせる一つの契機になったとは考えられる。

これらと関連して重要であったのが新党問題である。7月選挙の大敗もさることながら、1995年5月には社会党臨時大会で新党結成の方針を決定しており、党内での揺らぎが大きくなっていた。そして、この新党結成問題に関して、自身の首相としての激務もあり、村山は手をつけられずにいた。そこで党問題で間に合わなくなる前に首相を辞任、社会党委員長としての仕事に専念しようとしたという。村山は政権を支えるはずの社会党の動揺は国のためにならないし、党のためにもならないと認識していたようである（梶本他 2011：225-229）。

村山政権の終わり

　1996年1月の辞任理由について本人は次のように語った。それは改造内閣で新しく大臣になった人が年末に辞めたのでは可哀想である。また辞任を先延ばしにすることで、次の内閣の新大臣たちが予算委員会で答弁する勉強・準備期間を削いでしまうことも懸念したという（薬師寺 2012：193）。1月という時期に辞任を決めた理由はそうかもしれないが、辞任の大枠を決めた条件は以下の3つに集約できるだろう。それは村山の、①公職の激務による精神的な疲弊、②現政権での政策追求の限界の認識、③議会第二党からの首相輩出および、その支持基盤政党の動揺、という条件が挙げられる。こうした条件の下で村山政権は短命であったと考えられるが、それでも村山の561日という在職期間は歴代首相のなかで短くない。この日本の文脈では長いという特徴は、村山政権の終わりに影響を及ぼした条件とは別に、村山政権を存続させた条件に目を向ける必要があるだろう。

　そもそも公職追求の動機を強く有して政権復帰した自民党にとって、政権での低姿勢にみたように、公職を継続できる党の基盤が整うまで首相を手放したくなかった。また自民党内で総理にしてはならないとの声が上がっていた一方、首相になってほしかったと村山が語る（梶本他 2011：230）、自民党の河野は党内分裂を避けるため、次の総裁選への出馬を辞退した。そこでは、村山辞任の3か月前に自民党総裁が変わるまでは「憲法擁護派・リベラル」を共有した社会党・村山と自民党・河野の初期の関係が崩れることはなかったと推論できる[10]。そして野坂・亀井ラインという村山政権成立に寄与した人的ネットワークも、1995年12月末に野坂を通じた亀井への首相辞任に関する話が出たように（森・亀井 2005：28-50）、両党を接着させる機能を果たしていただろう。こうした政権を形づくった初期条件とかかわりある特徴が政権存続のメカニズムを働かせたため、村山政権の延命が可能になったと考えられるのである。

5　村山政権の理念とは

　本章は村山政権の特徴を検討した。政権の内情は近年、当事者の回顧録を

通じて追体験できるようになってきた。また村山政権を日本政治のなかに位置づける分析も厚みが出てきている。だが従来の分析では一般理論のなかで位置づける試みは少なかっただろう。そこで本章は、連立の動態を捉える一般理論から村山政権の整理を試みた。

この枠組みの基本となる公職追求のみならず、政策追求・制度的制約という視角も加えて分析したのは、村山政権が必要最小限を超えた協力であったことに起因していた。「公職追求」の政党ならば、ぎりぎり過半数を超える規模・数の政権を好むはずである。なぜ自社さの過大規模連合が実現したのか。本章では誕生の経緯をみていくなかで、公職追求・政策追求・制度的制約にかかわる3つの条件を浮き彫りにした。それは、①自社さが野党であったこと、②その3党間に政策的な妥協可能性が存在したこと、③人的ネットワークを介したフリースタイルの組閣交渉が可能であったこと、という条件であった。

では、これら条件から導かれた政権は何をしたのか。もともと野党であった自社さの調整を重んじた政権運営様式には現状打破の期待をもてなかったはずである。だが本章では予測に反して社会党・村山の追求した政策群があったことを浮き彫りにした。もちろん公職追求の動機が強い自民党の村山政権利用のための低姿勢、村山自身の辞職・大臣罷免の可能性という制度上での交渉カードも無視できない。だが、これらは社会党・村山が能動的に政策へ取り組む理由を説明するものではなかった。そこでは村山政権の成立条件のなかに、政策追求に向けた条件もそろえていたことが政策実施へ影響を及ぼしていたと考えられるのである。

政権成立時の初期条件は政権の終わりまで影響を及ぼしていただろう。村山の辞任では、①公職の激務による精神的疲弊、②現政権での政策追求の限界、③議会第二党からの首相輩出とその支持基盤政党の動揺を条件に挙げた。これらを通じた自社さ連立政権の終焉とは、大連立が複雑ゆえに短命という一般的な議論と整合的であるだろう。ただし村山の在職期間は日本政治の文脈では比較的長い。そこでは成立時の初期条件とかかわりある特徴が政権の延命に向けた効果も有していたのではないかと提起した。具体的には、強い

公職追求の動機をもつ自民党の村山首相の利用、村山・河野の一致の上にあった社会党と自民党の関係継続、そして人的ネットワークを通じた2党の接着を通じて政権の瓦解を防いでいたとも考えられるのである。

　村山連立政権は理念なき野合と批判されながら生まれたものの、村山自身、この政権にはそれなりの必然性と歴史的な役割が課せられていたと考えていた。その一方で、この政権はあくまで過渡期的なものとも評価していた。ただし過渡期から向かう先について、当時の政治改革で期待されていた理念とは異なるものを村山政権は有して実践しようとしたのではないだろうか。村山政権には、裏舞台での政党間交渉（国対政治）から表舞台での政党間交渉を主とした政治様式へ軌道修正する可能性があった[11]。だが二大政党の一角であった社会党は政党再編のなかで分裂、そのなかで政権交代を是とする二大政党制への取り組みが進められた。これにより日本は、大連立も選択肢になり得る交渉の政治よりも対決の政治へと近づいていっただろう。しかし村山政権は、その成立・実践・終わりのどの部分を切り取ったとしても、日本の連立政治を考える上での一つの寓話として示唆あるものと考える。

【注】

1　各種政策への態度は堀江（1995）のデータを参照。このデータをもとに、各党内での経済・外交政策での一貫性を以下のように測定した。まず経済政策は各党内での「税制改革」に対する賛成反対の割合から、次に外交政策については各党内での「憲法9条改正」への賛成反対の割合から、標準偏差を算出して測定した。

2　実際に村山は6月28日に羽田連立政権のやり直しの可能性を含めた7党会派の代表との協議を行っていた。また同じ日には、社会党の赤松広隆らを中心とした自社連立反対の呼びかけもあった（伊東 1994：151）。そして6月29日の首相指名選挙に至っても元総理大臣の海部俊樹が自民党から離党して有力な指名候補になるという混戦ぶりであった。

3　また村山が国対委員長を務めていた時期から親交をもっており、自民党が野党に下った責任を問われていた元自民党幹事長・梶山静六や、家族ぐるみの付き合いがあった自民党・戸井田三郎からも説得があったという（五百旗頭他 2007：139-140, 164-172）。

4　1996年の小選挙区で衛藤は2倍近くの票差で村山に敗れたが、比例で当選

を果たした。そこでは比例制を見越した行動ともみなせる。だが2000年選挙で衛藤は比例でも当選できなかったことから、1994年当時、新しい選挙制度での集票は読みにくかったと考えられる。

5 ここでは、当時の共産党の政策的な妥協可能性も図1の公明党と同様に低かったとみなして分析している（梶本他 2011：46も参照）。

6 公職追求を考える上で、連立相手の裏切りを考慮するために余分な政党を政権に含めるとも指摘される（Lijphart 2012：89）。だが村山政権は社会党と新党さきがけの協力が先で、後に自民党が協力するかたちで成立した。これは、自社連立に多数派確保の不確実さがつきまとったために保険として新党さきがけも含めたのだろう、という公職追求にもとづく因果的仕組みの説明とは異なる。そこでは当時の多数派確保の不確実さとは、村山政権の成立背景を考える上で必要かもしれないが、その成立自体を十全に説明するものとはいえないだろう。

7 再選追求という次回選挙での得票数最大化に向けた行動動機へ目を向ける必要があるかもしれない。だが再選追求は公職追求、政策追求の戦略と結びつく（Müller and Strøm 1999）。さらには、政治改革の議論が盛り上がった当時の状況で再選追求への合理的行動は一様でなかっただろう。そこでは再選追求が決定的に重要であったとは考えにくい。

8 村山政権の政策追求の片鱗は情報公開法の制定への取り組み、ボランティア活動を支援する制度づくり（後のNPO法制度）にもみられるが、紙面の都合上、ここでは割愛した。

9 また、この消費税率の引き上げに関しては、前準備としていくつかの特殊法人を統合して数を減らすという試みも見て取れた。この試み自体は、後の特殊法人改革に受け継がれていったと評価できるのかもしれない。だが消費税の導入準備として行われたという文脈では、不徹底なもので終わったことを付言する必要がある。

10 政策通の一匹狼と評された橋本龍太郎が自民党の総裁になり、村山・社会党との関係が変化したかは議論の余地がある。だが検討のための材料が少なかったため、ここではこれ以上述べることはしない。

11 国体委出身であった村山自身、馴れ合いの政治、政府での意見代表、政党の責任担当能力の養成という問題から、連立政治の重要性を提起していた（梶本他 2011：234-238）。

【参考文献】

Clark, William R. and Matt Golder and Sona N. Golder (2012) *Principles of Comparative Politics*, 2nd edition, Washington, DC: CQ Press.

Lijphart, Arend（2012）*Patterns of Democracies*, New Haven, CT and London: Yale University Press.

Maravall, José M.（2009）"Accountability and the Survival of Governments" in Carles, Boix and Stokes S. Carol（eds.）*The Oxford Handbook of Comparative Politics*, Oxford: Oxford University Press.

Müller, Wolfgang and Kaare Strøm（eds.）（1999）*Policy, Office, or Votes*, Cambridge: Cambridge University Press.

Nonaka, Naoto（2000）"Characteristics of the Decision-Making Structure of Coalitions" in Otake Hideo（ed.）*Power Shuffles and Policy Process*, Tokyo: Japan Center For International Exchange.

五百旗頭真・伊藤元重・薬師寺克行編（2007）『森喜朗――自民党と政権交代』朝日新聞社。

井田正道（2016）「村山政権を振り返る」『政経論叢』第3・4号、49-79頁。

伊東秀子（1994）『政治は、いまドラマティック』社会思想社。

伊藤光利（1997）「連立維持か党の独自性か」山口二郎・生活経済政策研究所編『連立政治――同時代の検証』朝日新聞社。

梶本幸治・園田原三・浜谷惇編（2011）『元内閣総理大臣村山富市の証言録』新生舎出版。

川人貞史（2015）『シリーズ日本の政治1　議院内閣制』東京大学出版会。

草野厚（1999）『連立政権――日本の政治1993〜』文春新書。

成田憲彦（2001）「日本の連立政権形成における国会の論理と選挙制度の論理」『選挙研究』第16巻、18-27頁。

新川匠郎（2017）「集合論から見える新しい地平とは？」『年報政治学』第1巻、203-226頁。

藤本一美（2000）「村山内閣の歴史的位置」岡野加穂留・藤本一美編著『村山政権とデモクラシーの危機』東信堂。

堀江湛（1995）「社会党政権の成立は『ダマスカスへの道』か」『法學研究　法律・政治・社会』第68巻第1号、25-51頁。

御厨貴・牧原出編（2011）『聞き書　武村正義回顧録』岩波書店。

御厨貴・牧原出編（2012）『聞き書　野中広務回顧録』岩波書店。

宮城大蔵（2016）『現代日本外交史』中公新書。

森喜朗・亀井静香（2005）「立党50年企画――政権奪還への道」『月刊自由民主』第624巻、28-50頁。

薬師寺克行編（2012）『村山富市回顧録』岩波書店。

第4章　橋本政権

水戸　克典

1　第一次橋本連立内閣の誕生と自社さ連立政権

　1996年1月、村山内閣が退陣し、同内閣で通商産業大臣であった橋本龍太郎自民党総裁が第82代内閣総理大臣となった。ここに、第一次橋本内閣が誕生することとなる。

　日本では1993年の細川内閣の誕生以降、連立政権が常態化しているが、第一次橋本内閣もまた連立政権であった。橋本内閣は、自民党、日本社会党（後日、社会民主党に党名変更）、新党さきがけの3党からなる連立政権であった。この3党からなる連立与党の構図は、村山内閣と基本的には同じである。橋本首相は連立政権の安定を図るため、社会党からは、久保亘（大蔵大臣）、日野市朗（郵政大臣）、永井孝信（労働大臣）、中西績介（総務庁長官）、岩垂寿喜男（環境庁長官）、鈴木和美（国土庁長官）の各氏を、新党さきがけからは、菅直人（厚生大臣）、田中秀征（経済企画庁長官）の各氏を入閣させた。通常、連立政権を形成する場合、入閣させる閣僚の数は各党の議席数に応じて配分されることが多いが、当時の連立与党3党の議席数を考慮すると、第一次橋本内閣では連立のパートナーに対する手厚い配慮がなされたことが閣僚人事の面から見て取ることができる。

　第一次橋本内閣は内政面でも外交面でも多くの重要課題に直面していた。橋本内閣が発足する前から、住宅金融専門会社（住専）の抱える不良債権が問題となっていたが、村山内閣は社会党内部の対立もあり、これに十分対応することができなかった。住専処理に公的資金を用いることには批判の声も上がっていたが、橋本内閣は金融不安を拡大させないという観点から、住専処理の一部に公的資金を導入する内容の予算案を成立させた。同時に住専処理関連法を成立させ、1996年7月に住宅金融債権管理機構を発足させた。

67

また当時、国内では薬害エイズ問題がクローズアップされていたが、菅直人厚生大臣は国の責任を認めて謝罪を行い、HIV訴訟を和解に導いた。

　外交面では、アメリカとの間で沖縄普天間基地の返還交渉を行っていたが、橋本首相は1996年2月にクリントン大統領と会談し、その後、同基地の5～7年以内の返還について合意することとなった。この自社さ連立の形態による同内閣は、1996年11月まで続くことになる。

2　第二次橋本内閣の発足と閣外協力

第二次橋本内閣と閣外協力

　1996年11月、橋本龍太郎は第83代内閣総理大臣に就任し、第二次橋本内閣が発足することとなった。自社さの三党連立による第一次橋本内閣は1996年秋まで継続したが、同年11月、連立政権の形態は変質することになる。その背景の一つとして3党の議席数の変化が挙げられる。1996年10月、衆議院議員総選挙が実施された。自民党は前回1993年の総選挙では223議席にとどまっていたが、1996年の総選挙では239議席と議席を大きく伸ばすこととなった。一方、社会民主党は現実路線への転換が一部議員や支持者の離反を招いたこともあり、社民党の議席は70から15に、また新党さきがけの議席は13から2になるなど、社民党とさきがけは議席を大きく減らすこととなる。

　連立政権が成立するための最大の誘因は、いうまでもなく国会運営の円滑化を図り、自らの意向を実現させるために他党との協力関係を構築することで議席の上で議会内多数派を形成することにある。その点で、1996年の衆議院総選挙の結果は連立与党間の結びつきを弱体化させる力として働くことになる。

　こうした背景の下、第二次橋本内閣ではそれまで政権の一翼を担ってきた社会民主党と新党さきがけが閣外協力に転じることとなった。これにより、組閣自体は自民党単独で行われることとなり、形式上、自民党単独政権が復活することとなった。

　連立形成の力学が弱くなる一方で、自民党は党内基盤の安定化を図る方向

性をより強く模索するようになる。自民党は、1955年の結党以来、政権を長く担当してきた。この間、党内の派閥抗争が勃発したこともあったが、そうした事態を極力抑えるために、人事をはじめとしたさまざまな党内融和策が用いられてきた。その一つがいわゆる派閥均衡人事である。党内の各派閥の所属議員数に応じてポストを割り振り、党内の不満をできるだけ小さくし、党内基盤の盤石化を図る手法である。橋本首相、および橋本派は、後の小泉内閣などと比べると、比較的この人事手法を重視してきた。第一次橋本内閣では菅直人が厚生大臣を務めたが、この後任に、橋本と党総裁選挙を戦った他派閥の小泉純一郎を起用したことはその典型例である。党内基盤を固めつつ、第二次橋本内閣は、1997年9月まで継続することとなる。

第二次橋本改造内閣の発足と閣外協力の解消

　1997年、自民党の総裁選挙が実施され、橋本龍太郎が再選を果たすこととなった。これにともない、同年9月に第二次橋本改造内閣が発足した。社会民主党と新党さきがけが閣外協力というかたちで政権運営に間接的に参画したという点で国会内の勢力図には改造前と比べ大きな違いはなかったが、改造内閣の閣僚人事をめぐり、同内閣は発足当初から批判にさらされることになる。社会民主党と新党さきがけは閣外協力であったためポストは基本的に自民党議員で占められることになるが、その一つである総務庁長官のポストに佐藤孝行を起用したことが問題視されたのである。佐藤はロッキード事件で有罪が確定していたため、当初橋本首相は彼を入閣させる意向はなかったとされるが、党内の一部から強い要請が出たこともあり、同氏を総務庁長官に起用したのである。しかし、この人事をめぐり、国会内外から厳しい批判の声が上がったため、同氏は改造内閣発足からわずか11日後の9月22日に辞任することになり、代わって小里貞利が総務庁長官に就任することになった。この人事の影響もあり、橋本内閣の支持率は低迷するようになる。

　橋本内閣発足当初の支持率は歴代内閣よりも比較的高い50〜60%前後あったが、改造後は30〜40%前後にまで落ち込むことになる。こうした状況に拍車をかけていたのが当時の金融危機である。バブル経済崩壊後、日本の金融機関の多くは不良債権を少なからず抱え込むことになり、その経営が

揺らぎ始めていた。税金を用いて不良債権処理を加速させることに対しては厳しい声もあり、政府として非常に厳しい対応を迫られていた。こうしたなか、山一證券や北海道拓殖銀行など、我が国を代表する企業が経営破綻するなど不況は一層深刻なものになり、橋本内閣は支持率が低下するなか難しい舵取りを求められていたが、従来の護送船団方式の金融システムを見直す「日本版ビッグバン」をスタートさせるなど、金融不安の解消に努めた。

　こうした動きの一方で、自民党は、無所属議員や新進党を離党していた一部議員を入党させるなどして、衆議院において念願であった単独過半数の議席を有するようになった。こうした保有議席数の変化は、閣外協力の必要性を低下させる力として働くことになる。さらに、臓器移植法案や沖縄特別措置法案をめぐって連立与党内で意見がまとまらず、また社民党が政策を旧社会党時代のそれに近づけたこともあり、自民党との溝が広がっていった。これらの要因が直接的、間接的に影響し、社民、さきがけの両党は自民党との協力の枠組みから離脱することとなり、それまでの閣外協力の構図は1998年6月に解消されることとなった。

　1998年7月には参議院議員通常選挙が実施された。自民党は、前回1995年の参議院選挙の際の111議席から103議席へと敗北を喫することとなり、その責任を取るかたちで同月30日に橋本内閣は総辞職することとなった。同内閣に代わり、1998年7月には小渕内閣が誕生することとなる。

3　連立政権形成の理論と橋本内閣

連立政権形成の理論

　連立政権は複数の政党から政権が構成されるので、しばしばその安定性が分析の対象とされてきた。ドッドやライカーをはじめとした多くの研究者によって民主主義国の政権形態に関する検討が試みられ、これまでさまざまなモデルが提起されてきた。一般的には、多党制の国では連立政権となるため不安定となりやすいと思われているが、ドッドによれば、そうしたイメージは「神話」に過ぎず、正しい評価ではないとされる。連立政権の形態次第では不安定になるとは限らないというのである。

70

ドッドは民主主義国家における連立政権の規模と安定性を分析し、3つの類型を提示した。一つ目は、過小規模連合のパターンである。これは連立政権が形成されているものの、与党の議席が定数の過半数に満たない状態を指す。野党の一部が閣外協力するなどして過半数を確保すれば安定する場合もあるが、基本的には極めて不安定な政権形態である。二つ目は最小勝利連合のパターンである。これは連立により議会の過半数を制し政権を担当しているが、過半数の維持に不必要な政党は政権に参画しない状態である。戦後のドイツがこのパターンに該当することが多いが、基本的に政権は安定しやすいとされる。この類型では1党でも政権から離脱すると総議席の過半数を割り込むことになるので政権自体が崩壊する可能性もないわけではない。ただし、政権崩壊のリスクを回避するために与党間の妥協が行われやすく、結果として政権存続期間が長くなることが多い。三つ目は過大規模連合である。これは過半数の維持に不必要な政党も含めて連立政権が形成されているパターンである。一部の政党が政権から離脱しやすいため不安定となりやすい。イタリア政治などはこの類型で説明されることが多い。一般的な傾向としては、最小勝利連合が安定しやすく、逆に過小規模連合や過大規模連合では不安定になりやすいということになる。

日本の連立政権と橋本内閣

日本の連立政権をみた場合、細川内閣から第二次森内閣までの間に（衆議院レベルで）最小勝利連合になっているのは細川内閣だけである。第一次橋本内閣は自民、社会、さきがけの三党連立政権であるが、その議席からみると過大規模連合である。第二次橋本内閣は、厳密にいえば定数の過半数に満たない自民単独政権であるが、閣外協力に転じた社民、さきがけの議席も考慮すると、やはり過大規模連合となる。過小規模連合であった羽田内閣を除けば、橋本内閣同様、村山内閣も第一次小渕改造内閣も第二次小渕改造内閣も第一次森内閣も第二次森内閣も過大規模連合である（成田 2001）。

しかし、政権の存続期間でみると細川内閣は9か月足らずであり、最小規模連合だからといって安定していたとは言い難いのが実状である。実際には、過半数に達するか否かといった議席数の問題だけではなく、連立政権を構成

する政党間の政策上の相違も無視できない要素となるため、ドッドの類型ですべての連立政権を評価できるわけでは必ずしもない。ドッドの類型で日本政治をどこまで説明できるかは今後慎重に検討していくべき課題であるといえるだろう。

4　与党審査と連立政権

拒否権プレイヤーと与党審査

　政治、とりわけ政策決定過程を分析する際には、誰が決定を妨げているのかに注目することが多くある。このような観点からモデル化を試みたのがツェベリスの拒否権プレイヤーの考え方である。拒否権プレイヤーとは、ある提案がなされたときに、それを拒否して止めてしまうアクターのことである。単独政権の場合、議会政治における拒否権プレイヤーは野党（政党）であることが多いが、連立政権になると与党間の意見調整の仕組みそのものが拒否権プレイヤーとして捉えられることもある。とくに日本のように、国会審議以前の与党による事前審査、すなわち与党審査が厳格に行われている国では、与党間の調整が野党との折衝以上に重要な意味をもつ場合が少なくない。

　通常、多くの法律案は各省庁など行政機構で策定されるが、それらは閣議に諮る前に与党による法案の事前審査を受けることが慣例となっている。自民党政権の場合、与党審査で重要な役割を果たすのが政務調査会（政調）である。政務調査会は党の政策審議機関であるが、実際に審査の中核を担っているのは政務調査会の部会である。政調部会は、原則として中央省庁に対応するかたちで政策領域ごとに設置されている。省議決定された法律案は関係する部会に送られ審査される。実質的な審査が終わると政調審議会に回され、政務調査会での審査を経た法律案は総務会に送られる。総務会は全党的な審議機関であると同時に、幹事長、政調会長など主要党役員が出席することから、事実上の党の最高意思決定機関になっている。総務会では部会長が政務調査会での審議を経た法律案の説明を行う。この際、関係省庁が補足説明を行うこともある。しかし総務会の政策審議は形式的な議論に終始することが

多い（村川 2000）。総務会の役割は審議することではなく、決定することにあるからである。ここでの決定が党議となり、以後党議拘束がかかることになる。

　こうした政務調査会から総務会に至る一連の事前審査の手続きを自民党政権では重視し、厳格に行ってきた。これにより、政策形成における与党の役割が拡大し、党内の融和が図られやすくなるといったメリットも生じることになる。ただ、一方で与党審査は国会審議以前のプロセスであるため、これを厳格に行うことで国会審議が形骸化されるという問題もある。同時に、この仕組みを過度に用いると、首相や内閣がリーダーシップを発揮しにくくなるのではないかとの指摘もある。このような与党審査のプロセスは、連立政権になると、連立のパートナーである政党との交渉も同時に進めなければならないため、その手続きは複雑になる。

日本の連立政権における与党審査

　自民党単独政権に象徴される 55 年体制が崩壊し、連立政権が常態化するようになったのは 1993 年以降である。連立政権発足当初の与党審査は政党間の意見調整のアリーナが非常に多く存在していた。自民党単独政権下では与党審査は党内手続きの流れとほぼ同義であるが、連立政権になると、党内手続きに加え、政党間手続きも与党審査の一部となる。

　橋本内閣が発足する前の細川政権や羽田政権における与党審査において、内閣提出法案はまず関係省庁が連立与党幹事会に提出する法案の説明をするところから始まる。次に政策幹事会へと審査の場所を移し、政策幹事によって事前審査を要する法案を指定する。指定された法案はプロジェクトチームまたは省庁別チームに、その他の法案は各政党の部会に送付され、それぞれ検討が行われる。各政党の部会とプロジェクトチームまたは省庁別チームとの間で意見交換がなされ、その結果が政策幹事会に報告される。ここで検討された結果はまとめられて、再び連立与党幹事会に送られる。ここでは議会運営についても併せて話し合われるが、その結果が最高意思決定機関としての各派代表者会議に報告され、最終的に閣議に付され国会に提出される運びとなっていた。

細川内閣や羽田内閣では、こうした複雑な手続きが定められていたが、実際の決定プロセスは、いわゆる「一・一ライン」によるトップダウンで行われているとの批判が繰り返されてきた。そこで自社さ連立政権においては、意思決定手続きの透明化を図りつつ、特定のアクターだけでは決定できない仕組みを構築することとした。そこでまず設置されたのが最高意思決定機関としての与党責任者会議である。与党責任者会議は、自民党幹事長、社会党書記長、新党さきがけ代表幹事の3人に、自民党から3人、社会党から3人、新党さきがけから2人を加えた計11人で構成されることとした。与党責任者会議における決定は、首相、外相、蔵相、通産相、与党責任者会議構成員からなる政府与党首脳連絡会議で確認することとなった。また、連立各党間で個別具体的な政策の調整を図るため、与党責任者会議に準じた機関として与党院内総務会が設置され、この下に与党政策調整会議と国対委員長会議が設けられることになった。これにより、細川、羽田内閣で行われてきた密室的な意思決定をよりオープンな組織決定に転換させることが志向されたのである。こうした与党審査のあり方は、ときとして与党内の合意形成のハードルを上げることにもなり、その意味で連立政権下における与党審査そのものが拒否権プレイヤーになり得ることにもなったのである。

5　橋本内閣による行政改革

行政改革会議の設置と省庁再編

　橋本内閣は、財政改革や社会保障改革、教育改革など、さまざまな改革に取り組んだ。消費税増税や特別減税の廃止をはじめとした財政再建路線を明確に打ち出すなど、構造改革に力点を置いた内閣であったが、なかでも橋本内閣の取り組んだ行政改革は日本の統治機構を大きく変える道筋をつけたという点で特筆すべき成果といえる。

　1996年11月、橋本首相を会長とする行政改革会議が設置された。そして、行政改革の基本的方向性について同会議に諮問し、1997年12月に最終答申を出すことになった。そこでは、省庁の再編や内閣機能の拡充、公務員定数の削減などが盛り込まれた。その後、関係法規の成立を経て、2001年には

橋本行革の目指した理念が実現することになったのである。

　我が国の行政については、伝統的に省庁間の連絡・調整機能が十分果たされていないということで、縦割り行政の問題が指摘されてきた。官僚はしばしば国益よりも省益を優先し、これが国の政策決定に少なからず混乱をもたらしてきた。その反省から行政機構の抜本的な改革が模索されたのである。行政改革会議で示された枠組みにもとづき、2001 年、中央省庁の組織は、それまでの 1 府 22 省庁から 1 府 12 省庁へと再編されることになった。肥大化し続ける行政組織を見直し、小さな政府の実現を目指すとともに、縦割り行政やセクショナリズムの弊害を除去することを目的としたものであった。

　省庁再編においては、まず省庁間の連携を促すため、新たに内閣府を設置して総合調整機能の強化を目指すこととした。また、政策決定が官僚任せだとしばしば批判されてきたので、政策決定を政治（内閣）主導に変えるため、経済財政諮問会議を創設するなど内閣機能強化のための改革が行われた。同時に、従来の政務次官に代えて副大臣ポストを新設するなど、政治主導を実現するための人事制度改革を行った。さらに、行政機関の肥大化、行政サービスの非効率といった問題に対して、国家公務員の定数を見直したり、国の行政機関の一部を独立行政法人化することで、行政組織のスリム化が目指された。

　1998 年に成立した中央省庁等改革基本法では、独立行政法人を除き、国家公務員の少なくとも 10％の削減が定められていたが、2000 年度からは 10 年で国家公務員の 25％を削減することになった。ただ、これは当時 14 万人近くの国家公務員の削減を意味し、その実現は当初から疑問視されていた。そこで政府は、省庁から独立行政法人に移る職員数も削減数に含めることで目標値の達成を図ることとしたのである。しかし、行政の役割について、何をどう減らすのか、といった議論が十分になされないまま人員の削減目標だけが一人歩きした感があり、この点については後に再度議論されることになる。

　また当初は、省庁の統廃合によって、公務員の削減だけではなく、各省庁のポスト数も減らされることになっていた。しかし、官僚側からの強い抵抗

があり、人事改革は思うように進まなかった。次官をはじめとするポストの温存がそれで、本来は12省庁のため、20あった事務次官ポストは12まで減らせるはずであったが、再編後、新たに次官級ポストが設置されるなどして、重要ポストの数は事実上あまり減らされることはなかった。

政治主導の確立と首相の権限強化

　内閣府に設置された経済財政諮問会議は、首相の他、有識者などで構成され、ここで予算編成の基本方針を打ち出すこととされた。政策形成を官僚主導から政治主導へと変えることが目的である。また、官僚主導を法的な面で支えてきた省庁設置法の権限規定が削除された。権限規定は表現が抽象的で、官僚による広範な裁量行政の温床となっていたが、権限規定の撤廃で、原則として官僚は個別の法律の根拠がなければ権限を行使できないことになった。ただ、個別法でも裁量行政は可能であるため、権限規定の削除だけではあまり意味がないとの指摘もある。

　さらに、首相の権限強化とその補佐体制の整備のための改革も行われた。それまでは閣議で各大臣は発議できたが、個別行政分野をもたない首相には発議権がなく、調整役の立場に立たされることが多かった。これが首相の指導力の発揮を妨げていると指摘されてきたので、閣議での首相の発議権を明確にした。併せて首相を補佐する内閣官房を強化するため、内政、外政両審議室や安全保障・危機管理室を統合して企画調査室を設置することとした。また3人までに制限されていた首相補佐官も5人まで増員できるようになるなど、内閣機能の拡充が図られた。

　こうした橋本首相の思い描いた行政改革は、具体化の過程で官僚の抵抗にあい、部分的に骨抜きにされてしまったのではないかとの懸念が抱かれている点は否めない。しかしながら、橋本行革の示した道筋が、戦後日本の行政体系を根本から見直す一つの契機になったことは間違いなく、その意味で橋本首相の果たした役割は大きいといえる。

【参考文献】
飯尾潤編（2013）『政権交代と政党政治』中央公論新社。
岩崎正洋（2015）『比較政治学入門』勁草書房。

梅澤昇平（2000）『野党の政策過程』芦書房。

大石眞（2001）『議会法』有斐閣アルマ。

大山礼子（2011）『日本の国会』岩波新書。

岡沢憲芙（1997）『連合政治とは何か』NHK ブックス。

奥健太郎（2015）「連立政権下の与党間政策調整システム──細川内閣から第二次橋本内閣まで」『東海大学紀要　政治経済学部』第 47 号、13-31 頁。

加藤秀治郎編訳（1998）『選挙制度の思想と理論』芦書房。

加藤秀治郎・水戸克典編（2015）『議会政治（第 3 版）』慈学社。

今野彧男（2011）『国会運営の裏方たち』信山社。

篠原一編（1984）『連合政治Ⅱ　デモクラシーの安定をもとめて』岩波現代選書。

谷福丸（2012）『議会政治と 55 年体制』信山社。

中北浩爾（2012）『現代日本の政党デモクラシー』岩波新書。

中島誠（2014）『立法学（第 3 版）』法律文化社。

中野実（1992）『現代日本の政策過程』東京大学出版会。

中野実（1993）『日本の政治力学』NHK ブックス。

成田憲彦（2001）「日本の連立政権形成における国会の論理と選挙制度の論理」『選挙研究』第 16 巻、18-27 頁。

樋渡展洋・斉藤淳編（2011）『政党政治の混迷と政権交代』東京大学出版会。

堀江湛編（1994）『連立政権の政治学』PHP 研究所。

堀江湛編（2014）『政治学・行政学の基礎知識（第 3 版）』一藝社。

村川一郎（2000）『政策決定過程』信山社。

山口二郎・生活経済政策研究所編（1997）『連立政治──同時代の検証』朝日新聞社。

第5章　小渕政権

山田　尚武

1　ポスト橋本と小渕内閣の成立

参議院選挙の大敗と総裁選

　1998年7月12日、自民党は第18回参議院議員選挙で大敗し、橋本内閣は退陣した。経済政策での失策、テレビ討論での橋本首相の発言が二転三転したことが有権者の不信を招いた。同月24日に、ポスト橋本をめぐる自民党総裁選挙が行われた。当初、総裁は小渕恵三が内定していた。参院選開票の段階で、自民党の敗北は予想されており、竹下登元首相、野中広務幹事長代理が小渕を擁立しようとしていた。擁立に賛成したのは、後に1999年の総裁選で小渕と争うことになる山崎拓政調会長と加藤紘一幹事長であった。橋本内閣の支柱であったYKKは、小渕支持を表明した。

　しかし、梶山静六が自民党の中堅・若手議員、小渕に反発する議員の支持で立候補を表明した。三塚派も小泉純一郎を擁立した。とりわけ経済・金融問題に影響力をもっていた梶山は総裁として有力視されていた。ニューヨークタイムズ紙は、日本政治研究家のニューファーの言葉を引用して、小渕を「冷めたピザ」と揶揄した。小渕は政界ではよい人柄から好意的にみられていたが、有権者からの知名度は低く、目立った政治的業績もなかった。一方で、梶山は新聞やテレビでの知名度が高く、不良債権処理に関する持論を雑誌に投稿するなど、経済問題でイニシアチブが取れる政治家と評価されていた[1]。小渕と梶山は小渕派経世会であったが、小渕は小渕派を支持基盤としたのに対して、梶山は派閥横断的に支持を集めた。小渕は派閥中心に総裁選を進め、梶山は脱派閥色を強め、若手議員を中心に票を獲得した。一方で、小泉は、三塚派清和会が中心となって支持を集めた（逢坂 2014）。

　総裁選の争点は、2つあった（自由民主党 1998）。一つは大不況を脱するた

めの経済・財政・金融政策の再考であった。そして、もう一つは政治的信頼の回復であった。とりわけ経済・財政・金融問題に関しては、景気回復か、財政再建かの二択が掲げられた[2]。小渕は、景気回復を訴え、不良債権の処理だけではなく恒久減税の導入による実体経済の健全化を掲げた[3]。一方で、梶山は橋本内閣時代の財政再建路線を批判的に捉え、小渕と同様、景気回復を訴えた。不良資産を解消し、債務超過銀行を廃し、危険水域にある銀行を公金で健全化するなど、金融界の秩序回復を掲げた。政治の信頼回復においても、小渕は政治が真のリーダーシップを発揮できるよう自民党の官僚依存からの脱却を掲げた。梶山は、地方支部の強化によって民意の吸収を図ることで政治的信頼を回復するよう訴えた。小渕と梶山の対立は、従来の自民党路線の収拾をねらう小渕と経済構造そのものの根本的な改革を行おうとした梶山との対立であった。小泉陣営は、長期的な財政再建を掲げ、税制改革による金融不安の解消やその障害となる橋本政権時に成立した財政構造改革法を廃止すると主張した。政治の信頼回復には、中央省庁役人の半分を削減、議員定数削減などを掲げた。

派閥分裂の総裁選

　総裁選の結果は、小渕が225票と過半数を獲得した。次いで梶山が102票、小泉が84票という結果になった。梶山の派閥横断的な得票により、ポスト橋本の総裁選は、党内や派閥の分裂が顕著となった選挙であった。梶山の得票の背景には、連立路線の対立があった。小渕は、加藤、野中を中心とした自社さ連立路線の復活を掲げていた。山崎拓らも小渕案に賛同した。一方で梶山は、中曽根康弘、亀井静香を中心に保保連立構想を重視した。保保連立とは、小沢一郎が率いる新進党（後の自由党）との連立であり、保守政党中心の政権のことである。この連立案には、中曽根・亀井の他に、平沼赳夫らの賛同があった。1998年の総裁選は、各派閥やグループの連立形成を中心とした内部対立が顕在化した選挙であった。三塚派では、小泉支持の森グループと梶山支持の亀井グループとが対立した。宮澤派は、KK戦争の最中にあり、小渕支持の加藤と梶山支持の河野洋平前総裁率いるグループとに分裂した。旧渡辺派も、中曽根らベテラン議員が梶山支持の一方で、山崎グループ

第 5 章　小 渕 政 権

は小渕支持で対立した（後藤 2014）。小渕政権が公明党との連立政権を成立
させる上で、その前段階となった自自連立は、結果的に梶山を擁する保保派
の倒閣の動きを封じるために小渕派が実現したものでもあった。参議院選挙
の大敗からポスト橋本をめぐる総裁選挙のなかで、自民党は党内の分裂と衆
参ねじれによる内憂外患の状態であった。

小渕内閣成立と連立形成の必要性

　1998 年 7 月 30 日に小渕恵三内閣が成立した。自民党を中心とした支持は
あったが、内閣支持率は 37% であり、不支持を下回った[4]。小渕首相は、内
閣を「経済再生内閣」と位置づけ、「日本経済再生」を最重要課題とし、橋
本内閣の財政再建路線から景気回復路線へと転換した。8 月 7 日に行われた
所信表明演説で、小渕首相は、不良債権処理を実行するとともに、金融シス
テム再生のための公的資金の活用、金融機関の情報開示の徹底、貸し渋り対
策などを提案した。小渕は橋本行革で行われた財政構造改革法を凍結した。
そして、予算編成はこの凍結案を骨子に決定する旨を提案した。加えて、総
裁選の際に提案していた 6 兆円相当の恒久減税の実施を約束した。

　小渕内閣の閣僚人事は、民間や派閥横断的な起用であった。経済再生の緊
急性や脱派閥を世論へアピールするために、宮澤喜一を大蔵大臣へ起用した
り、堺屋太一を経済企画庁長官に起用したりした[5]。宮澤の起用に関しては、
大蔵省への交渉役という役割があった。経済政策に影響力がなかった小渕に
とって、宮澤の起用は経済・金融・財政問題の解決を左右する分水嶺であっ
た。堺屋の起用は、メディア対策でもあり、政府の経済政策を説明するため
のスポークスマンとしての役割を果たした（逢坂 2014）。その他の人事では、
早稲田大学の雄弁会出身で小渕の先輩である森喜朗を幹事長に加えた。さら
に梶山を支持した野田聖子を郵政相へと据え、挙党一致体制をアピールした。
一方で、梶山には何の処遇も、起用も行わなかった。

　金融国会で、小渕内閣・自民党は苦戦を強いられた。衆参ねじれにより、
自民党は参院では少数与党となり、野党との妥協点を探る必要があった。一
方で菅直人民主党代表が「金融問題を政局にしない」と発言したことで、経
済・財政・金融問題をめぐる与野党の直接対決と国会の空転化は回避された。

与野党の金融再生法に関する政策協議において中心となったのが、石原伸晃、塩崎恭久、河野太郎、渡辺喜美ら「政策新人類」と呼ばれた自民党の若手議員たちであった。1998年9月に金融再生法案を可決させ、大規模な国債発行を断行した。一方で、金融再生法案は、民主党案の丸呑みと批判された。加えて衆参のねじれ状態は、小渕内閣の政権運営を困難にし、政権を疲弊させた。たとえば、自由党・共産党・公明・改革クラブ・社民党・さきがけなどの非自民政党が連携し、首班指名で菅直人を指名した。実際に自民党が過半数を失った参議院で、菅は首相に指名された。小渕は、衆議院の優越によって、首相に就任したのである。また、10月に防衛庁背任事件によって額賀福志郎防衛庁官が問責決議を可決され辞任に追い込まれた。ねじれ国会による自民党と野党との力関係は拮抗し、政権や議会運営の遅滞は自民党と内閣にとって支持率を下げる要因となる。そのため、小渕内閣と自民党は、多数派確保のための連立形成へと向かった。

2　連立政権の形成

自自連立に向けて

　小渕内閣と自民党内では、連立政権の必要性が高まった。内閣発足直後の8月15日に加藤紘一、古賀誠国対委員長、野中広務官房長官による三者会談が行われた。この会談では、政権の安定化を図るため、公明党との連立形成についての話し合いが行われた。公明党の24議席によって、参院選で失われた過半数の議席を取り戻すことができた（御厨・牧原 2012）。しかし、自民党と公明党は、政策、政教分離問題や創価学会のスキャンダルをめぐる対立があり（中野 2016）、自民・公明両党の議員や支持者が自公連携に納得しないことは明白であった。そこで、提案されたのが自由党との連立後、公明党を合流させる案であった。

　その後、国会では古賀誠国対委員長、自由党の二階俊博、公明党の草川昭三が中心となって自自公連携に取り組んだ。国会では、金融再生法案や自由党・自民党に加え社民党の賛同を得た旧国鉄長期債務処理法案の修正、自自公連携の金融早期健全化法案、そして自公と民主党を加えた金融再生法案が

可決された。自民党にとって、特定の政策における部分連合に効果があったことから、連立形成の必要性はさらに高まった。

1998 年 11 月に、小渕内閣は 24 兆円規模の緊急経済対策を決定した。同月 7 日、旧新進党の参議院議員で形成された黎明クラブを取り込んだ「公明」と衆議院議員で構成された新党「平和」が結集し、「公明党」が結党された。代表は神崎武法、幹事長には冬柴鐵三が就任し、公明党の連立合流の準備も進展した。公明党の連立参加のためには、自民党との対立を緩和し、連携できる素地が必要であった。11 月の臨時国会では、7000 億規模の地域振興券の実現など公明党の掲げる政策に自民党と自由党が連携した。

自民・自由の連立形成は、額賀福志郎の問責決議可決以後、加速した。11 月 1 日以後、竹下・小沢会談、宮澤・小沢会談が実現した。小渕・小沢の党内抗争や竹下派分裂、その後の羽田派旗揚げ、宮澤内閣に対する造反なとを引き起こし、自民党下野のきっかけをつくった小沢一郎と、小渕、竹下、宮澤は距離感のある関係であった。15 日には、野中・古賀・亀井と小沢党首・藤井裕久自由党幹事長・二階俊博自由党国対委員長らの会談が実現し、19 日に党首会談を行うことが決定した。そして 19 日、小渕・小沢会談が実現し、連立合意が行われた[6]。この連立合意が組まれるまでに、8 月の野中・小沢会談から 4 か月の期間が連立形成に費やされた。小沢と自民党との歩み寄りは、連立形成を進展させた。

連立合意書のなかでも、第 5 項では「選挙協力については、国・地方を通して両党間で万全の協力体制を確立する。当面、衆議院議員の総選挙においては、現職優先を原則とし、小選挙区の候補者調整を行う」とし、自自連立政権は、選挙対策色が強かった。しかし、自由党連立離脱に至るまで、履行された政策は少なかった。この合意不履行は、後に小沢自由党の連立離脱を示唆する動きによって自民党内に混乱や対立を起こし、やがて自由党離脱の誘因となった。

合意の際、小沢自由党から小渕に対して「いま直ちに実行する政策[7]」を提示した。小沢の提示した政策の多くは、新進党時代から掲げてきた「再構築宣言」を骨子とした政策であった。とくに、福祉目的税の導入、一国独善

主義の廃絶と国際協調路線、議員定数の削減は一貫して訴え続けていた。加えて、自由党結党後、6月に「日本再興へのシナリオ」と題し、自由党の政策を詳細に掲げていた。「いま直ちに実行する政策」が、このシナリオの基本政策であり、自由党の連立合流の理由は、この改革の実現であった。連立合意から1か月後の12月19日には、小渕・小沢党首による先の合意内容のなかで、3つの合意を確認した[8]。

　そのなかの一つに挙げられていた、「閣僚ポストの削減」は、小沢自由党の要求する17人ではなく、18人で合意した。1999年1月に自民・自由の安全保障や政府委員制度・副大臣制度に関するプロジェクトチームが結成された。13日には、自民・自由両党が連立政権発足に向けた政策協議を行い、小渕改造内閣では自由党幹事長の野田毅が自治相、国家公安委員長へと就任した。加えて政策に関しても、12日には政府委員制度の廃止と副大臣制の導入、衆議院議員比例定数削減、安全保障基本原則の合意を行った[9]。しかし、自自連立における参議院の議席は116議席であり、過半数の126議席には満たなかった。

3　自自公連立形成過程

自公の反発

　自由党との連立を達成した自民党は、同時に公明党との連立形成も行った。しかし、公明党の連立合流には、公明党内や支持母体の創価学会から反発があった。とくに公明党は1998年の参議院選挙において年金不安や国民生活の圧迫、政治不信の要因を橋本政権と断じて無能・無責任と批判するなど徹底した反自民、反橋本色を強めていた[10]。1998年の参議院選挙において発表した「第18回参院選に臨む重点政策」のなかで創価学会と自民党の対立は根強かった。会長である池田大作の女性問題が発覚した際には、自民党から攻撃があり、公明党は連立参加か、閣外協力かで揺れ動いた（中野 2016）。一方で、自自公連携は小渕内閣の政権運営を円滑に進展させた。自自公の協力で、3月には予算が成立した。その後、5月にガイドライン関連法案、7月には中央省庁改革関連法案、地方分権一括法案、政府委員制度廃止と副大

臣・大臣政務官制度、党首討論制度の導入、8月には国旗国歌法案、住民基本台帳法案、組織犯罪対策関連法案など、重要法案が自自公連携によって成立した。

　自由党が定数削減の合意履行を自民党に求めたことで、公明党は決定を迫られた。小選挙区比例代表並立制のなかで一定の議席確保のためには自民党の組織票に頼ることが公明党にとって最善の道であった。比例制度で議席を維持していた公明党にとって、定数削減は死活問題でもあった。自民党の合流の呼びかけは、政策面でも行われた。たとえば、公明党が緊急雇用対策として掲げていた2億3000万円の緊急少子化対策を、自民党は補正予算のなかに組み入れて、駅前保育、在宅保育サービスの充実化を図った（公明党1999）。

　1999年7月7日には、小渕、小沢そして、神崎武法を加えた合意会談が行われ、同月24日には、公明党が旗揚げ、党大会にて正式に連立合流の意向を示した。8月には参議院で組織犯罪対策関連法案に反対した民主・共産・社民党が法務委員長荒木清寛の解任決議案、そして小渕首相問責決議案、議長不信任決議案等を提出し、牛歩戦術を用いて法案成立を阻もうとした。しかし、法案は賛成多数で成立し、野党共闘は苦戦を強いられた。この背景には、自自公連携が大きな影響をもったことが挙げられる。

自自公連携の効果

　表1は、小渕内閣における衆議院議員提出立法（衆法）、参議院議員提出立法（参法）、および内閣提出法律案（閣法）の議案成立率である。第145回国会（1999年1月19日〜6月17日、会期延長し8月13日まで）を機に右肩上がりで成立率が伸びていた。第145回国会では自由党との連立政権が実現し、7月には公明党の合流によって自自公連立政権が完成している。すなわち、連立形成の効果は、小渕政権の政策実現に大きな影響を与えたといえる。一方で、小渕内閣成立時期の第143〜144回国会では、審議継続中の法案を含め成立率が低かったことは、いかに小渕内閣の政権運営が不安定であったのかを物語っている。結果的に連立政権は、法案の成立に効果を発揮したといえる。

表 1　各国会における議案成立率

	議案成立率 （成立／合計）	衆法 （成立／合計）	参法 （成立／合計）	閣法 （成立／合計）
第 143 回国会	36%（ 34／ 94）	28%（15／53）	18%（2／11）	57%（ 17／ 30）
第 144 回国会	14%（ 9／ 63）	7%（ 3／41）	0%（0／ 5）	35%（ 6／ 17）
第 145 回国会	59%（138／234）	18%（13／73）	23%（5／22）	86%（120／139）
第 146 回国会	65%（ 88／136）	16%（ 6／37）	20%（2／10）	90%（ 80／ 89）
第 147 回国会	72%（135／187）	31%（18／59）	9%（2／22）	92%（ 97／106）

出所：衆議院ホームページ「立法情報議案情報の一覧」より筆者作成。

「真空宰相」への不満

　一方で、自自連立政権では両党内で不満が噴出した。中曽根康弘元首相は、自由党が連立離脱をちらつかせながら、小渕首相に合意書の履行を要求し、小渕がその要求を呑むという構図を「真空宰相」と批判した。加えて、加藤紘一、山崎拓らは、公明党との連立をめぐって対立し、ポスト小渕をめぐる動きを活発化させた。1998 年 8 月には、三塚派から亀井グループが離脱した。梶山陣営について小渕と敵対していた亀井グループは、自自連立の橋渡し役を引き受けたことで、急速に主流派へと組み込まれた。その後、12 月に三塚派に代わり、森派が結成された。旧渡辺派の山崎拓は、保保連立構想を打ち立てていた中曽根康弘と総裁選後も対立関係にあった。山崎は、11 月に派閥から独立し、山崎派を旗揚げした。残った旧渡辺派は、亀井グループと合流し、志帥会を結成した。宮澤派は、12 月に加藤紘一を中心とする加藤派へと変化した。加藤派では、河野グループが反発し、KK 戦争継続を物語るように旧宮澤派は分裂した（後藤 2014）。

　小沢自由党も、政策合意で掲げていた「議員定数の削減」に進展がみられなかった。履行された政策は、政府委員制度の廃止と閣僚ポスト削減のみであった。「いま直ちに実行する政策」で自由党側が掲げた政策要求も、合意によって政策協議は行われたが、実現には自民党との調整が難航したのも事実であった。加えて、公明党の連立参加によって、自由党内では、政策実現がさらに困難になることや政権内部での存在感の低下が懸念された。

　1999 年 9 月 9 日に、自民党総裁選挙が行われた。総裁選に名乗りを上げ

たのは、小渕、加藤、山崎であった。経済・財政・金融問題が軌道に乗るなか、各候補は連立政権の形成に関してそれぞれの主張を行った。小渕と加藤、山崎は公明党の連立合流を実現するか否かで対立した。立会演説会でも連立に関する政策に関しては食い違いが目立った。小渕は、第145回国会における予算編成を史上最速の成立として自自連立政権を評価した。加えて、連立政権と公明党の連携によって行政改革法案、ガイドライン法、国旗・国歌法が成立したことを強調した。一方で加藤は、自自と公明党との連立を最小限にとどめようとしていた。加藤は、民主主義を「数の論理」としながらも自社さ連立を取り上げて政策調整がうまくいかなかったことを指摘し、有権者の生の声として自公連立に関して慎重な行動を心がけるよう主張した。山崎は、小渕、加藤よりも連立に関する言及を行わなかったが、連立は自民党が参議院で過半数を取り戻すまでの対応であるとした（自由民主党 1999）。

　この総裁選で、分裂した各派閥も、3陣営に結集した。村上、亀井の主導する志帥会が小渕を支持した。やがて、亀井グループと袂を分かった森派も小渕支持を表明した。総裁選の結果は、小渕 350 票、加藤 113 票、山崎 51 票であり、圧倒的な支持によって小渕の再選が決定した。

自自公連立政権の合意

　10月4日には、小渕、小沢、神崎によって三党の連立政権合意が実現した[11]。10月5日には公明党を加えた改造人事へと着手し、小渕内閣は公明党から続訓弘を総務庁長官に任命した。加えて、自由党からは二階俊博を運輸大臣、北海道開発庁長官に任命した。一方で、総裁選で対立した加藤、山崎には何の処遇も行わなかった。1998年の参議院敗北から続く衆参ねじれ状態を小渕政権は、連立政権の形成というかたちで解消したのである。

　内閣支持率（図1）は、宇野宗佑内閣に次ぐ低支持率からスタートし、1999年に入ると徐々に右肩上がりに伸びている。しかし、1999年8月以降から支持率が低下傾向にあった。小渕政権末期である2000年の2月でに支持率と不支持率が逆転している。自由党が連立に合流した1999年1月、公明党が合流した8月、あるいは総裁選後の自由党と公明党を加えた組閣人事を行った10月に支持率は上昇したが、その後は下降傾向にあった。1999年

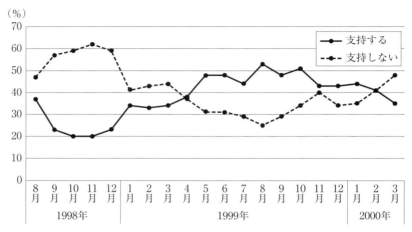

図1 小渕内閣の支持率の推移
出所：NHK放送文化研究所ホームページ「政治意識月例調査」より筆者作成。

8月以後の支持率の低下傾向は、連立政権への期待感が、内閣支持に影響を及ぼしたが、その後の下降傾向は与党内の対立による不安定化への懸念や首相自身や閣僚の不祥事が一因となった可能性が高い。

4 小渕政権の終焉

　自自公連立政権は成立した。しかし、自自連立時代に自由党が公約として掲げた「定数50議席削減」問題は、先延ばしになっていた。定数削減は、衆院比例を党の基盤としていた公明党にとって、自由党への不信感を招く要因となった。選挙制度改革によって小選挙区比例代表並立制の導入は、公明党も同調した。当時の公明党の一連の行動は、新進党との連携によって得られる選挙対策のためであった。結果として、新進党が解党されて以後、公明党は単独で選挙を戦わなければならなかった。そこで、公明党は並立制から中選挙区制復活論へと方針を転換した。小沢自由党も、公明党との連立は、党の発言権や存在感が薄れることへの懸念があった。なぜなら、自由党以上の議席をもつ公明党が連立のなかでは有利であった。しかし、10月の自自公連立合意のなかには、定数の計画的な削減目標が掲げられており、2000

年1月から始まる通常国会冒頭に処理されることが決定されていた。加えて、12月15日の自由党党首会見では、記者団の前で衆議院議員定数削減法案に関しての確認書を配布し、履行されない場合、連立を解消すると表明した。

2000年1月20日に通常国会が開かれた。自自公政権は、連立合意通りに、本会議において、衆議院の比例定数20議席の削減を実施する公職選挙法改正案を可決した。民主党、社民党、共産党の野党3党は国会をボイコットし、与党のみの採決となった。この結果、衆議院の比例定数は200から180議席となった。野党は、議会制民主主義に対する挑戦であるとして自自公連立を異常国会と非難した。

2月8日に与野党は、国会正常化に合意し、9日から野党が国会へ出席した。しかし、小渕内閣の試練は続いた。越智通雄金融再生委員長による「金融機関に対する金融監督庁や日銀の検査が厳しければ配慮する」との問題発言が民主党によって暴露された。越智は25日に辞任し、後任は谷垣禎一元科学技術庁長官が任命された。さらに、民主党が「株疑惑解明プロジェクトチーム」を立ち上げ、小渕首相がNTTドコモの未公開株を不正に取得した疑惑を追及した。この一連の疑惑のなかで、自自公政権は衆議院総選挙も控えており、選挙対策に追われていた。3月に入り、自由党は擁立する候補のリストを自民党に提示した。どの候補も、自民党候補とぶつかっており、その上で自由党は自民党に選挙協力を要請した。しかし、自民党は協力できるのは5人までとして、事実上の非協力を示した。

4月1日になり、三党首会談が実施された。小沢は、小渕に対して自民党と自由党の二党解党論をもちかけ、新たな一大政党を結党する提案を行った。その上で、この提案が受け入れられなければ連立を離脱するとした。その後、テレビインタビューで、小渕首相は自由党との連立解消の意向を示した。小渕はそのインタビューの最中、言葉が出ずに沈黙する場面がみられた。一方で、自由党内では、50人中26人が保守党を結成した。二階俊博運輸大臣兼北海道開発庁長官、野田毅元自由党幹事長、扇千景、海部俊樹などが自由党内の連立残留派であった。

2日未明、小渕は首相公邸で体調不良を訴え、順天堂大学附属順天堂病院

に入院した。当時、青木幹雄官房長官が小渕首相と面会したが、会話内容までは明らかにされていない。3日には、青木が首相臨時代理に就任し、4日に小渕内閣は総辞職した。翌5日、森喜朗が自民党総裁に選ばれ、ポスト小渕の座を射止め、内閣総理大臣に就任した。こうして、およそ1年と8か月、在任日数616日に及ぶ小渕政権は終焉を迎えた。

その1か月後、5月14日午後4時7分。平成おじさんとして親しまれた「人柄の小渕」は、享年62歳でこの世を去った。死因は脳梗塞だった。この年の衆議院選挙には、2014年に政治資金規正法違反で話題となった小渕の次女の小渕優子が群馬5区から出馬し、当選した。群馬5区は、小渕の死後、優子が地盤を引き継いでも、揺らぐことのない保守地盤として、野党に追随を許さない選挙区となっている。2009年の総選挙で自民党に逆風が吹いたにもかかわらず、小渕地盤は健在であった。

5　小渕政権の再考

メディア対策

小渕政権は、政治の安定化を図るために自由党、続いて公明党との連立政権成立を模索し、実現した。小渕政権の政治手法や連立形成をどのように評価できるだろうか。

参議院の敗北によって、衆参のねじれが生じ、自民党は少数与党となった。とりわけ参議院選挙は、従来の選挙と異なり、自民党の不祥事や金権体質による敗北ではなく、掲げた政策（経済・財政・金融政策）によって敗北したことが問題であった。テレビ討論のなかで、首相である橋本が説明に窮してしまう場面が目立ったことも敗因であった。ゆえに、小渕が閣僚人事において堺屋太一や宮澤喜一を起用し、メディア対策や大蔵省の交渉役を担わせたことは、政権内の安定化を図る一助となった。加えて、ブッチホンと呼ばれる個人と個人の電話のやり取りは、人柄の小渕を演出し、世論対策となった。中選挙区時代、小渕の出馬する群馬3区は、福田赳夫、中曽根康弘、日本社会党書記長の山口鶴男なども立候補する激戦区の一つであった。小渕は、若手時代、「ビルの谷間のラーメン屋」と自身を揶揄していた。選挙戦術の一

環として、有権者に直接電話をかけるブッチホンを、今度は世論対策として活用し、首相まで上り詰めた原動力となり、政権運営の一助となった。

数の論理

しかし、現実には金融再生関連法では、民主党案を丸呑みしたと批判され、閣僚の辞任、首班指名での野党の戦略など政治不安が続いた。成立した法案も、内閣誕生当初は多くなかった。一方で、この当時の衆参ねじれ状態が議案に対するヴィスコシティ（粘着性）を強化し、政権与党のチェック機能を発揮したため、健全な民主主義のあり方を示すことになった。しかし、小渕政権は、不況を脱するべく素早い対応を迫られ、結果として田中派流の数の論理に頼らざるを得なくなった。小渕首相こそが、田中派流の政治手法を取った最後の首相であったといえよう。ゆえに、小渕内閣を評価する上で、田中派支配の基盤となった「数の論理」を党外に求め、昨今の第二次安倍内閣まで続く公明党との連立政権形成を試みたことは小渕政権を再考する上で十分に考慮すべきである。小渕政権は政治の安定化を目指したため、二院制によってもたらされる民主主義の本来のあり方を犠牲にした可能性がある。55年体制から続く自民党一党支配の崩壊が、連立政権を前提とした時代を到来させたことで、少数政党が与党に組み込まれ、発言の機会を得ることが可能となったことは、民主主義のあり方にとっては、一面的なものであろう。

連立政権の2つのアプローチ

自自あるいは自自公連立政権には、2つのアプローチが存在した。一つは、国会対策的アプローチである。衆参ねじれによって、小渕内閣は法案成立の粘着性が高まり、経済再生関連法案の成立が遅滞する可能性があった。加えて、首班指名の混乱や閣僚の辞任劇など、参議院敗北の影響は小渕政権に少なからず打撃を与えていた。ゆえに、国会対策的なアプローチのために、連立形成を図ったのは自然な流れであった。

同時に、参議院選挙の敗北は、自民党にとって後の衆議院選挙への先行きの不透明感を表していた。与野党が政策を掲げての敗北であったため、小渕政権としては選挙対策的アプローチを取る必要もあった。とりわけ、公明党は磐石な組織票を有しており、自民党としては選挙協力の相手として魅力的

であった。自自・自自公連立合意書においても、必ず選挙協力の項目を加え
ていたのは、連立形成が何よりも、2000年に行われる予定であった選挙に
向けての伏線であった。現在の自公連立政権、あるいは連携も、小渕内閣が
礎を築き、現在に至るまでの自公の磐石な政権運営を可能にしたといえる。
しかし、自公連立政権は、次第に派閥の力が弱まった自民党に対して、公明
党が与党内野党の役割を果たす機能を付与した。

　自公が国会対策・選挙対策の関係にある限り、自民党一党独断の暴走には
歯止めが加わる可能性が高まった。連立政権の果たした役割は、「数の論理」
による政治の安定化ではなく、複数与党による合意形成の必要性を高め、権
力の暴走を抑制したことである。自民党一党支配体制の崩壊により、各党が
新たな与野党・政権のあり方を模索した平成初期の時代に、長期にわたる自
公連立政権が完成した。連立政権の起こりは、保革あるいは自民党と社会党
の二大政党的対立で描かれていた55年体制に代わる新たな枠組みを提示し
たといえる。

【注】

1　梶山は『週刊文春』や『文藝春秋』を中心に「日本経済再生のシナリオ」
や「日本興国論」、「祖国防衛論」と題した政策提言を論文として投稿していた。

2　各候補の総裁選における政策、主張、政権運営に関する詳細は、自由民主
党1998：38-55に全文が掲載されている。

3　小渕内閣発足後、6兆円以上の恒久減税（個人所得税、法人課税、住宅ローン
減税など総額9兆円規模の減税）の導入、10兆円の補正予算が策定された。また、
橋下内閣で行われた財政構造改革を凍結した。そして、金融機関の不良債権
処理や中小企業への貸し渋りを解消するための100兆円規模の資金を導入し、
金融システム再生プランを実施した。

4　支持率の詳細は、NHK放送文化研究所ホームページ「政治意識月例調査
（小渕内閣）」〈https://www.nhk.or.jp/bunken/yoron/political/1998.html〉（2017
年7月25日閲覧）を参照。

5　小渕は堺屋と総裁就任前から親交があり、エネルギー問題のみならず政治
のあり方に関して意見交換を行っていた（小渕1996）。

6　連立合意に関しては、1998年11月19日に「自民・自由連立合意書」が結
ばれ、同年12月19日に両党首が合意内容を確認している。その後、1999年
10月4日に「自自公三党連立政権合意書」および「三党連立政権　政治・政

第 5 章　小渕政権

策課題合意書」が結ばれている。1998 年 11 月 19 日の内容は、「自民・自由連立合意書（全文）」『朝日新聞』1998 年 11 月 20 日付、1998 年 12 月 19 日の内容は「両党首合意内容（全文）」『毎日新聞』1998 年 2 月 20 日付、1999 年 10 月 4 日の内容は「三党連立政権合意書　三党連立政権 政治・政策課題合意書」『公明新聞』1999 年 10 月 5 日付に掲載されているものを参照。

7　連立に際して、自由党が自民党に要求した政策の詳細は、自由党ホームページ「いま直ちに実行する政策」〈https://web.archive.org/web/19991004190144/http://www.jiyuto.or.jp:80/policy_j/0p1119.htm#asap〉（2017 年 8 月 27 日閲覧）を参照。

8　「19 日に発表された"小渕・小沢"自自党首合意文書」のなかに、連立合意内容の全文が掲載されている（読売新聞 1998）。

9　詳細は、自由党ホームページ〈https://web.archive.org/web/19990428223319/http://www.jiyuto.or.jp:8/index.htm〉（2017 年 9 月 15 日閲覧）を参照。

10　公明党は「第 18 回参院選に臨む重点政策」の記事のなかで、橋本政権の失政を痛烈に批判した（公明新聞 1998）。

11　「三党連立政権合意書と政治・政策課題合意書」と題した記事に全文が掲載されている（公明新聞 1999）。これは、3 党の最終的な合意内容であった。

【参考文献】

逢坂巌（2014）『日本政治とメディア――テレビの登場からネット時代まで』中公新書。

小渕恵三（1996）『石油と砂漠と人間と――文化と経済から中東を語る　小渕恵三対談集』上毛新聞社。

公明新聞「公明の参院選に臨む重点政策」1998 年 5 月 11 日付。

公明新聞「公明党結成全国大会でのあいさつ　神崎武法代表」1998 年 11 月 8 日付。

公明新聞「三党連立政権合意書と政治・政策課題合意書」1999 年 10 月 5 日付。

公明党（1999）『中道政治がひらく 21 世紀日本』公明党機関紙委員会。

後藤謙次（1991）『小渕恵三・全人像』行研出版局。

後藤謙次（2014）『ドキュメント平成政治史 2　小泉劇場の時代』岩波書店。

佐野眞一（2003）『凡宰伝』文春文庫。

自由民主党（1998）「特集　総裁選挙立会演説会」『月刊自由民主』第 546 号、38-55 頁。

自由民主党（1999）「関連資料　自由民主党総裁選挙所見発表演説」『月刊自由民主』第 560 号、44-64 頁。

田勢康弘（2015）『総理の演説』バジリコ。

中野潤（2016）『創価学会・公明党の研究――自公連立政権の内在論理』岩波書店。

野中広務（2005）『老兵は死なず――野中広務全回顧録』文春文庫。

御厨貴・牧原出編（2012）『聞き書　野中広務回顧録』岩波書店。

読売新聞（1998）「19日に発表された"小渕・小沢"自自党首合意文書」1998年12月20日付。

NHK放送文化研究所ホームページ「政治意識月例調査」

〈https://www.nhk.or.jp/bunken/yoron/political/1998.html〉（2017年7月25日閲覧）。

自民党ホームページ「梶山静六論文集」

〈https://kajiyama-office.com/seiroku〉（2017年7月19日閲覧）。

自由党ホームページ

〈https://web.archive.org/web/20030801081504/http://www.jiyuto.or.jp:80/index.html〉（2017年9月5日閲覧）。

衆議院ホームページ「立法情報議案情報の一覧」

〈http://www.shugiin.go.jp/Internet/index.nsf/html/rippo_top.htm〉（2017年7月15日閲覧）。

第6章 森 政 権

岩崎 正洋

1 連立政治の歴史における森政権

森喜朗は、1994年の自社さ3党による連立をはじめ、自自公から自公保連立へと至る過程において、自民党幹事長として、さまざまな組み合わせの連立形成にかかわりをもってきた。彼が首相になったときは、自公保による三党連立政権であった。政権発足直後の2000年6月25日には、衆議院議員総選挙が行われ、3党で絶対安定多数を獲得した。選挙結果は、森政権にとって安定した基盤をもたらした。

しかし、森政権をみる限り、連立を構成する政党や議席数といった数の側面だけに注目して政権の特徴を理解することは困難であり、数だけで連立が安定したり、存続しやすくなったりするわけではないことが明らかになる。森政権は、前任の小渕恵三首相が緊急入院して政権担当が困難であり、内閣総辞職やむなしという経緯で誕生した。小渕政権においては、自民党と自由党との連立が組まれた後、公明党も連立に加わり、自自公の三党連立となった[1]。小渕首相が倒れる直前には、自由党が連立から離脱する一方で、他方では、そのまま連立政権にとどまることを選択した国会議員によって新たに保守党が結成され、自自公連立は、自公保連立へと組み合わせが変化したのであった。

連立を構成する政党は、自民党が保守系、自由党も同様に保守系、その一部によってつくられた保守党も、その名の通り保守系の政党である。公明党は、中道に位置しており、自自公の組み合わせが中道右派であったのと同様に、自公保も中道右派の組み合わせのままとなり、政治的対立軸における各党の立場に変化が生じることはなかった。その点について指摘できるのは、少なくとも森政権においては、連立を構成する政党間の政治的な立場なう正

策的な立場の違いが政権の足元をすくったとは言い難いということである。

　森政権は、2000 年 4 月 5 日に誕生し、翌 2001 年 4 月 26 日まで続いた。その間、2000 年 4 月 5 日から 7 月 4 日までが第一次森内閣とされ[2]、同年 7 月 4 日から 2001 年 4 月 26 日までが第二次森内閣とされている。第二次森内閣は、7 月 4 日から 12 月 5 日までと、内閣改造後の第二次森改造内閣とに分けられるが、第二次森改造内閣は、さらに、中央省庁再編前の 12 月 5 日から 2001 年 1 月 6 日までと、中央省庁再編後の 2001 年 1 月 6 日から 4 月 26 日までに細分化される[3]。第二次改造内閣では、中央省庁再編により 1 府 22 省庁が 1 府 12 省庁となることが念頭に置かれており、1 月 6 日以降も顔ぶれは変わらずそのままであったが、閣僚の職名に変更がみられた。

　森政権は、約 1 年で終わりを告げた。短命ともいえるほどの期間で政権が終わりを迎えたのは、連立の組み合わせや国会での与野党の勢力分布などが影響したからであろうか。あるいは、連立そのものが直接的な要因ではなく、内閣支持率や党内における首相のリーダーシップなどのように、他の要因が影響を及ぼしたのであろうか。首相自身が大きな要因になったとすれば、属人的な要因が政権の終わりをもたらしたことになる。この点は、連立政権における首相のリーダーシップに注目する必要性を明らかにする。改めて森政権に注目することは、日本の連立政治の歴史における森政権の位置づけを行うことになる。以下の各節では、森政権の誕生の経緯、森首相の政権運営、内閣支持率、政権の揺らぎなどに注目し、連立政権という視点から森政権を振り返ることとする。

2　森政権の誕生

政権と首相の正統性

　森政権は、誕生から終わりまで一貫して、政権の正統性が問われ続けていたように思われる。政権の正統性に疑義が呈されながらも、政権の運営を行うことは、首相にとって容易なことではない。この場合には、首相が誕生した経緯や、首相の権力基盤そのものが権威づけされておらず、広く国民に受け入れられていないため、首相のリーダーシップは発揮しにくいであろうし、

第6章 森 政 権

リーダーシップそのものの正統性が問われることになりかねない。言い換えると、森政権においては、森に対する首相としての正統性が常に問われ続けていたのである。この点は、政権の正統性ないし首相の正統性であり、政権を主導する立場にある首相の資質そのものが問われたというわけではない。

　政権ないし首相の正統性にかかわる問題は、首相の資質と全く関係ないとはいえないとしても、切り離して取り扱う必要がある。ここでいう森政権ないし森首相の正統性は、政権誕生の経緯に端を発するものであり、誕生時に誰の目からみても承認できるようなかたちで正統性が付与されていたならば、それ自体が問題になることはなかった。2000年4月2日未明に小渕首相が倒れて緊急入院し、約一昼夜が経過した後に、その事実が公表されたが、公表までの間は、「五人組」とされる政府首脳および自民党執行部が現職首相の入院に関する情報を独占し、それにもとづいて次の総裁および事実上の首相選びを行ったことは、森政権の誕生に影を落とすことになった。

小渕首相の緊急入院

　4月1日の夕方には、首相官邸で小渕首相と自由党の小沢一郎党首との会談が行われた。小沢は、小渕に対して自民党と自由党との合併をもちかけたが、小渕は、その提案を拒否した。会談終了後に、小渕はマスメディアの取材を受け、自自公による三党連立を維持することが困難であるという見解を示した。そのときの小渕の様子は、記者からの質問に答えるのにしばしば言葉に詰まるなど、後に明らかになるように、健康上の異変が生じつつあることを示すものであった。小渕は、インタビューの数時間後に体調不良を訴え、4月2日の未明に順天堂大学付属順天堂病院へ緊急入院したが、そのまま帰らぬ人となり、5月14日に死去した。

　党首会談後、自民党幹事長の森は、官邸の首相執務室で30分間にわたり、日ロ関係や教育改革などについて、小渕の考えを聞いたという（森 2013）。森も同席し、小渕は党首会談後の取材を受けたのであった。その後、小渕自身が疲労を訴えたため、党首会談の内容について自民党本部で報告するという予定を変更し、小渕は首相公邸に帰ったとされる。森は、自らの回顧録『私の履歴書』やオーラルヒストリーにおいて、小渕首相との最後のやり取

97

りにかかわる詳細を紹介し、ポスト小渕政権としての自らの政権の性格を説明している（五百旗頭他 2007；森 2013）。

4月1日の党首会談が物別れになったことは、自由党の分裂にもつながった。自由党の内部において、野田毅、二階俊博、中西啓介、扇千景などは、小沢一郎とは立場を異にしており、新たに保守党を結成する動きとなった。自自公連立から小沢一郎の率いる自由党が離脱しても、自由党から分裂した保守党は、そのまま連立を継続し、政権に残るという方針を採った。保守党は、4月3日に新党設立総会を開催し、党首として、参議院議員の扇千景を選出し、幹事長に野田毅、最高顧問に海部俊樹元首相を選出した。設立総会後に保守党は、自民党側では、青木幹雄官房長官、森喜朗幹事長、公明党側では、神崎武法代表などと会談し、連立に参加することになった（後藤 2014）。

後継者の選出

森は、青木官房長官より小渕首相が倒れた旨の連絡を4月2日の未明に受け、翌朝には、首相の入院を知らされた（森 2013）。自由党の連立離脱への対応に関連して、同日の夕方に自民党五役会議が予定されていたが、首相の緊急入院を受けて時間が変更となり、昼過ぎより会議は開かれた。しかし、池田行彦総務会長が体調不良を理由に欠席したため、森幹事長、亀井静香政調会長、野中広務幹事長代理、村上正邦参議院議員会長らの四役に加え、青木官房長官によって話し合いがなされた。そのときはまだ、小渕首相が脳梗塞で入院したという報告に過ぎず、主に自由党対策が中心に話し合われた。自自公連立において、自由党の連立離脱は、政権の安定を損なうことになるため、自由党の議員に対して、政権にとどまるように引き留めを行う重要性が確認されたのであった。

同日の午後11時には、青木官房長官が緊急の記者会見を行い、小渕首相の入院を発表した。その後、再び五役会議が開かれ、首相が重体であることが伝えられた。その場において、首相臨時代理を青木官房長官とすることが決まったとされるが、青木自身が「代理は長くやれるものではない」し、「国会もあるから早く後継者を決めた方がいい」という判断を示し、「その場

で瞬く間に」小渕首相の後継者として、森幹事長を推すことが決まったという（森 2013：210）。五役会議では、内閣の総辞職と後継の首相および総裁の選出について話し合われた。その場において、小渕政治の継承、2000年度予算関連法案の早期の成立、自民党内における主流派体制の維持などが議論され、さらに、野中幹事長代理が公明党も森を後継者とすることに賛成している旨を説明し、結果的に、森喜朗幹事長を小渕首相の後継者とするという結論が下されたのであった。

4月4日には、内閣が総辞職した。4月5日には、自民党の両院議員総会が開かれ、森が総裁に選出された。同日夜に、森は第85代内閣総理大臣として首班指名を受けた。

密室での協議

森首相が誕生するまでの経緯は、密室での協議によるものであると後々まで批判された。しかし、森によれば、批判は的外れであり、自分の選出は、自民党の正式な手続きに則って行われたのであり、密室で選ばれたわけではないという（五百旗頭他 2007：225-226）。なるほど、緊急事態において、党執行部の五役は、自民党内の手続きとして、当時の森幹事長を次の総裁候補に推薦した。その点について党内に異論があれば、他の候補者が推薦され、複数の候補者同士の競合を経て最終的に1人が総裁に選ばれるという過程を経ることが可能であった。それにもかかわらず、対抗馬はなく、森は両院議員総会において満場一致で総裁に選出された。それが意味することは、自民党の正式決定として、森が総裁に選出されたという事実であり、両院議員総会に続く衆参両院での首班指名においても、森が内閣総理大臣に選出されたという事実である。手続き的にみれば、森のいうように、密室での協議という批判を行うのは的外れであるという主張が可能であるかもしれない。「現職首相が意識不明の重体になる前代未聞の事態に直面して、のんびり総裁選をやるのは国家の危機管理上からも許されない」し、「役員会、総務会の了承を経て地方代表も参加した両院議員総会で決定したもので、手続き的にも瑕疵は全くなかった」（森 2013：214）とされる。

しかしながら、当時の状況を振り返ると、小渕首相の緊急入院を受け、4

月2日から3日にかけて行われた自民党五役会議でなされた議論の内容や、そこに同席し、五役会議の議論に関連して公表された記者会見の内容などに対して、国民は釈然としない「何か」を感じたのであった。マスメディアは、自民党の五人組が首相の入院という情報を独占し、密室で談合し、後継総裁および後継首相を選出したことを批判した。青木官房長官が首相の入院を公表したのは、4月2日の夜であり、小渕が入院してから一昼夜近く過ぎてからであった。青木は、入院後の小渕と会った唯一の政治家であり、4月2日の夜に小渕を見舞い、その際に、小渕から「万事よろしく頼む」という指示を受けたと記者会見で述べた（後藤 2014：98-99）。青木官房長官は、小渕首相の言葉を受け、4月3日には、自らが首相臨時代理に就き、内閣総辞職を決定した。

　森選出に至る過程が五人組による密室の談合であると批判されるとともに、青木官房長官に対しても、当時の小渕首相の病状から判断して、果たして本当に面会できたのかとか、本当に小渕の口から「万事よろしく頼む」という言葉が発せられたのかとか、青木による説明の信憑性を問うような批判がなされた。民主党は、さらに、臨時首相代理が衆参両院議長へ内閣総辞職通知書を提出したことについて、官職詐称や有印公文書偽造などの罪にあたるのではないかという点から告訴したが、結果的に、青木は不起訴処分となった。

　4月2日未明以降に、青木が緊急事態を利用して自己の影響力の拡大を謀ったり、自己の利益を拡大できるように、情報を操作したりしたとみられたとしても不思議はない。青木が小渕や森と同様に早稲田大学の出身であり、彼らが学生時代から古い付き合いがあることは、マスメディアを通じて知られており、あたかも近い関係にある一部の政治家によって権力の独占が謀られたり、情報の隠蔽や情報の操作が行われたりしたかのような印象を与えることになったため、森政権の誕生時には、森首相個人というよりも、首相の周りの政治家に対する不信感なり不透明感が正統性を傷つけることになったのである。

第6章 森 政 権

3 政 権 運 営

選挙管理内閣

　2000年4月5日の衆参両院本会議において、森喜朗は第85代の内閣総理大臣として指名を受けた。衆議院の首班指名において、森は、自民党、公明党、保守党の3党によって335票を獲得した。組閣にあたり、彼は、前任の小渕内閣の閣僚をすべて再任させ、「居抜き」のかたちで政権を発足させた[4]。内閣の要となる官房長官には、青木幹雄が再任し、森自身の後任にあたる自民党幹事長には、幹事長代理であった野中広務が就任した。森は自らの派閥を率いており、森派の会長であったが、首相就任に際しては、官房長官も幹事長も自派からではなく、小渕派の実力者に任せて政権基盤を整えた。

　小渕派の力が必要とされたのは、森政権が「選挙管理内閣」という性格をもっていたからである。衆議院議員の任期が残り少なくなってきており、いつ解散・総選挙があってもおかしくない時期であった。小渕政権の誕生時は、低い支持率であり、政権末期も支持率が低下していた。そのため、森政権にとっては、支持率が低下する前に早めに解散・総選挙を実施する必要があった。さらにいえば、政権発足後の早い時期に、選挙という洗礼を受けることは、政権および首相の正統性を担保することにつながり、何かと批判が多い状況においては、必要不可欠なことであった。

　選挙での敗北は、ただちに政権の終わりにつながる可能性がある。森幹事長の際には、野中広務幹事長代理と鈴木宗男総務局長が中心となって選挙対策を行ってきた。野中も鈴木も小渕派所属であり、鈴木は野中の腹心と称されるほどであった。野中は、公明党の神崎武法代表や藤井富雄常任顧問とのパイプもあり、自公の選挙協力には必要な存在であった。また、野中と鈴木は、これまでの自由党との選挙協力についての協議にかかわっており、自由党から分裂した保守党との選挙協力にも外すことのできない人材であった[5]。

　4月10日の政府与党連絡会議において、公明党の神崎代表は、前任の小渕首相が衆議院の解散・総選挙の日程について、与党内で相談して決める旨の発言をしていたことに言及し、新政権でもそれを踏襲し、与党3党で相談

IOI

するように求めた。4月12日に、神崎代表は、7月の九州・沖縄サミット後の衆議院解散・総選挙が望ましいとしながらも、自民党内で6月中の選挙実施という流れが出ており、衆議院解散が首相の専権事項であることから、最終的には首相の判断を尊重するという考えを示した。同日に、青木官房長官と小渕派の選挙対策責任者である西田司副会長とが首相官邸で会談し、総選挙の実施は、「6月6日公示、18日投票」か「6月13日公示、25日投票」のいずれかの日程に絞られつつあることが明らかになった。連立相手の公明党が容認の姿勢を示すとともに、政権内で中心的な役割を担っている小渕派も6月の選挙実施に向けて準備を進めることが確認された。

4月26日には、自公保3党の党首会談が開かれ、公明党の神崎代表と保守党の扇千景党首により、衆議院の解散・総選挙の日程を首相に一任することが確認された。その後、ゴールデンウィーク中の森首相のロシア、欧米歴訪を挟み、連休明けには、6月2日に衆議院解散、13日に告示、25日に投票とすることが決まった。

内閣支持率

NHK放送文化研究所が4月14日〜16日にかけて行った「政治意識月例調査」によれば、内閣支持率は、「支持する」が39%、「支持しない」が31%であった。「支持する」割合が最も高かったのは、このときだけであり、その後、低下し、6月に30%台を切ってからは再び30%台を超えることはなかった[6]。また、『朝日新聞』が4月9日〜10日に行った全国世論調査の結果では、「支持する」が41%、「支持しない」が26%であった。3月に小渕政権について行われた調査では、「支持する」が36%、「支持しない」が45%という結果であったが、新政権の発足により支持率がわずかながらも上昇していた[7]。

『朝日新聞』の調査では、自公保連立について、「よい」とする評価が26%、「よくない」が45%であった。それ以前の3月時点の自自公連立に関する調査結果では、「よい」が26%、「よくない」が56%であったことと比べると、「よくない」が11ポイント下がり、連立の組み合わせに対する拒否感は、やや減少したようにみえた。衆議院の解散・総選挙についての質問で

は、「できるだけ早く行うべきだ」が53％、「急ぐ必要はない」が35％となり、国民が早期の解散・総選挙を求めていることが明らかになった。

NHK放送文化研究所による「政治意識月例調査」の結果をみると、「支持する」は、4月の39％から5月の33％、6月の17％へと低下した。「支持しない」は、4月が31％、5月が37％、6月が66％となった。6月の調査は、総選挙の告示直前の6月9日〜11日に行われた。その後の調査結果では、支持率は回復したが、11月には再び「支持する」が17％、「支持しない」が68％となり、翌2001年4月の退陣直前には、「支持する」が7％、「支持しない」が81％になった。2001年3月には、「支持しない」が82％となり、最も高い不支持率を示した。

首相の失言

支持率の低迷は、政権誕生が五人組による密室での協議にもとづくという経緯に端を発するだけでなく、度重なる森首相の失言に起因していた。ざっと挙げられるものとしては、「ウソ発言」、「神の国発言」、「国体発言」、「寝ていてくれればいい発言」などがある。

まず、4月13日には、新聞各紙の朝刊に掲載される首相の一日の動きを紹介する「首相動静」の記事をめぐって、森首相による「ウソ発言」が出た。首相動静の内容は、新聞各社の番記者が首相に密着して回り、一日の行動をまとめたものであるが、首相の公邸ないし私邸での行動を把握することはできないため、起床時間や就寝時間などは、当日の担当記者が家族や秘書への電話取材によって情報を集めて記事にしているという（後藤 2014：110-111）。森は、この点について、「朝、夜、記者が何時に起きたのか、寝たのか電話してくる。あんなのウソついてもいいんだろ」と記者たちに発言した。森の「ウソ発言」は、折も折、小渕首相の緊急入院に関する情報の隠蔽という点で野党やマスメディアから批判が出ていたときであり、信頼を損ねるような発言となった。

5月15日に森は、神道政治連盟国会議員懇談会の結成30周年記念祝賀会において、「神の国発言」をしたことにより、野党やマスメディアから批判を受けることになった。席上、森は、「日本の国、まさに天皇を中心にして

いる神の国であるぞということを、国民のみなさんにしっかりと承知していただくこと。その思いでわれわれが活動して30年になった」とあいさつした（後藤 2014：111-112）。日本が神の国であるという発言が国民主権や政教分離、信教の自由などに抵触する内容であり、一国の首相の発言としては、あまりに問題があると批判された。森自身は、17日の参議院本会議において、「誤解が生じたとすれば申し訳ない」と陳謝したが、後のインタビューでは、「神道政治連盟の会合での発言だから、出席している神主さんたちに多少のおべんちゃらを言うのは当たり前でしょう」、「僕はあのとき、命がいかに大事かということを教えなきゃいけないということを言ったんです」と説明している（五百旗頭他 2007：234；森 2013：231-232）。

　しかし、その後も森の失言は続き、6月2日には、「国体発言」、総選挙の最中の6月20日には、投票先を決めていない人は家で「寝ていてくれればいい発言」が出た（森 2013：232）。「国体発言」とは、6月2日の自民党奈良県連緊急総会において、「民主党は共産党と政権を組むのか。そういう政党と、どうやって国体を守るのか」と発言したものである。「国体」という言葉が第二次世界大戦前の日本における天皇による統治にもとづく政体を想起させることから森の表現が適切ではないという批判がなされた。「寝ていてくれればいい発言」は、投票日直前に遊説先でなされたものであった。「まだ（投票態度を）決めていない人が40％ぐらいいる。最後の2日間にどういう投票行動をするか。そのまま、その人たちが選挙に関心がないといって寝ていてくれればいいんですけれども、そうもいかないでしょうね」。それに対して、一斉に批判が噴出したことは改めて指摘するまでもない（五百旗頭他 2007：232-234）。

　森は、選挙直前に新聞各紙が「自民圧勝」という予想を記事にしていたのをみて、危機感を感じて次のような趣旨で発言したという（五百旗頭他 2007：232-234）。「今朝の新聞をみて非常に怖かった。『自民圧勝』と書いてある。そんなことはあり得ない。これから後半戦、今まで選挙に無関心だった人が、このまま無関心であってほしいと願うかもしれないが、そんなことはないだろう」。しかし、森によれば、マスメディアは、最後の「そんなことはない

だろう」という発言を削除して報道したため、結果的に、衆議院総選挙で自民党は、議席を減らしてしまったというのである。

総選挙

6月25日の総選挙において、連立与党は、自民党233議席、公明党31議席、保守党7議席で計271議席を獲得した。それに対して、野党は、民主党127議席、自由党22議席、日本共産党20議席、社会民主党19議席、その他21議席で計209議席であった。自民党単独で過半数の241議席を獲得することはできなかったが、与党3党で絶対安定多数の269議席をわずかながら超えたことにより、これまで通りに森政権は三党連立によって存続することになった。

選挙前に野中広務幹事長は、229議席を自民党の勝敗ラインとした。自民党は、1996年の総選挙で239議席を獲得したが、2000年の総選挙では、比例区の20議席が削減されたため、その半数にあたる10議席を引いた数字として、229議席を勝敗の基準として設定することにした。自民党は、229議席よりも4議席上回る233議席を獲得し、森首相は、選挙管理内閣としての責任を果たしたことになった。しかしながら、自民党は、過半数を割ったことで、連立与党の協力を得なければならず、結果的に、公明党の役割が大きくなった。

4 終わりの始まり

サミット後

総選挙後、森首相は、7月21日からの九州・沖縄サミットに臨んだ。森は、サミットのテーマの一つに感染症対策があったため、アフリカ諸国からの代表も招き、まず、東京でアフリカ首脳とサミット参加国首脳との会談を行った。また、サミットに際して、ロシアのプーチン大統領も来日し、日ロ首脳会談を行い、9月のプーチン大統領の公式訪問が正式に合意された。サミットの開催は、前任の小渕首相により沖縄での開催が決定されていた。小渕の後継者として、森首相には、一つは選挙管理内閣として、衆議院の解散・総選挙を行うことで自民党を中心とする政権を維持すること、さらに、もう一

つはサミットの議長国としての役割を果たすことが求められていた。

　もちろん、その後に、森政権ならではの独自の取り組みが求められていたとしても、政権誕生の経緯を考えると、ポスト小渕の首相として、総選挙とサミットを乗り切ることこそが森にとって重要な歴史的役割であったといえる。その意味では、7月23日にサミットが終了した時点が森政権の終わりの始まりであったように思われる。

　7月29日に島根県で竹下登元首相の合同葬が行われ、森も参列した。その折には、久世公堯金融再生委員長の金銭的な問題が発覚し、進退問題へと発展した。久世の辞任を受け、森は自らの任免責任について釈明した。その頃から政権内では、森と野中幹事長との間に距離ができ始め、折々に行き違いがみられるようになった（後藤 2014：131）。同時期には、加藤紘一が民主党との勉強会を開いたり、加藤とともに、山崎拓が民主党と連携し、倒閣を模索したりする動きが生じていた（山崎 2016）。

　中川秀直は、7月に内閣官房長官に就任したが、10月になって過去の女性問題が発覚し、10月27日には辞任することになった。中川は森の側近であり、中川の辞任は政権に打撃を与えた。11月になると、倒閣を目指した「加藤の乱」が起きた。事の発端は、11月9日の夜に、加藤紘一が政治評論家の中村慶一郎らとの会食の席で森政権を批判し、野党の提出する内閣不信任案に同調する考えを示したことであった。加藤は、加藤派と山崎派が連携して不信任案に賛成する旨の発言を繰り返したが、野中幹事長を中心に猛烈な切り崩しが行われた。インターネット上では、加藤の言動に対して、賛意を示す意見が数多く書き込まれたが、加藤は、後に森によって、ネット世論の熱狂に惑わされたと評されたように、インターネット上で高い支持を集めたに過ぎず、現実政治の場面において、自らの意志を貫いて倒閣を実現できるほどの数を集めることができなかった。結果的に、加藤の乱は鎮圧され、11月21日に不信任案は否決された。

　12月の内閣改造では、野中幹事長が加藤の乱をめぐる一連の政局の混乱についての責任を取るかたちで、森首相に辞表を提出した。野中の後任の幹事長には、国会対策委員長の古賀誠が就任した。森の意向は、野中の続投で

あったが、それもかなわず、野中の思い描いた人事となった。

退陣へ

　森政権に対する支持率は低いままであった。政権発足時は、約40%の支持率であったが、その後は低迷したままであった。それにもかかわらず、森政権が存続できたのは、翌2001年に予定されている参議院議員通常選挙での敗北が必至とされる状況において、ポスト森の首相候補とされる自民党の実力者たちが政権担当を忌避したからであった。彼らは、仮に政権を担当しても、参議院選挙敗北の責任を問われ、すぐに政権を手放すことになるよりも、当面は静観する立場を取ったのであった（岩渕 2003：368）。首相に就任してから2か月後の2000年6月時点で、不支持率が60%を超えていたにもかかわらず、翌年4月まで森が政権を担当したのは、「担当できた」というよりも、むしろ「担当させられていた」といえるのかもしれない。

　自民党内において、森首相のままでは、2001年夏の参議院選挙で勝利できないという声が広がっていた。倒閣を目指した加藤の乱は、事態を打開しようとする象徴的な出来事の一つであった。加藤の乱は失敗したが、森政権に打撃を与えることになった。また、森首相を権力の中枢で支えていた野中幹事長や中川官房長官が外れたことにより、政権の屋台骨は揺らぎをみせ始めていた。

　そのような状況の折、2001年2月10日にハワイのオアフ島沖で愛媛県立宇和島水産高等学校の漁業実習船えひめ丸が米海軍の原子力潜水艦に衝突され、沈没した。事故発生時には、休日ということもあり、森首相は戸塚カントリー倶楽部でゴルフをしていた。森は、事故の第一報を受けてただちに首相官邸に戻って事故対応をしたのではなく、ゴルフ場にとどまり、詳細な情報が届くのを待っていたという。そのため、事故の第一報が入ったにもかかわらず、ゴルフを続けたとされ、事故後の対応をめぐり、森の危機管理能力が問われることになった。これが2月時点の支持率の低下にも反映されていることは明らかである。

　3月1日には、森政権誕生にかかわる五人組の一人である村上正邦がKSD事件に関連し[8]、受託収賄罪で逮捕された。村上逮捕について、公明党

の神崎代表は、自民党幹部の逮捕について、総裁としての責任があることを指摘し、「自民党の自己改革に期待したい」として、森退陣を仄めかす発言を行った。同様に、国土交通相で保守党党首の扇千景も「首相の責任は当然ある」とし、「いろんな処し方があるが、自分で判断するものだ」と指摘し、森の引責辞任が自発的になされることを求める発言をした（後藤 2014：159-160）。連立相手の公明党と保守党の双方から森に対する辞任要求が明確になされたことにより、森退陣の日が間近に迫ってきていることが明白になった。

　自民党内でも若手有志による退陣要求がなされたり、ポスト森の候補者として何人かの名前が取り沙汰されたりした。3月10日の夜には、古賀誠幹事長、村岡兼造総務会長、亀井静香政調会長、竹山裕参議院自民党議員会長、青木幹雄参議院自民党幹事長ら自民党五役が首相官邸に呼ばれた。その席上、森首相は、「今年秋の総裁選を繰り上げ実施する」旨を伝え、事実上の退陣表明を行ったのであった。

5　森政権の位置づけ

　森政権は、1993年以降の「連立形成の模索」の時期を経て、「自公連立の常態化」への橋渡しの時期に位置している。この時期は、1993年の非自民連立政権の登場や1994年の自社さ連立政権の誕生により経験した「55年体制の崩壊」から「ポスト55年体制の模索」への移行期ともいえるときであった。言い換えると、森政権は、古い時代の日本政治ないし自民党政治と、それが変わり始めた時代の日本政治ないし自民党政治との境目に登場したのである。森政権以降は、たとえば、小泉純一郎や（第二次安倍内閣での）安倍晋三のように、長期にわたり安定的なリーダーシップを発揮する首相が登場し、それまでとは異なる政治の景色がみえるようになった。

　森政権は、自公保による三党連立であったが、その後の連立政権は、自公連立となった。自民党と公明党との連立は、小渕政権から始まっているとはいえ、自公の間には自由党の存在があった。その意味では、森政権から実質的な自公連立が始まったと捉えることができるのであり、その後の連立政権の基本形がその時点でつくられたことになる。自公連立が常態化するのにと

第6章 森 政 権

もない、両者の協力関係は、政権形成および政権運営だけでなく、国会の法案提出や審議、選挙協力など、連立政治のさまざまなアリーナに広がった。

　自民党と公明党のそれぞれについての研究は蓄積されてきているが、連立パートナーとして両者の関係に正面から注目した議論は、これまでのところほとんどみられない。日本社会党、新党さきがけ、自由党、保守党のいずれも自民党と連立を組んだ経験があるにもかかわらず、公明党のみが長期にわたり、党勢を著しく衰退させることなく存続している。自公連立は、日本における連立政治の一つの代表的なパターンとして捉えることができるのであり、この点は、連立におけるジュニアパートナーの問題を考えることにもなる。

【注】

1　森喜朗は、1998年の金融国会のときに公明党との連携を経験しており、その後、自民党と公明党との連立を組むことになったと述べ、公明党との関係について説明している（五百旗頭他 2007：237-238）。

2　2000年6月25日の衆議院議員総選挙後、7月4日に第148回特別国会が召集され、森喜朗が再び内閣総理大臣として選出されたのを受け、同日に第二次森内閣が発足した。

3　第二次森改造内閣は、翌2001年1月6日の中央省庁再編を念頭に置いて発足しており、各大臣や長官、政務次官などの兼任が多くなっている。たとえば、町村信孝は、文部大臣と科学技術庁長官を兼任しているが、1月6日以降は、文部科学大臣となっている。同様に、保守党党首の扇千景参議院議員は、運輸大臣、建設大臣、北海道開発庁長官、国土庁長官を兼任していたが、中央省庁再編により、これらの省庁が新たに国土交通省となったことにともなって、国土交通大臣のみとなった。中央省庁再編によって各省の大臣などに対して新たな補職辞令が発出されることとなった。

4　森政権発足時の保守党からの閣僚は、二階俊博であった。二階は、小渕内閣で運輸大臣・北海道開発庁長官を務めたが、そのときは自由党の所属であった。自由党の分裂により、二階は保守党の結成に参加し、森内閣では、保守党からの閣僚として内閣の一員となった。

5　『朝日新聞』2000年4月7日付。

6　ここで挙げた数字は、NHK放送文化研究所ホームページ「政治意識月例調査」〈http://www.nhk.or.jp/bunken/yoron/political/2000.html〉（2018年11月10日閲覧）による。

7 『朝日新聞』2000年4月11日付。
8 KSD事件は、KSD（財団法人「ケーエスデー中小企業経営者福祉事業団」）の
　古関忠男が自民党の国会議員に対して、「ものつくり大学」の設置にかかわる
　利益誘導を求めた汚職事件である。

【参考文献】

五百旗頭真・伊藤元重・薬師寺克行編（2007）『森喜朗──自民党と政権交代』朝日新
　聞社。
岩渕美克（2003）「内閣支持率と政治報道」『法学紀要』第44巻、361-378頁。
後藤謙次（2014）『ドキュメント平成政治史2　小泉劇場の時代』岩波書店。
清水真人（2018）『平成デモクラシー史』ちくま新書。
白鳥令編（1986）『新版　日本の内閣Ⅲ　経済大国への道から模索の時代へ』新評論。
森喜朗（1999）『あなたに教えられ走り続けます』北國新聞社。
森喜朗（2013）『私の履歴書──森喜朗回顧録』日本経済新聞出版社。
森喜朗（2017）『遺書──東京五輪への覚悟』幻冬舎。
森喜朗・田原総一朗（2013）『日本政治のウラのウラ　証言・政界50年』講談社。
山崎拓（2016）『YKK秘録』講談社。

第7章　小泉政権

菊池　正史

1　自民党保守政治の崩壊

小泉政権前夜

　小泉純一郎は 2001 年 4 月 24 日に行われた自民党総裁選挙で、橋本龍太郎と麻生太郎（亀井静香は立候補していたが途中棄権）を破り総裁の椅子をものにした。3 回目のチャレンジだったが圧勝だった。

　小泉は、実はかなり長い期間、出馬を逡巡していた。3 回目の挑戦でも敗北すれば、総裁への道は途絶える可能性が高い。逆にいえば、この総裁選の直前まで、小泉が逡巡せざるを得ないほど、当時、小泉の勝利は想定外のことだった。

　小泉の前に立ちはだかっていた大きな壁とは、戦後日本の政治システムそのものだった。政官業のトライアングルによって利害を調整し分配する政治は、強過ぎるリーダーシップを嫌い、最大多数の最大幸福を志向した。根回し、談合、村社会の精神構造は日本社会の底流そのものだった。この精神性に支配された政治文化のなかにあって、小泉は異端だった。政治手法として多数派工作を嫌い、党内では反対派がほとんどだった郵政事業の民営化を主張した小泉は、孤高の政治家と評されていた。

　しかし、小泉以前、既に、この日本型調整システムには亀裂が生じていた。最初に一撃を加えたのは、「非自民」勢力を結集し、自民党政権転落と、細川連立政権樹立の立役者となった小沢一郎だった。小沢は、調整型政治の特質である根回しや談合という政治文化を否定し、「剛腕」ともいわれた強力なリーダーシップによって、1994 年 3 月に政治改革関連法を成立させた。

　小選挙区制度と政党交付金制度が導入されたことにより、派閥の存在意義が薄れ、公認権と交付金を握る党執行部への権力集中が進んだ。派閥間の調

整よりもリーダーの権力強化に政治の軸足が置かれたのだ。

　小沢の政治改革を支えていたものは、古い政治の密室性に対する国民の不信と、1988年のリクルート事件で再び顕在化した政治とカネのスキャンダルへのいら立ちだった。

　さらに、国民の政治不信と疎外感に拍車をかけたのが、景気の低迷だ。日本経済は、1999年春以降、生産の増加も好調で景気回復の局面にあったが、IT関連の需要に偏っていたため、2000年以降のITバブル崩壊にともない、日本の鉱工業生産は急速に減退した。2000年10〜12月のピークから、4四半期連続のマイナスを記録し、1年で13%の下落となった。製造業をはじめ企業の収益、そして設備投資は大きく減少したのである（図1）。

　家計面をみても、1997年以降、消費性向は横ばい状態が続いていた。所得が伸びず、将来不安から消費は抑制された。また雇用も厳しい情勢が続き、1999年春以降も失業率は4.5%を越える高水準で推移し、2001年7月には

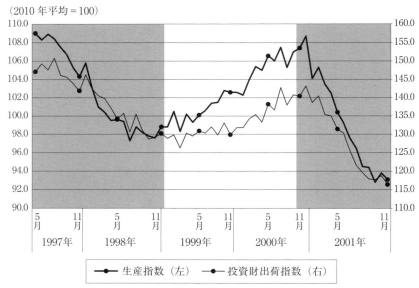

図1　生産指数と投資財出荷指数（除く輸送機械）の推移
出所：経済産業省「鉱工業生産指数」および内閣府経済社会総合研究所「景気基準日付」より筆者作成。

5.0％と初めて5％台となった（図2）。

　さらに日本経済は「緩やかなデフレ状態」と認定された。需要の低迷に加え、中国を中心としたアジア諸国の供給力増大による輸入増加が製品価格を押し下げた。また処理の遅れた不良債権問題によって、銀行の貸し渋りは改善されず、企業の資金調達も阻害された。デフレは一概に経済に悪影響を及ぼすものばかりではないことを踏まえつつも、いわゆる「平成不況」が長期化する現状においては、物価下落が企業収益の減少、雇用と賃金の低迷、個人消費の冷え込みという悪循環に陥っていると警戒された。

　「デフレからの脱却」が深刻な課題となるなか、具体的な政策を打ち出すことができない自公連立政権への国民のいら立ちが最高潮に達していた。2001年に入り、景気は再び後退局面に入った。

　政府による公共投資に依存した従来型の景気対策では、不況を打開できないという失望感が、国民と政治の隔たりを、ますます広げる結果となって

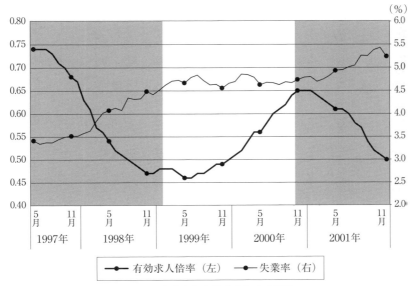

図2　失業率と有効求人倍率の推移
出所：総務省「労働力調査」および厚生労働省「一般職業紹介状況」より筆者作成。

た。

構造改革と劇場型政治

　1990年代までに募った国民の「政治への疎外感」が、小泉の誕生を準備したといえよう。不透明な意思決定に嫌気が差した人々は、自らの意思によるリーダーを求め、繰り返された公共事業主導型の景気対策にいら立っていた人々は、新たな景気刺激策を求めていた。小泉は総裁選で「自民党をぶっ壊す」と叫んだ。この叫びが、多くの人々の鬱積した「疎外感」を吸収し、新たな改革への期待をエネルギーとして「小泉旋風」を巻き起こした。

　小泉は2001年5月7日に行われた総理就任後初めての国会で所信を表明し、「構造改革なくして日本の再生と発展はないという信念」の下で、「聖域なき構造改革」に取り組むと強調した。

　経済と財政の構造改革を断行するために具体策として列挙したものが、まず、「不良債権の最終処理」だった。バブル経済崩壊以降、日本経済の手枷足枷となり、平成不況の根源とされていた不良債権を処理して金融システムの安定化を実現すると訴えた。

　第二に、「競争的な経済システム」の立て直しだ。規制改革を進めることで新規産業や雇用の創出を促進すると宣言した。

　第三は、財政構造の改革。国の借金である国債を発行して公共投資を増やすという従来の分配型景気対策を見直し、簡素で効率的な「小さな政府」を目指すとした。その第一歩として国債発行を30兆円以下に抑えると宣言し、無駄な公共事業の削減、歳出の徹底的な見直しを進めると公約した。

　さらに行政の構造改革として、郵政3事業の民営化を盛り込んだ。「民間にできることは民間に委ね、地方にできることは地方に委ねる」として、国の事業の合理化を主張した。

　小泉のブレーンであり、経済財政担当大臣として入閣した竹中平蔵は、1990年代の平均1%という低成長期を振り返り、次のように考えていた。

　「これだけ長期に低成長が続いたということは、一時的な需要不足ではなく、経済の体質、言い換えればサプライサイドに病理があることは明白だった」（竹中　2006：15）。

そして竹中は、日本の経済政策が、もっぱら公共事業依存型だったことについて、「不良債権処理や規制緩和が不十分なままでいくら財政による需要拡大を行っても、その効果は限定的なものにとどまる」(竹中 2006：17) と判断した。公共事業を主体とした需要サイドの景気刺激策が長期にわたり効果を生んでいないなら、思い切って供給サイドを刺激してみようという逆転の発想が構造改革の背景にあった。

また、なぜ、多くの国民が公共事業から離れられないのかと問うて、「明らかに政治的な側面が伴っていた」(竹中 2006：17) と指摘した。

竹中がいう「政治的側面」こそが、政官業トライアングルに立脚する利権構造である。この構造のなかで各省庁と関連業界に広い人脈をもち、政策決定に多大な影響を与えていたのが「族議員」と呼ばれる政治家たちだ。業界から陳情を受け、役所を動かして予算をつけ、その見返りに票と政治資金を集めるという環流で中心的役割を果たした。

小泉と竹中は、構造改革によって、「族議員」とステークホルダー全体の意識を抜本的に改革しようとしたのだ。では、この改革に対してどのように国民的支持を調達するか。小泉は政治的な「演出」を駆使した。そして、この改革が着実に動き始めていることを大胆に、わかりやすく「演出」することに成功した。この「演出」こそが「劇場型政治」である。

短い言葉でわかりやすい「ワンフレーズ・ポリティックス」が第一の特徴。小泉の演舌は、極めて情緒的で、端的で、断定的だった。「構造改革なくして景気回復なし」、「恐れず、ひるまず、とらわれず」、最初の所信表明演説で発したフレーズは、多くの国民に改革への期待を惹起した。持論の郵政民営化に関連して「旧郵政省のわけのわからない論理は、小泉内閣には通用しない」(5・9所信) と演題を叩きながら語気を荒げる姿は、役人が書いた原稿を棒読みする古きリーダーとは正反対の強い行動的なイメージをアピールし、改革を実現するリーダーとしての期待感を引き寄せた。この段階で、小泉を支持した国民は、「構造改革」によって求められる意識変革を自覚していなかったといっていい。小泉は改革には痛みがともなうが、その「痛みに恐れず」断行すると宣言した。

敵味方の二極対立

　第二の特徴が、「敵味方の政治」だ。小泉は党内の反対勢力を「抵抗勢力」と呼んで、妥協することなく徹底的に攻撃した。2001年5月の所信表明演説で「私の内閣の方針に反対する勢力、これはすべて抵抗勢力であります」と断言し、「抵抗勢力」との「二極対立」をあえて煽る演出で自民党内の「分断」を加速させた。わかりやすい対立構造と、その対立が生み出す爽快感や残虐性が強い刺激となって、小泉は高い支持率を弾き出した。

　まず、「抵抗勢力」を、人事で徹底的に排除し、派閥均衡の年功人事を否定した。戦後の保守政治が継承してきた「調整」という政治的意思決定システムを破壊した。

　小泉人事は「一本釣り」を原則とした。一人部屋にこもって人事を構想し、直接、入閣候補者に連絡をした。その間、情報は外に絶対に出さなかった。決定前に漏れた場合は、決まった人事でも覆すときがあった。

　そして、外連味なく、憚ることなく側近を登用した。自らの総裁選を二人三脚で支えた田中真紀子を外相に、経済財政担当相には自らのブレーンだった竹中平蔵、党幹事長には古くからの盟友である山崎拓、女房役の内閣官房長官と副長官には、自らの派閥から福田康夫と安倍晋三を、それぞれ起用した。後に第一次安倍政権はスタート時から「お友達内閣」と揶揄されて支持率を落とすことになるが、側近人事という点では小泉こそが先駆的であり、その非慣例的な試みを成功させていた。

　小泉の人事が成功した理由として、自分の政敵を国民の敵として共有できた点が大きい。小泉は田中角栄以来の古い政治を継承してきた橋本派を打倒して政権の座を獲得した。これは小泉の個人的、党派的な政治的野望ではなく、「古い政治を破壊してほしい」という国民感情を吸収し体現したことによる勝利だった。したがって、その「敵」と妥協することは、逆に国民への裏切りとなり、失望を招くことになることを察知していた。

　一方で、小泉の人事手法には権力闘争を勝つための、したたかな戦略があった。敵対していた最大派閥・橋本派を、完全に排除するのではなく、内閣に2人を起用した。総務大臣に参議院議員の片山虎之助、国家公安委員長

に村井仁の2人だ。とくに片山は、実力者「五人組」の一人で党参議院会長に就任した青木幹雄と関係が深かった。つまり、参議院のドンといわれた青木とのパイプを絶つことはなかったということだ。野党に多数派を握られているばかりか、議会運営の独自性を重視し、小泉自身の影響力を徹底できない参議院では、橋本派の実力者を重用した。

　衆議院では野中広務ら橋本派の実力者を権力から遠ざけ、参議院では青木らと連携するという戦略から何が生まれるか。それは橋本派の内部対立であり分断である。重んじられる青木は小泉に近くなり、遠ざけられた野中との軋轢が生まれた。この溝は2003年の総裁選挙で決定的となった。再選を目指す小泉に対し、野中は橋本派からの対立候補として藤井孝男を擁立した。ところが、この擁立に青木が反発。青木に連動して派閥の会長代行だった村岡兼造も小泉支持に回り、橋本派は藤井支持と小泉支持の分裂選挙になった。

　この分断戦略は第三派閥だった江藤・亀井派に対しても有効だった。この派閥が重要ポストへの起用を求めていたのは、総裁選にも出馬した亀井静香である。亀井自身も、総裁選を途中辞退して小泉支持に回ったことから、当然、見返りがあるものと考えていた。ところが、小泉が入閣を打診したのは、亀井と肩を並べる派内の実力者・平沼赳夫だった。小泉は亀井に相談することなく平沼を経済産業大臣として森内閣から留任させた。これを機に、亀井と平沼の関係にひびが入り、江藤・亀井派自体が弱体化することになる。

　小泉はこうして「抵抗勢力」が跋扈した派閥そのものの力を奪っていった。

　具体的な政策をめぐって、この闘いがまず演出されたのが、約40兆円の負債を抱え込んだ道路関係4公団の民営化だった。道路建設は目にみえる公共事業の象徴であり、この民営化には、道路族と呼ばれた族議員が激しく抵抗した。

　ガソリン税や自動車重量税など、道路建設と維持のために使い道を限定した「道路特定財源」の生みの親は田中角栄だ。これによって田中は旧建設省に絶大な影響力をもち、公共事業を差配した。「建設族の祖」とは田中であり、以来、その継承者たちが利権構造を支配してきた。小泉は「民営化」に反対する「田中の継承者」たちを「抵抗勢力」としてあぶり出し、彼らと戦

う姿勢をアピールした。

2002年には民営化推進委員会で具体案の検討が進められた。大きな論点は、高速道路の資産と債務を引き受けて保有と返済をする組織と、建設と管理運営を行う組織とを、「上下分離」とするか「一体」とするかであった。「上下一体」となれば、民営化会社が採算を重視するため、新規建設には歯止めがかかると考えられた。しかし、紆余曲折を経た上での結論は、日本高速道路保有債務返済機構と、高速道路の建設、管理、料金徴収を行う6社の高速道路株式会社との「上下分離」方式で民営化は実現した。

道路族は、民営化という総論には賛成しても、当時9342kmだった高速道路整備計画の凍結は許さなかった。採算性の低い道路でも、国と地方が財源を負担できるようにする「直轄方式」が採用されて、整備計画の全線を建設可能にするスキームが構築された。

無駄を排除するという民営化の本質が骨抜きにされたという批判も高まったが、「抵抗勢力」と戦う小泉のイメージが先立ち、民営化推進委員会の最終報告書が提出される2002年12月まで、小泉内閣の支持率は上昇傾向が続いた。

多くの国民は、道路公団民営化の中身を詳しく検証したわけではなかった。その改革に妥協があろうと、後退があろうと、古い政治を守ろうとする「抵抗勢力」と「戦う姿勢」に刺激を受けたのだ。

そしてクライマックスが郵政事業の民営化だった。郵政事業に大きな影響力をもち、政治的に組織化したのも田中角栄だ。1957年に郵政大臣に就任して以降、田中は首都圏を中心に特定郵便局を増設する。

田中は郵便局の窓口に集まる郵貯、簡保の資金を財政投融資として公共事業に投下した。田中が財投を所管する大蔵大臣に就任した1962年以降、1980年代初頭まで、財政投融資計画額は拡大してきた（図3）。

田中が構築した政官業利権構造において、郵政事業は資金と票の入り口だった。この資金が道路公団をはじめとしてさまざまな特殊法人へ流れ込み、公共事業へと投下された。公共事業は、いわば資金の出口だ。国民から吸い上げられた資金は、この還流のなかで、各業界の利益と、政治献金、票を生

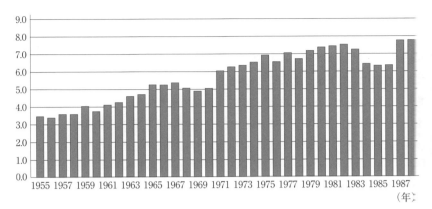

図3 財政投融資資金計画実績額（対名目GDP）の推移
出所：財務省財務総合政策研究所「財政金融統計月報」、内閣府経済社会総合研究所「1998
　　　年度国民経済計算（1990基準・68SNA）」より筆者作成。

み出した。

　1970年代初頭の田中の時代までは高度経済成長が続き、国民の多くも経済成長を実感できていた。したがって、この還流システムへの違和感はほとんどなかったであろう。しかし、1973年の第一次オイルショック以降、経済的な苦境が国民生活を襲った。高度経済成長も終わり、政治とカネの問題で不信感も高まり、政治に対する国民の意識が大きく変化してきた。

　国民の政治意識は変化しても、資金と票の還流システムが変わることはなかった。採算性を前提としない公共事業が多額の国債残高を生み出し、市場原理にさらされない低採算企業の存続が国際競争力を劣化させ、政官業の癒着が数々の腐敗を生んだ。

　小泉の構造改革は、この田中型還流システムの負の遺産を解消することが大きな目的だった。郵政事業の民営化は「資金の入り口」と道路公団に代表される特殊法人改革は「資金の出口」から、政治性を排除するための改革だった。もっと具体的にいえば、小泉の改革は、結果として、田中の継承者たちによる政治的支配の破壊だった。

　道路公団の民営化では妥協も余儀なくされた小泉だったが、「改革の本丸」と位置づけた郵政民営化については、法律制定の手順において、独裁的な色

彩を強めた。

　戦後の自民党政権では法案作成は与党による「事前審査制度」にもとづいている。法案は自民党の政務調査会、そして最高意思決定機関である総務会で国会提出前に了承されることが原則とされた。総務会は「全会一致」が原則である。十分な議論と修正を経て、それでも反対するものは、退席や欠席をして、全会一致の原則を担保した。全会一致は建前でもあるが、民主主義の精神を組織的に担保するための知恵であり演出だった。

　小泉は、郵政民営化法案については、長い議論と修正を許さなかった。2005年4月27日に政府原案が、党の政務調査会の議論を経ることなく総務会に付議された。手続きに異論が噴出し「党議決定」することができなかった。しかし、「閣議決定」することは了承された。法案は「党議決定」がないまま、国会に提出され審議が進んだ。そして6月28日には、今度は「修正案」が総務会に直接提案され、再び反対論が噴出するなか、多数決で党議決定してしまった。混乱のなか、賛否の正確な数が、その場で表明されることはなかった。

　この強行突破をあらかじめ想定してか、小泉は2004年9月の内閣改造と党役員人事で、幹事長には、自らを「最大のイェスマン」と称して憚らなかった武部勤を起用、総務会長には橋本派でも小泉支持に回っていた久間章生、政調会長には民営化賛成論者の与謝野馨をあてていた。総務会長の久間は、小泉の意向を忠実に忖度し、「全会一致」の原則を無視して、「多数決」によって民営化法案の「党議決定」を取りつけた。「事前審査制度」は事実上、骨抜きにされた。自民党における「調整」の政治文化は崩壊したといってよい。

　さらに小泉は、「抵抗勢力」との最終戦を過激に演出した。

　関連法案は2005年7月5日に衆議院本会議で採決されるが、橋本派、江藤亀井派を中心に37人が否決、14人が棄権、わずか5票差で可決された。しかし、8月8日に行われた参議院の採決では反対多数で否決された。

　すると小泉は即刻、衆議院の解散に打って出た。

　「抵抗勢力」は、法案を否決したのは参議院だから、衆議院を解散するの

は暴挙であり、小泉といえどもあり得ないと、高を括っていた。

予想と常識の裏をかくのが小泉の戦略であり、人気の秘訣でもあった。

参議院で否決直後、小泉が総理官邸から出てきた。

「総理、解散ですか」

担当記者のこの問いかけに、小泉は口元に笑みを浮かべながら、わずかにうなずいた。

テレビ画面に映し出されたその表情はまさに勝負師の雰囲気を漂わせていた。

まもなく行われた記者会見。

「私は4年前の自民党の総裁選挙に出たときからこの民営化の主張を展開して、自民党の嫌がる、野党の嫌がるこの民営化の必要性を訴えて自民党の総裁になり、総理大臣になり、総理大臣になってからも郵政民営化が嫌だったらば私を替えてくれといっていながら、なおかつ自由民主党は私を総裁選で総裁に選出したんです」

一貫してぶれない姿勢を強調した上で、自らの政治が国民と一体であることをアピールした。

「今、国会で、郵政民営化は必要ないという結論を出されましたけれども、もう一度国民に聞いてみたいと思います。本当に郵便局の仕事は国家公務員でなければできないのかと。民間人ではやってはいけないのか。これができないで、どんな公務員削減ができるんでしょうか。どういう行政改革ができるんでしょうか」

さらに、こうつけ加えた。

「自由民主党は郵政民営化に賛成する候補者しか公認しません」

「抵抗勢力」という敵を徹底的に叩くという小泉の「劇場型政治」は、ここにクライマックスを迎えた。

「抵抗勢力」の筆頭格だった亀井静香の広島6区には、元ライブドア社長「ホリエモン」こと堀江貴文を無所属ながら「刺客」として応援し擁立。郵政民営化に反対した小林興起の東京10区には、刺客として現東京都知事の小池百合子を兵庫6区から国替えさせて、出馬させた。防衛相だった稲田朋

美もこのときの刺客候補だった。郵政民営化反対派に自民党公認の対立候補が擁立され、多くが落選、あるいは議員辞職に追い込まれた。

小選挙区制において、与党系候補が2人以上出馬すれば、おのずと支持基盤が分断され、野党に漁夫の利を与えることになる。選挙戦略上、同系の分裂選挙は常識的にあり得ない。野党との一騎打ちを強いられる小選挙区制においては、政治文化的にも、最終的には「党内融和」、「挙党体制」が優先されてきた。

小泉は、この政治的常識を、いとも簡単に、そして非情に破壊した。むしろ、和の秩序を攪乱し対立を煽った。「刺客 vs. 抵抗勢力」という対立構図がもつ意外性と残虐性が多くの人々を引きつけた。この劇場はテレビコンテンツとしても、刺激を好む視聴者を満足させた。非情な小泉の仕打ちを映像でみて、かなり多くの人々が、目を背けるところか、共感し、同調し、参加して抵抗勢力を攻撃した。その証拠に、郵政選挙への投票率は、前回を7.65ポイント上回り、自民党は296議席を獲得するという圧勝だった。

「構造改革なくして景気回復なし。郵政民営化は構造改革の一丁目一番地」

小泉が繰り返したこの言葉が、暗示のように人々に浸透し、ある人は改革に疑問をもつこともなく、ある人は疑問をもったとしても、劇場型政治に引きつけられた。

「暗示と感染とによる感情や観念の同一方向への転換、暗示された観念をただちに行為に移そうとする傾向、これらが群集中の個人の主要な特性である。（中略）群集に加わると、本能的な人間、従って野蛮人と化してしまうのだ。原始人のような、自然さと激しさと凶暴さを具え、また熱狂的な行動や英雄的な行動に出る」（ル・ボン　1993：35）。

このような個々人に内在する「群集性」が、小泉を支える時代の空気を醸成していた。

その「群集性」を活性化させ、長期にわたって劇場型政治への刺激を持続させるのにテレビメディアが果たした役割は非常に大きい。小泉が大手新聞社と同じように、むしろそれ以上に、テレビと週刊誌を重視したことは、既に指摘されている。郵政解散による2005年9月の衆議院選挙後、支持率は

前月比プラス11ポイントで58％に跳ね上がった。

　しかし、「郵政選挙」の騒ぎも冷めた2006年1月16日、選挙に出馬した堀江貴文の自宅や、経営するライブドア本社などが東京地検特捜部によって強制捜査された。証券取引法違反の容疑が浮上したからだった。当時、フジテレビの筆頭株主だったニッポン放送の株を時間外取引という手法で取得し、フジテレビの実質支配を試みて話題を呼んだ堀江は、市場主義経済の「勝ち組」として時代の寵児となった。その背景には、小泉が構造改革によって市場主義理念を敷衍したこと、そして、事実上、堀江を選挙に擁立し応援したことで、堀江の価値観や言動が政治的に正当化されたという見方が広がったことがある。

　しかし、郵政選挙によって抵抗勢力が壊滅して以降、政治の世界には虚脱感も漂っていた。小泉自身も闘う敵を失い、劇場は終幕に近づいていたのである。それでも刺激に慣れ、さらに敵を求めた人々の矛先は、小泉改革によって解放された、市場経済の「勝ち組」に向けられた。奇抜なアイデアで若くして富を築いた市場経済の「勝ち組」に対し、「金さえあれば何をしてもいい」という退廃的風潮を広げていないか、弱肉強食の論理を助長してはいないかと批判の声が上がり始めていた。

　結局、堀江は2006年1月23日に逮捕され、この事件は、行き過ぎた「市場主義」に対する警鐘として受け止められた。実際に、これ以降、国会では、「格差社会」の検証が大きなテーマとなった。

　小泉改革に熱狂していた人々も、そこで正当化された民営化路線、市場主義理念、そして徹底した多数決至上主義の先に横たわる、負の遺産についてようやく気づき始めた。

　実は連立を組む公明党は、もっと早い段階で、小泉改革の副作用に警鐘を鳴らしていた。しかし、その声もかき消されるほど、小泉人気は強烈だったということだ。次に、その過程を振り返りながら、連立政権の可能性と限界を検証したい。

2 「小泉政治」と公明党

公明党の抑制機能

小泉が自民党の総裁に就任し、公明党代表の神崎武法、保守党党首の扇千景と、連立政権を維持するための政策合意に署名したのが2001年4月25日だ。

9項目あるが、主なものは次の3つ。

・構造改革を強力に推進。年金、高齢者医療、介護を包括した枠組みを構築する。

・郵政3事業は2003年の公社化実現。首相の私的諮問機関を設け、民営化問題を検討する。

・衆院の現行選挙制度の見直しで早急に結論を得る。

　　（別記）小泉総裁は、首相就任後ただちに首相公選制の検討を進めることを表明した。

小泉は総裁選で主張していた政策のなかで、公明党が主に懸念していたものは、8月15日に靖国神社へ公式参拝すること、集団的自衛権行使を認めるために憲法改正あるいは憲法解釈を変更すること、さらに首相公選制導入の3点だった。

「平和の党」を標榜する公明党にとって、小泉の政策は国家主義的でタカ派色が強く、懸念すべきものが多かった。森政権まで実権を握っていた橋本派は「戦後保守」の正統であり、その原則はいわゆる「吉田ドクトリン」の、軽武装、経済優先、そして対米協調だった。それは、かみ砕いていえば、国家としての威信や誇り、あるべき姿といった理念、理想よりも、「二度と戦争はしたくない。平和で豊かな生活を送りたい」という一般大衆の日常的な願いを優先する政治だった。

内外で戦争を反省し、安全保障はアメリカに任せ、対立を避け、敵をつくらず、話し合いによる調整、談合と妥協を重視した。この精神性は、日本の戦後政治において、与野党に共通する本質だった。

先に指摘したように、この本質に最初に楔を打ち込んだのは小沢だ。「1

票でも勝ったものが勝者」というドライな「多数決至上主義」の主導者は小泉ではなく小沢だった。そのためのシステムが小選挙区制だった。小沢は調整型の戦後政治を「なあなあの社会」、何も決められない「ぬるま湯社会」だと否定し、「日本人の意識改革」を目指した。

　しかし、戦後政治の精神を自民党と共有していた社会党が、まず小沢主導の非自民連立政権から離脱した。その後、公明党も新進党の分裂によって小沢から離れた。両者ともに、合流した相手は、同じ精神性を有する自民党だった。

　ところが、その自民党から、「戦後保守の精神」を逸脱する「第二の小沢」が現れることになった。小泉である。しかも、その小泉は、圧倒的な国民的支持を基盤としていただけに、選挙における公明党の補完的役割が弱まる可能性も生じてきた。

　小選挙区において自民党は公明党の組織票がどうしても必要だった。その一方で、公明党は自民党と連立を組んでから初めてとなる2000年衆議院選挙で、議席をそれまでの42議席から31議席と大幅に減らしていた。小選挙区での勝利が難しく、単に自民党の補完勢力に甘んじなければならない現状を懸念し、公明党は中選挙区制の復活を、自民党に迫っていたのだ。森政権までは、実権を握っていた橋本派の実力者だった野中広務との太いパイプを通じて、中選挙区制の復活は半ば合意されていた。小泉政権になって、野中の影響力も弱まり、こうした経緯が反故にされることを公明党は警戒していたのだ。

　一方で、小泉は、政権を発足させた当初は、党内「抵抗勢力」との権力闘争にエネルギーを削がれていた。国民的支持が高かったとはいえ、どこまでイニシアティブを維持できるのか、党運営では瀬踏み、手探りの状態が続いていた。その国民的支持だけで、どれだけ国政選挙に勝利できるかは、全くの未知数だった。小泉の人気が高いとはいえ、小選挙区では、既に公明党との選挙協力なくして、確実な勝利は見通せない状況だった。森政権までに野党第一党の民主党が確実に党勢を拡大し、参議院では野党が過半数を握る、いわゆる「ねじれ国会」が続いていた。自民党政権を維持するために、小泉

は公明党との決定的な対立は避けなければならなかった。

こうした公明党の危機感と小泉政権の不安定感が、微妙な「緊張」と「妥協」を生み出す結果となった。

三党合意のなかには、公明党が求めていた中選挙区制の復活が、「現行選挙制度の見直し」という文言で盛り込まれた。さらに、小泉が総裁選で公約にしていた「首相公選制」は、公明党が反対し、別記として盛り込まれるにとどまった。

また、党首会談において当時の神崎代表は、靖国参拝については「憲法20条に反しないよう細心の注意をしてほしい」と釘を刺し、集団的自衛権をめぐっても「憲法解釈を変えて行使を認めることは支持できない」と伝えた。こうした公明党の主張に配慮するかたちで、小泉の歴史観や安全保障にかかわる公約は盛り込まれなかったのである。

小泉政権発足当初は、選挙協力を大きな要因とした連立政権のバランスのなかで、公明党が、小泉のリーダーシップに対し、一定の抑制機能を果たす結果となった。

小泉政権の安定化

小泉政権が発足して半年も経たない2001年9月11日、アメリカ・ニューヨークで世界を不安と混乱に陥れた同時多発テロ事件が起きた。

アメリカは、すぐに国連安保理に働きかけ、翌日には安保理決議1368が採択された。ここには今回のテロ攻撃に対し、「国際の平和および安全に対する脅威に対してあらゆる手段を用いて闘うことを決意し、個別的または集団的自衛の固有の権利を認識」すると明記された。これによって「テロとの闘い」という大義名分が成立し、その闘いが国家としての自衛権の発動として認められた。

アメリカは、ビンラーディンを首謀者とするテロ組織「アルカイダ」による無差別テロと断定して、支援していたアフガニスタンのタリバン政権に身柄の引き渡しを求めた。タリバンが、これを拒否したため、10月7日、アメリカはイギリスやフランスをはじめとする有志連合諸国とともに、集団的自衛権の発動を根拠に、事実上の「報復攻撃」を開始した。テロ集団への攻

撃が「集団的自衛権」の行使として適当なのかどうか、それに直接の攻撃をしていないタリバン政権への攻撃が認められるのか、開戦の正当性についてさまざまな議論も出たが、テロに対する脅威と憎悪が、世界的な空気となって、アメリカの報復を許容した。

　小泉は、逐次、即応的にアメリカを支持していった。テロ発生の翌日には記者会見を行い、「米国を強く支持し、必要な援助と協力を惜しまない決意」を表明。18日にアメリカ議会が大統領に武力行使の権限を与える決議を可決すると、翌19日の記者会見で、「同盟国である米国を支持し、最大限の支援と協力をしたい」として具体的措置を発表した。そのなかには「米軍等に対し、医療、輸送、補給等の支援活動の目的で、自衛隊を派遣するための所要の措置を講ずる」とあった。この方針にもとづいて、2001年10月29日にテロ対策特別措置法を成立させた。そしてインド洋でアメリカ艦船などへの補給活動を行うため、海上自衛隊の艦船が派遣されたのである。

　これは戦後日本の安全保障政策において、一大転機となった。日本周辺の有事においてアメリカ軍の後方支援を可能にした周辺事態法にもとづく自衛隊の活動地域は、「我が国の領域、周辺の公海及びその上空」に限定されていた。

　湾岸戦争以降、自衛隊の活動は、法的許容範囲を徐々に拡大してきたものの、その範囲は、極めて抑制的だった。しかし、このテロ特措法では、周辺事態法によって規定された「後方地域」に加えて、当該国の同意があれば、外国の領域で外国軍の後方支援をすることが可能となった。自衛隊の派遣はアメリカをはじめとした関係諸国に評価され、小泉にとっては、大きな外交的実績となった。

　2002年の春以降、内政でも小泉は、混乱を乗り越え、安定基盤を固め始めた。しかし、外務省が混乱を極めていた。小泉を支持して総裁選を戦い、その論功行賞もあって外務大臣に起用されていた田中真紀子が外務官僚と対立していたからだ。

　小泉構造改革は政治主導の実現がテーマでもあり、田中は外務省人事に直接介入しようとした。当時、外務省については、政治権力すら及びにくい閉

鎖的で独善的な価値観、機密費流用事件にみられた組織の腐敗、省内セクショナリズムの弊害と長期的な戦略性の欠如などを指摘する声があり、構造的な「外務省改革」が求められていた。しかし、外務省側は、田中の関与を強引で理不尽だとして反発、さらに、当時、外務省に影響力のあった自民党議員・鈴木宗男との対立にも発展し、混乱を極めた。

2002年1月30日、混乱収拾のため、小泉は、田中と外務次官だった野上義二を更迭、当時、議院運営委員長だった鈴木に対しても、委員長職を辞任させた。田中は、父親である元首相・角栄を彷彿させる軽妙な話術で、人気は国民的なレベルに達していた。田中との二人三脚なくして小泉の総裁選圧勝はあり得なかったかもしれない。その田中を更迭したことによって、小泉の支持率は一時急落した。

同時並行的に、BSE・いわゆる狂牛病問題が起こった。農水大臣に起用されていた武部勤の初動が遅れたことへの批判や、「感染源の解明が酪農家にとってそんなに大きな問題か」などの問題発言への反発もあり、武部の辞任を求める声が強まった。

2002年2月4日には衆議院本会議に武部への不信任決議案が提出された。これが否決されると、小泉は武部を続投させる方針を表明。しかし、反小泉の急先鋒だった元幹事長の野中が「出処進退を早く決めた方がいい」と批判、公明党幹事長だった冬柴鐵三も「否決されたからそれでいいというものではない」と批判を続けた。この件で、公明党は武部の辞任を求めていたのだ。田中更迭によって支持率が落ち込むなか、小泉主導の政治に、再度、楔を打ち、公明党の影響力を強めようという駆け引きもあった。

小泉自身も、自らの「抵抗勢力」と連動するような公明党の動きを、政権への揺さぶりと受け取り、次のように釘を刺した。

「私が一番退陣しやすいかたちがあるとすれば、総辞職ではなく国民に意思を問うて、国民が小泉を要らないというときに辞める」(2002年4月5日)。

つまり、自分が辞めるときは選挙に負けたときだといっている。この発言は、自分を辞めさせようとするならば、衆議院を解散するぞという半ば脅しだ。「国民が小泉を要らない」というかどうかを確かめるには解散し選挙を

第7章　小泉政権

するしかない。小泉には、いつ解散してもいいという凄みがあった。解散・総選挙はできる限り先送りして、中選挙区復活を模索しようとしていた公明党にとって、これは強い牽制となった。

2002年前半まで、小泉と公明党は、与党内の主導権をめぐって、暗闘を繰り返していたことが見て取れる。この権力闘争が、公明党の小泉に対する抑制機能ともなっていた。しかし、この闘争は、常に小泉の勝利だった。なぜなら小泉の権力基盤が、「永田町の論理」ではなく、国民の支持だったからだ。小泉は「国民との一体化」を演出し、自身への審判を、常に国民に求めた。小泉政権の存立根拠を「プロの政治家たちの支持」から「国民の支持率」に置き換えたのだ。だからこそ、毎日、テレビカメラの前に立ち、わかりやすい「ワンフレーズ」によって国民に直接語りかけた。テレビ番組にも出演し、行きつけの居酒屋なども紹介して、「庶民性」をアピールした。2002年7月以降、支持率は回復基調となった。

支持率の回復を決定づけた成果が北朝鮮による拉致被害者の帰国だった。2002年9月17日、小泉は北朝鮮訪問に踏み切り、金正日総書記に日本人の拉致を認めさせた。北朝鮮による拉致は1970年代に実行されたものが多いが、事件として問題視されたのは1980年代に入ってからだ。1988年には当時の国家公安委員長である梶山静六が初めて拉致を認めた。しかし、国会やメディアでクローズアップされるには、さらに10年の月日がかかり、拉致被害者の家族会と議員連盟が発足したのは、1997年のことだ。

拉致問題の解決が遅々として進まなかった理由はいくつか指摘されている。まず、戦後政治に強い影響力をもった左派勢力の国家意識、安全保障に対する意識の希薄さと、保守勢力にも強固に内在した朝鮮半島の人々に対する戦争の贖罪意識が、北朝鮮に対する追及を弱めたこと。また外交は票にならないという意識もあって、政治家の働きかけも弱く、外交や警察など行政の怠慢につながったことなどだ。

こうした戦後の負の遺産を清算しようと、一気に解決の糸口を見出した成果から、小泉の評価は急上昇した。

また、小泉は、底堅い国民の支持を背景に、自衛隊による海外活動の範囲

をテロ特措法から、さらに拡大した。アメリカのブッシュ大統領は、2002年の一般教書演説でイラク、イラン、北朝鮮を「悪の枢軸」だと指弾し、大量破壊兵器を所有するテロ支援国家だと非難した。この年の11月には国連でイラクに武装解除を求めるため、大量破壊兵器の申告を30日以内に行い、査察に協力することなどを求める決議1441が採択された。そして、アメリカやイギリスは、イラク大統領のフセインがこの決議に反したとして先制攻撃に踏み切ったのである。現地時間の2003年3月19日にイラク戦争が始まった。

　小泉は開戦直後の3月20日に記者会見し「米国の武力行使開始を理解し、支持いたします」と明言した。また「日本は米国の立場を支持しておりますが、日本は一切武力行使いたしません。戦闘行為にも参加いたしません」と述べた上で、「イラクの復興のために何が必要か、国際社会と協調しながら、日本は国際社会の一員として責任を果たしていかなければならない」と強調した。

　その結果、7月26日にイラク特措法を成立させ、12月15日の戦争終結後、イラクのサマーワで復興を援助するために自衛隊を派遣した。自衛隊の活動地域は「非戦闘地域」に限定された。混乱が続くイラクに「非戦闘地域」は存在するのか、戦闘に突如として巻き込まれるリスクを、どう想定するのかなど、国会では議論が紛糾したが、自衛隊をイラクに派遣するという小泉の結論が揺らぐことはなかった。イラクへの自衛隊派遣を求めたアメリカとの同盟関係は盤石なものとなった。

　国民の多くも小泉の決断を支持したとみてよい。イラク戦争が始まった直後の2003年4月から、イラク特措法が成立した直後の8月まで、内閣支持率は50％台という高い水準を推移した。小泉が高い支持率を維持することができたのは、国民のナショナリスティックな意識を刺激したことも大きな要因だったと考えられる。世界平和のために貢献したいという使命感、さらに、その貢献に大規模な自衛隊の部隊を参加させたいという積年の思い、これら戦後の日本において抑圧されてきた感情を、まず小泉は解放した。

　さらに、小泉は毎年1回、首相として靖国神社に参拝した。これにより、

中韓両国との関係は冷え込むことになったが、批判や圧力に屈せず参拝し続けた。この強硬な姿勢が、戦後の謝罪外交を批判してきた一部の保守勢力を魅了した。「抵抗勢力」との闘い、拉致問題への取り組み、日米同盟の強化、そしてナショナリズムの喚起を主な要因として、2002年後半から、小泉政権は安定軌道に乗ったとみてよい。

新たな保守

調整よりリーダーシップを重視し、日米同盟を徹底した小泉政権によって、戦後の保守政治は新たな路線を派生することになった。

小泉以前、戦後保守には2つの路線が存在したと考えられる。一つは、戦後間もなく岸信介らが主張したもので、自主防衛を果たして真の独立を回復し、対等な日米同盟を実現する「復古的保守」だ。

これに対し、吉田茂は「大衆的保守」を打ち出した。アメリカ支配を受け入れ、基地を提供する見返りに、自主防衛のコストを放棄し、経済的な豊かさを優先した。

「二度と戦争はしたくない。平和で豊かな生活を送りたい」という国民感情を重視したこの路線は、憲法を盾に取り、アメリカの戦争に関与せず、国民の生命を犠牲にすることを回避してきた。弱肉強食を嫌い、年功序列を重んじ、利害を調整し、より多くの人々がそれなりに満足する社会をつくりあげた。

そして、実際に戦後の日本を支配したのは、この路線である。「復古的保守」の勢力から、「一国平和主義」、「安保ただ乗り」、「謝罪外交」という誹りを受けようと、諸外国から閉鎖的で理解不能と批判されようと、敗戦経験を踏まえた独自路線を貫いた。国家としての理想や理念、矜持より、日常的な国民の欲望を優先する政治、アメリカの価値観を共有しながらも、中国や旧ソ連、東アジア諸国などと全方位の外交を深め、したたかに独自の国益を守ろうとする政治が、池田勇人、佐藤栄作、田中角栄らによって築かれた戦後保守の正統だった。

戦後は保革対立の時代といわれたが、戦争に関与しないという原則、そして分配を重視する精神は革新勢力にも共通していた。自民党に対し、非武装

中立と社会主義を主張した社会党との隔たりは、その原則を追求する上での、現実主義と理想主義の幅に過ぎない。

　小泉も吉田ドクトリンの要素である対米協調を重視した点で戦後保守と連続する。しかし、小泉は、それまでの「協調」の域を超越し、「超親米保守路線」を強化、徹底した。「世界のなかの日米同盟」と位置づけ、「日本国内には日米関係よりも国際協調を進め、他国との関係を強化して日米関係を補完すべしとの意見もあるが、自分はそのような立場は採らない。日米関係が良好であるからこそ、中国、韓国、ASEAN 等をはじめ各国とのよい関係が維持されてきている」（2005 年 11 月 16 日・日米首脳会談）と主張し、他のどの国との関係よりも日米関係を優位なものとした。

　イラクが大量破壊兵器をもっているという見方が戦争の大義名分であったにもかかわらず、結局、それは存在していなかったことが判明した。それでも小泉のアメリカ支持が揺らぐことはなかった。

　「アメリカがテロ攻撃を受けて、イラクに大量破壊兵器があるかもしれない。何をするかわからない。テロを支持しているかもしれないという疑いがあって、国連まで査察に応じろというのを、応じなかった。フセインが査察を認めれば戦争は起きなかった。どうしてフセインを非難しないのか」（2016 年 10 月 5 日 TBS「NEWS23」放送）。

　安全保障に限らず、小泉は、民営化、規制改革、市場開放などアメリカンスタンダードの構造改革を正当化し、促進した。

　小泉の「超親米保守路線」は安倍政権にも引き継がれていくことになる。そして「自衛隊を海外に出したりすることを卑怯者といわれても避けてきた。憲法を盾にして戦争に加担しない道を歩んできた」（野中広務、『赤旗』2009 年 6 月 27 日付）という発言に象徴される従来の戦後保守の本流は弱体化することになる。

　「超親米」の小泉と連立を組むことにより、公明党も大きな影響を受けることとなった。戦後、公明党が追及していた「平和」も、従来の「保守」政治によって規定されていた。だからこそ、戦後保守の担い手だった自民党の野中ら田中角栄の系譜を継ぐ本流と親和性をもち、小渕政権での連立を達成

した。

　こうした経緯から、当初、公明党は、小泉の「超親米」路線に対し、警戒感を露わにしていた。テロ特措法が成立した直後の、2001年11月11日、公明党全国代表者会議で当時代表だった神崎は次のように述べた。

　「テロはいかなる理由があろうとも決して許されない絶対悪であります。私たちは、強い怒りをもってテロに立ち向かっていかなければなりません。と同時に、このような残虐・非道なテロを根本的に防止・根絶するにはどうすべきか、冷静かつ毅然とした対応が不可欠です」

　その上で、軍事力による国家安全保障から「人間の安全保障」への転換を呼びかけた。

　「脅威が全世界に広まっている状況下で安全保障を進めていくのに必要なのは、軍事力ではなく、人間開発である。（中略）アメリカ同時多発テロ事件が突きつけた国家安全保障から人間の安全保障への転換という新たな命題を前にして（中略）人道大国への道こそ21世紀日本のあるべき姿であると確信する」

　神崎は「今ほど平和・人権の党として公明党の奮起、平和創造への闘いが求められているときはない」と高らかに「人間の安全保障」と「人道大国への道」を訴えた。

　さらに、小泉の1回目の訪朝から間もない2002年11月2日に行われた公明党大会で採択された運動方針では、支持率を回復した小泉の政治に対して、あえて抑制機能の必要性を強調した。

　「『改革のエンジン』役と同時に、国民から期待され、また公明党としてその役割を強く自覚しているのが、"右傾化"や国家主義の台頭に対する歯止め、いわば『ブレーキ機能』です。小泉内閣になってから"右傾化"の懸念が指摘されてきましたが、公明党は『平和・人権の党』という立場から、首相の靖国神社公式参拝問題や集団的自衛権の行使論議に対して、明確に反対の意思を表明し、慎重対応を求めてきました。（中略）"右傾化"に対する歯止めに限らず、国政全般にわたって公明党がかけるブレーキが十分であったかといえば、率直に言って反省すべき点がなしとはしません」

また、グローバリズムを促進し、市場至上主義的な小泉の構造改革についても、「行き過ぎ」への警鐘を鳴らした。

　「グローバリゼーションの光と影」が、2002年11月の党大会における運動方針のサブタイトルだ。グローバリゼーションは「時代の必然的潮流」と位置づける一方で、「冷徹な競争原理の貫徹による貧富の格差の拡大など著しい経済の不均衡をもたらし、日本国内にあっても、利潤や効率性、合理性を追求するあまり、弱肉強食の至上主義の暴走が社会的公正をゆがめるのではないかとの懸念も指摘される」と牽制した。

　さらに、この弱肉強食の論理による競争市場の不安定性こそがテロリズムの温床だと分析した。

　「グローバリゼーションの名のもとに進められた市場経済拡大の『影の部分』を衝撃的な形で全世界に見せつけたとされるのが『9・11』米同時多発テロでした」

　そして「テロは絶対悪」とする一方で、次のように強調した。

　「しかし、テロの背景には、富の偏在や貧富の格差の拡大、また、グローバル・スタンダードの名のもとにアメリカン・スタンダード（アメリカ的な価値観）を押し付けられることに対する根深い憎悪があるのも事実であります。（中略）冷戦終結によりアメリカ一国の強大さが際立っていますが、もとよりグローバル・スタンダードなどあり得ません。（中略）多様性を無視した国際社会の形成は不可能であります。私たちは、21世紀を『テロと報復の世紀』ではなく、『共存と対話の世紀』にしていかなければなりません」

　グローバル化がアメリカンスタンダードの力による押しつけであることを明らかにして警戒し、多様性を重視した共存の論理を提唱した。

　また小泉は構造改革には「痛み」がともなうが、「恐れず、ひるまず、とらわれず」断行すると強調していた。これに対して、公明党は、構造改革の必要性を認めつつも、「庶民の目線に立ったセーフティーネットの構築」を主張し、改革の行き過ぎに対する一定の抑制の論理を提示した。

　しかし、政権に参画する以上は直面せざるを得ない現実主義というものが、公明党から抑制機能を奪いつつあった。

第7章 小泉政権

現実主義と抑制機能の衰退

　既に、テロ特措法をめぐる調整のなかに、公明党が抑制機能を後退させる端緒を見て取ることができる。公明党は政治的駆け引きの結果、実は、自衛隊の海外派遣へのハードルを下げる役割を果たしていた。

　小泉は野党第一党だった民主党の賛成を取りつけるため、修正協議に応じる姿勢をみせていた。民主党は自衛隊派遣の際に国会の「事前承認」を求め、この法案修正に小泉も柔軟な対応を示して、合意決着を目指していた。まだ与党内で支持基盤の弱かった小泉は民主党との連携を模索して、「抵抗勢力」を揺さぶるねらいもあった。

　「平和・人権の党」の建前からすれば、自衛隊の活動に国会の制約を強める「事前承認」は、公明党が自ら求めてもいいはずのハードルだった。しかし、公明党は、これに反対した。「事前承認は機動性に欠ける」ことなどが理由だったが、本音は、小泉の揺さぶりを抑え込むための行動だった。公明党の思惑通り、衆議院での採決前日に行われた修正をめぐる小泉と民主党代表・鳩山由紀夫との党首会談は決裂した。小泉にも公明党の反対を押し切るほどの力はなかった。国会承認は「事後」とされ、民主党は反対、連立与党の賛成多数で衆議院を通過した。権力強化を図ろうとした小泉の戦略を封印する一方で、自衛隊の海外派遣のハードルは下げる結果となったのだ。

　一方で公明党は、神崎が述べたように、公式な発言としてはアメリカの戦争を警戒するという「二面性」をみせていた。しかし、イラク戦争以降に、その「二面性」も薄れ、ほぼ無批判に小泉の「超親米路線」に追随することとなった。

　開戦前夜、新たな国連安保理決議を求めていた公明党だったが、結局、「法的には国連を中心とした国際協調の枠組の文脈のもとに行われている」（3月20日の党見解）と擁護した。また、アメリカによるフセイン政権打倒についても、神崎は「フセイン体制そのものが大量破壊兵器を廃棄しないという体制であると思う。だから（大量破壊兵器廃棄と政権崩壊は）一体のものと理解している」（『公明新聞』3月21日付）と容認した。

　小泉は、「私は、アメリカは日本が反対しても、戦争を始めることがわ

135

かった。同盟国としての重要性を重視した」（2016年9月9日、外国人特派員協会での講演）と述べている。アメリカが決めたら、支持し、従わざるを得ないという、条件反射的な決断だったようだ。そして小泉は、「ショー・ザ・フラッグ」、「ブーツ・オン・ザ・グラウンド」というアメリカの要請に合わせて自衛隊の海外派遣を実現し、公明党は常に追認してきた。

　ただ、その背景には、小泉の政治を支持していた国民の意思が存在したことを忘れてはなるまい。戦後のアメリカ支配によって植えつけられたアメリカ的思考と親米感情、そしてテロへの恐怖と憎悪から、かなり多くの国民が、アメリカの報復を許容し黙認した。

　この意思は当時の『朝日新聞』の社説にも象徴されている。

　「武力行使は、できることなら避けるのが一番だ。しかし、テロ撲滅に立ち上がった国際社会の協調行動のひとつとして、その目的を厳しく限定し、攻撃目標を絞ったものであるならば、米軍などによる一定の軍事行動はやむを得ないと考える」（2001年10月17日付）。

　同じ時期の『朝日新聞』の世論調査をみると、「テロ特措法」への賛成は51％で、反対の29％を大きく上回った。また、「同時多発テロで日本がアメリカに協力すること」への賛成は71％に上っている。一方、「自衛隊の海外での活動を広げる」ことについては賛成が49％に対し、反対が40％と拮抗した。つまり、戦争にはかかわりたくないという戦後日本の価値観を逸脱することには戸惑いを感じつつも、「テロとの闘い」は支持せざるを得ないという考え方が、これらの調査結果から読み取れよう。

　同時多発テロ事件以降も、テロへの危機感が切迫していたことは確かだった。2002年10月23日のモスクワ劇場占拠事件、モスクワで2004年2月6日には地下鉄爆破事件、同年3月11日にはスペインで列車同時爆破事件などとテロ事件が相次いでいた。「断じてテロには屈しない、テロに対しては一歩も引かないとの毅然たる態度こそがテロ撲滅につながる」（2004年10月党大会における公明党運動方針）という、小泉も繰り返した論理が、公明党においても優先された。

　2004年の党大会で発表された運動方針では、2002年に引き続き、軍事力

中心のハードパワーの限界とソフトパワーによるテロの温床撲滅をうたっている。しかしながら、テロへの憎悪と恐怖、テロに対して圧倒的な軍事力をもって対峙したアメリカとの同盟、そして、小泉内閣の高い支持率、この三大要素の前に、公明党は小泉に対し、ブレーキを強く踏み込めなくなった。

　公明党は、それでも自党を「平和の党」とアピールした。しかし、小泉への追随を経て、公明党が唱える「平和」は、言葉の意味を変化させたと考えざるを得ない。

　かつて、オーウェルは『1984年』で、「戦争は平和なり、自由は隷従なり、無知は力なり」と、相反する概念が等置されている全体主義の世界を描いた。ここでは、政治の言葉が両義的で普遍的な意味をもち得ないことが、究極のケースとして描写されている。実際に、戦争は「平和のための戦争」として正当化されてきたことは歴史が実証している。

　1941年12月8日、「米英両国ニ対スル宣戦ノ詔書」の末尾には、「速ニ禍根ヲ芟除シテ東亜永遠ノ平和ヲ確立シ以テ帝国ノ光栄ヲ保全セムコトヲ期ス」とある。戦争によって米英という禍根を排除して、東亜の平和を確立するという論理だ。

　この論理において「平和」という言葉は、非戦、反戦としての絶対平和主義を意味しない。むしろ、平和を実現するための手段として戦争を含意する。この宣戦の「詔書」から長い年月が過ぎ、それでも「テロとの闘い」が「世界平和のためのアメリカの戦争」といわれることを考えれば、「平和」という言葉はときを越えて両義的であり、政治的意図によって、その意味は変化することを否定することはできない。

　そして、公明党のいう「平和」が、アメリカの戦争を事実上、あるいは結果的に容認するものであるならば、アメリカの戦争には関与しないという戦後保守の範疇を大きく逸脱し、小泉が主導した「超親米」保守の枠組みで、「平和」という言葉が新たに定義づけられたと判断する方が妥当であろう。つまり、「平和」の範疇に「手段としての戦争」が含意されたということだ。

　政権与党だからこその現実主義と折り合いをつけたことによって、戦後を「平和の党」としてアピールしてきた独自性は手放さざるを得なくなった。

一方で、「超親米」と共存することで「現実的平和主義」とでもいおうか、今なら「積極的平和主義」とやらの範疇における「平和の党」となったのだ。

かつて、旧社会党が、連立に参画することによって、独自の理念や政策を放棄せざるを得なかったように、公明党も、理念的独自性を手放さざるを得ないという局面を迎えていたということなのだろう。

小泉の「超親米」に対して、アメリカ支配からの独立を目指す「保守」からは「イラク侵略の一連の出来事を通じて強化されたのは、日本の対米属国化という一事であった」（西部 2005：333）という批判も挙がっている。小泉による日米同盟の強化や構造改革が、アメリカが支配し構築した戦後体制の補強であり、「真の独立」からの逆行であるという指摘だ。しかし、アメリカに敗北し、支配された日本にとって、「超親米」路線への突入は、悲哀なる現実主義への盲進であり、潔い居直りでもある。居直りという点では、「一国平和主義」も「超親米」も"同床"だろう。現実主義への陥穽は政権与党の宿命だが、国家としてアメリカとの適度な距離感を維持するためには、グローバリズムとはアメリカンスタンダードの世界的敷衍であることに警鐘を鳴らす、公明党の視点は極めて重要だったはずだ。

「超親米」路線を歩み始めた自民党に対する、公明党の「抑制機能」は、第二次安倍政権で、改めて焦点化することになる。

【参考文献】

石田雄（1989）『日本の政治と言葉（上・下）』東京大学出版会。

内山融（2007）『小泉政権』中公新書。

オーウェル，ジョージ（2009）『1984 年』ハヤカワ epi 文庫。

大嶽秀夫（2006）『小泉純一郎——ポピュリズムの研究』東洋経済新報社。

小沢一郎（1993）『日本改造計画』講談社。

小沢一郎（1996）『語る』文藝春秋。

菊池正史（2011）『テレビは総理を殺したか』文春新書。

菊池正史（2017）『安倍晋三「保守」の正体』文春新書。

佐々木毅編著（1999）『政治改革 1800 日の真実』講談社。

竹中平蔵（2005）『郵政民営化——「小さな政府」への試金石』PHP 研究所。

竹中平蔵（2006）『構造改革の真実——竹中平蔵大臣日記』日本経済新聞社。

西部邁（2005）『無念の戦後史』講談社。

橋川文三編（1968）『戦後日本思想大系 7　保守の思想』筑摩書房。

堀内光雄（2006）『自民党は殺された！』WAC。

読売新聞政治部編（2005）『外交を喧嘩にした男——小泉外交 2000 日の真実』新潮社。

ル・ボン，ギュスターヴ（1993）『群衆心理』講談社学術文庫。

第8章　第一次安倍政権

木下　健

1　第一次安倍政権の誕生

　第一次安倍政権の誕生の背景には、2003年9月に、前政権の小泉純一郎によって閣僚未経験であった安倍晋三を幹事長に抜擢したことが関係している。その後2005年10月に、安倍は小泉の後継者として、官房長官に任命される。2006年9月20日、小泉の任期満了にともない、自民党の総裁選が行われ、得票率66%で麻生太郎、および谷垣禎一を押しのけ、当選を果たした[1]。これは小泉の後継者として、所属する森派（清和政策研究会：細田派）以外の派閥からも幅広い支持を受けたことを意味している[2]。ただし、小泉政権から引き継いだ遺産は、圧倒的な衆議院の議席だけではなく、郵政改革に執着したことによる積み残し課題など、負の遺産が多く存在していた。それは、日中関係の悪化、拉致問題、北朝鮮のミサイル問題といった外交問題に加えて、教育改革や防衛庁を防衛省へ格上げする設置法の改正、国民投票法、組織犯罪処罰法（共謀罪創設）などである。これらの政治課題は、小泉政権を引き継ぐものであるが、安倍政権にとっても重要な課題として共通していた[3]。

　安倍は「小泉政権以前のように派閥に名簿を出してもらう形で決めることはしない。サプライズを狙うつもりもない」と明言していた（『読売新聞』2006年9月21日付）。そのため、出身派閥の森派から4人、支持を受けた丹波・古賀派から4人が入閣しており[4]、支持を受けなかった谷垣派から大臣の起用はしなかった。また、総裁選で支持を受けた伊吹派からは松岡利勝を農林水産大臣として、総裁選で自主投票にした津島派からは佐田玄一郎を行政改革担当大臣として、入閣させている。こうした人事は、「昔からの知り合い、盟友、総裁選で応援してくれた人への配慮をかなり優先した」お友達

内閣や論功行賞人事と揶揄されることになった（後藤 2014；『読売新聞』2006年9月27日付）。組閣にあたり、参議院自民党からの影響力も存在している。自民党参議院会長である青木幹雄は、安倍首相に対して、参議院の2つの閣僚枠を確保することを求めており（『朝日新聞』2006年9月22日付）、2人の参議院議員が大臣となっている。参議院自民党は党内より、内閣へ影響を与えており、強い参議院論が指摘されている（竹中 2010）。

　なお、安倍政権が発足する9月26日の前日、公明党の神崎武法代表、太田昭宏幹事長代行と会談し、連立を維持する合意を交わしている。ただし、憲法改正については、公明党が消極的であったために、連立合意の文章に盛り込まれていなかった[5]。

　本章では、第一次安倍政権を評価する視点として、リーダーシップ、国会運営、イメージ管理の3つを設定する。第一のリーダーシップは、内閣総理大臣として、政権を担当する資質を発揮することができるかどうかというパーソナリティの側面である[6]。第二に、国会は政策を法律のかたちにする場であり、いかに国会を運営し、実績として積み上げるかが重要となる。国会運営自体は、政府与党に強い議事運営権が存在するが（増山 2003）、政府与党が法案を強硬な姿勢で通せば、野党やマスメディアの批判を招くことになる。第三に、イメージ管理は、世論が政権をいかに評価するかというイメージの形成にかかわる行為である。

2　教育基本法改正と防衛庁の省昇格関連法案

　9月29日の衆参両院本会議で、安倍は所信表明演説を行い、「美しい国」の構想を述べた。集団的自衛権に関して事例研究を行うことに加え、再チャレンジ可能な社会をつくるための新卒一括採用の見直し、パート労働者への社会保険の適用拡大、歳出・歳入の一体改革、教育基本法の早期成立、外交・安全保障の国家戦略に関して官邸の司令塔機能を再編・強化、テロ特措法の期限の延長、社会保険庁の解体的出直し、国民投票法案の早期成立など、多様な政策を打ち出している。安倍政権の最初の臨時国会は、9月26日から12月19日までの85日間となっている。閣法は18件成立し、継続審査と

なっていた4件は成立していない。この臨時国会で重要な法案は、継続審査となっていた教育基本法改正と防衛庁の省昇格関連法案の2つである。

安倍政権は、10月10日に閣議決定を行い、教育再生会議を設置し、教育改革へ着手する。教育再生会議において、学校評価の導入や教員の質の向上など安倍首相が掲げる具体策を検討することになった。教育基本法は、2000年12月に森内閣の諮問機関である教育改革国民会議が、教育基本法の見直しの必要を提言したことを契機に検討が始まった課題である。

教育基本法については、小泉政権下の2006年4月28日に提出されており、安倍政権では継続審査となっていた。教育基本法が提出されるまでに自民党と公明党の間で、愛国心の表現をめぐって対立していた（『朝日新聞』2005年12月6日付）。自民党は「国を愛する心」とするのに対して、公明党は「国を大切にする心」と主張しており、調整が難航した（『朝日新聞』2006年1月18日付）。調整の結果、「伝統と文化を尊重し、それらをはぐくんできた我が国と郷土を愛するとともに、他国を尊重し、国際社会の平和と発展に寄与する態度を養うこと」という表現で合意が形成された（『朝日新聞』2006年4月25日付）。提出された法案は、「戦前の国家主義に戻るおそれがある」と懸念していた公明党に対しては「他国を尊重」を盛り込み、配慮が示されるかたちとなった。

11月16日、衆議院本会議において、自民党・公明党などの賛成で教育基本法改正案が可決された。これに対して、民主党・社民党・共産党・国民新党の野党4党は採決に反対しており、本会議を欠席し、同日午前の各委員会の審議や理事会を欠席する戦術を採っている。野党の審議拒否は21日まで続き、審議を全面的に拒否していたが、世論の批判もあり、22日から国会審議が正常化した。

教育基本法は12月15日の参議院本会議で可決成立したものの、具体的な政策の内容については、教育再生会議で議論が進められていた。2007年1月に、教育再生会議は、一次報告書を示したが、劇的な変化といえる提言はなされていない。その理由として、多様な委員の意見がまとまらなかったことに加え、文教族や官僚の方針があるため、劇的な改革の方針を示せなかっ

たものといえる。教育再生会議は安倍政権にとって、重要な位置づけをもっており、参院選に向けた成果を出すために、実現可能な提言にとどまったものといえる。具体的には、授業時間を10%増加させることや小規模市町村の教育委員会の統廃合と広域化などが明記されることになった（『読売新聞』2007年1月16日付）。

　防衛省への昇格関連法案に関して、民主党は11月9日、審議入りに反対し、衆議院安全保障委員会を欠席している。欠席の理由として、防衛施設庁の談合事件の真相解明が不十分であることを挙げている（『読売新聞』2007年11月10日付）。また、民主党は19日の沖縄知事選を前に、共産党や社民党との共闘を意識しており、法案への賛成を示すことができなかったと考えられる。その後、24日の防衛部門会議で、官製談合の再発防止や自衛隊員の海外無断渡航や機密情報の漏洩など不祥事の再発防止などの条件が満たされれば、賛成する方針とした。これまで民主党は、法案への賛否を明確にしていなかったが、反対する政策ではないことから、条件つきの賛成を示す方針転換を図ったものといえる。30日の衆議院本会議では、自民党・公明党の賛成に加えて、民主党および国民新党が賛成に回っている[7]。12月15日に参議院本会議で可決成立した[8]。

　防衛省への昇格に関する法案は、与野党の合意が取れ、可決成立した。その一方で、教育基本法改正は、「我が国と郷土を愛する」という愛国心を養う表現が入っているために野党が反対していたということに加えて、教育改革に関するタウンミーティングでやらせ質問があったことが影響している。タウンミーティングでは発言の依頼を行った事例のうち、謝礼金1件5000円を支払ったのは、65人いることが明らかとなった（『読売新聞』2006年12月14日付）。そのため世論から批判を集め、野党は教育基本法改正に対して対立的な姿勢を示したものといえる。

3　任命責任と消えた年金問題

通常国会の課題

　1月25日に第166回通常国会が開かれ6月23日に会期末となる予定と

なった。実際は7月5日まで延長され、162日間となっている。この通常国会での重要な内閣提出法案は、イラク特措法、労働関連法案、社会保険庁改革関連法案および、教育改革関連法案であった。当初、最低賃金法などの労働関連法案を優先していたが、参議院選までの成果として、社会保険庁改革関連法案を優先的に成立させることにしている（『読売新聞』2007年4月18日付）。

　組織犯罪処罰法改正案について、1月19日、安倍首相は、国際社会において日本が組織犯罪に対応していく役割を果たすため、早期に批准する必要があるとして、通常国会で成立させるように指示している（『読売新聞』2007年1月19日付）。民主党は、適用範囲が曖昧で言論の自由が侵されかねないことや、捜査当局が乱用するおそれもあるとして反対している。さらに、自民党の参議院幹部は「通常国会での採決は絶対に無理だ」と述べており、公明党幹部も「通常国会で無理に通す法案ではない」としている（『読売新聞』2007年1月20日付）。このように教育改革や組織犯罪処罰法など多くの課題が山積していたといえ、政府は法案の提出を精査し、絞り込んでいる。安倍首相は憲法改正を意識しており、その前提となる国民投票法を成立させる決断を行う。国民投票法は憲法改正に関する議論であり、与野党の合意が求められる議論であるため、内閣提出法案ではなく、議員立法で提出されている。しかし、政府与党は民主党案を一部受け入れるものの、合意形成ができないと判断し、与党単独で採決に踏み切ることとなる。

事務所費問題と閣僚の失言

　通常国会の開会前後に人事に関する問題や事務所費問題が発生している。これらの人事問題は、安倍首相のリーダーシップが試されるといえる。それは、閣僚をすぐに更迭するか、あるいは重大な問題ではないとして擁護するかの判断が求められるためである。12月11日発売の『週刊ポスト』で本間正明税制調査会長が「愛人と官舎同棲」という記事が報じられ、12月21日に本間は辞任を余儀なくされた。12月26日、佐田玄一郎行政改革担当大臣の政治団体が1990年から2000年までに不動産賃借契約を結んでいない事務所について約7840万円の事務所費を政治資金収支報告書に記載していたことが判明した。27日に佐田は辞任したが、辞任に至るまでの経緯について、

塩崎恭久官房長官は、「資金の私的流用は存在せず、辞任は必要ない」との見解を示していたため、辞任を求める与党内の声と官邸内の足並みがそろっていないのではないかと批判されている（『読売新聞』2006 年 12 月 29 日付）。

さらに、1 月 9 日、衛藤征士郎議員の公設第一秘書が、私設秘書時代に、情報サービス会社をつくり、9 年間で 1 億 4000 万円を集め、資金の一部を会社役員の個人献金のかたちで議員に献金しており、政治家個人への企業献金を禁じた政治資金規正法に抵触しかねないことが報じられた（『読売新聞』2007 年 1 月 9 日付）。衛藤は 9 日夕方に会見を行い「迂回献金や秘書給与の肩代わりではなく、違法ではない」と釈明している（『読売新聞』2007 年 1 月 10 日付）。

加えて、12 日、松岡利勝農林水産大臣、伊吹文明文部科学大臣の事務所費について、賃料無料の議員会館を主たる事務所としながら、事務所費として年間 1000 万円以上を政治資金収支報告書に計上されていることが報じられた（『朝日新聞』2007 年 1 月 10 日付、『読売新聞』2007 年 1 月 12 日付）。伊吹文部科学大臣は、事務所費として交際費もあるとして、秘書が後援会の人と食事するケースや、選挙前後の非常勤職員・政治団体の人件費、コピー機のリース代を挙げ（『朝日新聞』2007 年 2 月 17 日付）、「政治活動をしていく上で、必要な食料費、冠婚葬祭費がある。事務所費と人件費でしか処理できない」と釈明した（『読売新聞』2007 年 7 月 8 日付）。他方で、松岡農林水産大臣は「光熱水費に還元水、暖房を含む」という説明にとどまった（『読売新聞』2007 年 3 月 13 日付）。参議院予算委員会での野党の追及に対して、「適切に報告している」と 23 回繰り返し述べ、内訳を公表することを拒み続けた（『朝日新聞』2007 年 3 月 8 日付）。こうした松岡農林水産大臣の発言に対して、安倍首相は 3 月 13 日の参議院予算委員会において、違法性はないとして、松岡農林水産大臣を擁護し、辞めさせる考えがないことを述べている。

国会開会後の 1 月 27 日、柳澤伯夫厚生労働大臣が「（女性は子どもを）産む機械、装置」と発言したことにより、野党は厚生労働大臣として許せない発言だと批判し、辞任を求める方針を採っている（『朝日新聞』2007 年 1 月 28 日付、『読売新聞』2007 年 1 月 29 日付）。これに対して、柳澤厚生労働大臣は、「国会審

議を通じて私の悪いところは悪い、そして私の考えはどうかということを説明し、理解を求めたい」と述べ、辞任の考えはないことを示した（『読売新聞』2007年1月30日付）。安倍首相も柳澤厚生労働大臣を辞めさせる方針ではなく、「柳澤厚労相も深刻に反省しており、国民の信頼を得られるよう全身全霊を傾けて職務を全うしてもらいたい」と述べている（『朝日新聞』2007年1月31日付、『読売新聞』2007年2月6日付）。

　柳澤厚生労働大臣の問題発言を受けて、1月31日の予算委員会を民主党、社民党、共産党、国民新党は欠席し、続く2月3日の衆議院本会議においても、補正予算案の採決にあたり、本会議を欠席している。さらに6日の参議院本会議で補正予算は採決され、成立したが、野党4党は本会議を欠席する戦略を採っている。これらの閣僚の事務所費問題や失言といった問題が安倍首相の求心力を下げていった。

消えた年金問題

　安倍政権が直面した問題は、閣僚の不祥事だけではなく、国民生活に直結する年金問題であった。2004年の年金制度改革法案の審議の際に表面化した社会保険庁職員による年金個人情報の業務外閲覧、年金保険料を流用した経費の無駄遣いなどのさまざまな問題が国民からの批判を浴び、保険料収納率の低迷という危機に直面した（武蔵 2007）。2007年2月、衆議院の予備的調査によって、宙に浮いた年金納付記録が5000万件以上に上るという事実が明らかになった（衆議院調査局 2007）。5月24日、民主党は「消えた年金」調査チームとして社会保険業務センターや東京社会保険事務局を視察し、長妻議員は、政府によるサンプル調査の実施、また全件調査をすべきと述べている（民主党アーカイブ 2007）。

　6月14日、年金記録漏れは、対象者は約25万人、年金額の総計は約950億円に上るとされ、調査が済んでいない対象分についてもミスが判明した場合はその後に支給されることとなった（『読売新聞』2007年6月15日付）。同月25日、政府は年金記録確認中央第三者委員会の会合を開き、記録も領収書もない場合に年金支給の可否を判断する基準を検討し始める。そして、7月9日に、領収書などの直接的な証拠なしには記録訂正を認めなかった社会保

険庁の方針を転換し、申し立てが「不合理ではなく、一応確からしい」という基準の下で、受給できるはずの年金を受け取れなかった人が受け取れるように方針が転換された。しかし、保険料を払っていないにもかかわらず、払ったと主張する人がいた場合に対しては、対処が難しいという問題を抱えている。政府がこのような対応を取った理由としては、国民の年金制度への不信感が強まり、制度崩壊につながることへの懸念があったとされる（『朝日新聞』2007年7月6日付、『読売新聞』2007年7月10日付）。

3月13日に提出された社会保険庁改革関連法案は、社会保険庁を解体し、非公務員型の公法人である日本年金機構を設立する法案である。公的年金に係る財政責任、管理責任は引き続き国が担うことになっている。この消えた年金問題により、民主党は支持を集め、政府は大きく信頼を失ったといえる。

国民投票法成立と強引な国会運営

国民投票法の投票権年齢について、当初、与党案は20歳以上であったことに対して、民主党案は原則18歳以上を案としていた（『読売新聞』2006年11月8日付）。民主党の枝野幸男憲法調査会長は、原則18歳は譲れないとしていたため、与野党間で調整される見通しであった。しかし、小沢一郎民主党代表が、改憲に反対する社民党や共産党との共闘関係を重視したため、成立の見通しが不透明となっていた（『読売新聞』2006年11月8日付）。自民党・公明党と民主党は、11月30日の衆議院憲法調査特別委員会小委員会で、投票権をもつ年齢を原則18歳以上で合意がなされた（『朝日新聞』2006年12月1日付）。ただし、臨時国会での時間が不十分なことから、国民投票法の成立が見送られた。そのため、通常国会での成立が目指されることとなったが、民主党は政府案に反対し、独自の修正案を提出する方針を採った。こうした民主党の動きに対して、与党内からは単独採決でもよいのではないかという動きが出始める（『朝日新聞』2007年2月12日付、『読売新聞』2007年2月10日付）。

3月15日、憲法調査特別委員会で、中央公聴会を22日に開くことが自民党・公明党の賛成多数で議決された。しかし、野党議員はこの議決に納得しておらず、委員長席に詰め寄り、騒然とするなかで議決が行われている[9]。3月27日、自民党は総務会で与党修正案を了承し、投票権年齢を原則18歳以

上とする修正案を憲法調査会特別委員会に提出している（『読売新聞』2007年3月28日付）。4月12日、衆議院憲法調査特別委員会において、与党の修正案が、自民党・公明党の賛成多数で採決された。5月14日、参議院本会議で可決され、国民投票法が成立した。

教育改革関連三法案は、4月17日の衆議院本会議で趣旨説明が聴取され、審議入りした。民主党は、同日、対案を提出している。民主党の対案は、教員免許に必要な課程を4年から大学院を含む6年に延ばすことや、実務経験8年を経た教員に専門免許を付与するものであった。6月19日、文教科学委員会において、自民党の狩野安委員長は、審議の終局を賛成多数で決定し、採決を行った。これに対して、採決に反対する野党議員は委員長席に詰め寄り抗議したが、混乱のなか採決が行われた。

社会保険庁改革関連法案については、28日に衆議院議院運営委員会理事会で、29日の本会議で採決することを決定したが、採決は6月1日に延ばされることとなった（『読売新聞』2007年5月30日付）。それは5月27日に、松岡農林水産大臣が、衆議院議員宿舎において、自殺しているところが発見されたためである。松岡農林水産大臣の自殺を受けて、安倍首相に対して、「首相はもっと早く松岡氏を交代させておけば悲劇にならずに済んだかもしれない」という批判や、「亡くなった松岡氏よりも、首相の責任を問うべきだ」という批判が寄せられている（『読売新聞』2007年5月29日付）。安倍首相は、28日、松岡農相の自殺に対する責任について「当然責任を持って任命した。任命責任者として、責任の重さを改めてかみしめている」と述べている（『読売新聞』2007年5月29日）。そのため、政府与党は、29日の社会保険庁改革関連法案の採決を見送った。

社会保険庁改革関連法案は、6月1日未明の衆議院本会議で、与党の賛成で可決された。野党は、衆議院議員運営委員長と厚生労働委員長の解任決議案、柳澤厚生労働大臣の不信任決議案を提出し、採決に抵抗した。他方で、年金時効撤廃特例法案については、与党が衆議院で1日の審議のみで採決に踏み切ったため、野党から反発を招いている（『読売新聞』2007年6月5日付）。同様に、外交防衛委員会においても自民党の田浦直委員長は野党が反対する

なかで採決を行っている。20日、参議院本会議で、教育関連法案およびイラク復興支援特別措置法を2年間延長する改正法が成立した。

　6月21日、政府与党は、会期を12日間延長し、7月5日までとすることを決定した（『読売新聞』2007年6月22日付）。これにともない、参議院選挙は7月12日に公示され、29日に投開票されることとなった。首相の強い意向で、参議院選の日程を想定から1週間ずらす異例の決断をしており、野党は強く反発している（『読売新聞』2007年6月22日付）。この会期延長の理由は、参議院選挙までに、政治とカネの問題に決着をつけるための政治資金規正法を成立させることと、官製談合や天下りの問題に対処する国家公務員法を成立させるためであるといえる。国家公務員法の改正については、参議院内閣委員会の採決を省略し、中間報告により、参議院本会議で6月30日に可決成立している。

　7月5日に国会は閉幕し、97本の内閣提出法案のうち、89本が成立している。教育改革関連法案や国民投票法、政治資金規正法などが成立している。与野党が合意に至らないまま採決され、野党が欠席する、あるいは委員長席に詰め寄ったケースが衆参両院で17回あった（『読売新聞』2007年7月6日付）。こうした政府与党主導による強引な国会運営を経て、参議院選挙を迎えることになる。

人事問題と参議院選挙

　参議院選挙前に閣僚の失言と事務所費問題が発生し、安倍首相は憲法改正の姿勢を後退させることになる。6月30日、久間章生防衛大臣は、1945年アメリカが広島と長崎に原爆を投下したことに関して、「あれで戦争が終わったんだという頭の整理でしょうがないなと思っている」と述べた。これが「原爆しょうがない」と原子力爆弾による攻撃を容認する発言であると捉えられ、批判されることになった。安倍首相は当初、更迭する考えがないとしていたが（『読売新聞』2007年7月1日付）、この発言は、原爆を容認する発言であり認められないものであり、参議院自民党や公明党から辞任を求める圧力が働き、7月3日に辞任に至った（『朝日新聞』2007年7月4日付、『読売新聞』2007年7月3日付）。

さらに、7月7日、赤城徳彦農水大臣の実家を後援会は主たる事務所にしていたにもかかわらず、経常経費として計上していたことに加え、別の政治団体「徳政会」も農水大臣の妻の実家を事務所としながら、1996年から2005年に計1496万円を経常経費として計上していたことが明らかとなった（『朝日新聞』2007年7月7日付、『読売新聞』2007年7月8日付）。7月17日、赤城農相は、顔にガーゼと絆創膏を貼り、会見を行い、その理由についても十分に答えられない姿が報道された（『朝日新聞』2007年8月1日付）。さらに21日、赤城農水大臣の政治団体「つくば政策研究会」は移転した事務所を届けていなかった上、7年間にわたって、政治資金収支報告書に計225万円の事務所費と計111万円の光熱水費を計上していたことが明らかとなった（『読売新聞』2007年7月22日付）。

自民党元幹事長の山崎拓は参議院選挙で与党が過半数の議席を取れなければ、党五役（幹事長、総務会長、政務調査会長、参議院議員会長、参議院幹事長）の責任になると述べたことに対し、安倍首相は「選挙の前からこうだったらどうだという議論を党内でするのは建設的ではない。どうしたら勝てるかを議論すべきだ」と述べ、不快感を示している（『朝日新聞』2007年5月2日付）。党内の重鎮による発言は、参議院選挙で負けた場合に、安倍首相が続投する方針を強化した。首相続投の意思は、6月14日の安倍内閣メールマガジンで、来年のサミットのホストを務めると述べることに始まり（首相官邸 2007a）、7月6日時点で続投への意欲を固めている（『朝日新聞』2006年7月6日付）。

7月29日に実施された参議院選挙において、民主党は60議席を獲得し、非改選と合わせて109議席となり、参議院第一党となった。他方で、自民党は37議席にとどまり、非改選と合わせて83議席となった。連立する公明党と合わせて、参議院で103議席となり、過半数を割ったことで、ねじれ国会となった。同日、安倍首相は、「反省すべき点は反省していかないといけないが、私の国造りはまだスタートしたばかりだ。改革を進め新しい国をつくっていくために、これからも総理として責任を果たしていかなければいけない」と述べ、首相への続投を表明している（『朝日新聞』2007年7月30日付）。安倍首相の続投に対して、民主党は衆議院の解散と安倍内閣の退陣を要求し

ている一方で、公明党の太田昭宏代表は続投を支持している。翌 30 日の自
民党役員会において、安倍首相は正式に続投を表明し、役員らが一致して首
相を支持する方針を決めている（『朝日新聞』2007 年 7 月 30 日付）[10]。

　参議院選挙の結果を踏まえて、青木幹雄参議院議員会長は辞任している
（『読売新聞』2007 年 8 月 1 日付）。また、安倍首相は、赤城農相に対して不適切
な会計処理の問題を理由に辞任するように求めた。これにより、4 人目の閣
僚交代となり、安倍首相は「任命責任について痛感している」として、更迭
が遅れたことを反省している（『読売新聞』2007 年 8 月 2 日付）。参議院選挙後、
衆参の多数派が異なるねじれ国会となったことにより、民主党はさらに敵対
的な姿勢を示すようになる。

4　内閣改造後のねじれ国会

　第 167 回臨時国会は、8 月 7 日に召集され、その会期は 4 日間となった。
自民党・公明党は、参議院選挙によって、参議院の多数派を維持できなく
なったため、国会の運営が困難となっていた。衆参両院の多数派が異なるね
じれ国会の場合、人事案件が進まないという問題が生じる。日銀総裁や会計
検査院検査官といった約 230 人の人事は、両議院の同意が必要となる。民主
党は、9 月 26 日の国会対策委員会において、情報開示など誠意ある対応が
ない場合、参議院で人事に同意しないという方針を決めている（『朝日新聞』
2007 年 9 月 27 日付）。さらに、法案を通過させるためには、野党の協力を得な
ければならず、政府与党は譲歩を余儀なくされる。

　参議院での多数を活かし、野党は抵抗を始める。8 月 10 日、野党は憲法
審査会の審議に応じないという姿勢を示したため、委員定数や会長の人選が
決まらず、始動できないという状況となっていた（『読売新聞』2007 年 8 月 10
日付）。

　こうした状況を打開するために、安倍は内閣改造を行う。27 日に安倍改
造内閣が発足し、官房長官に与謝野馨、総務大臣に増田寛也、厚生労働大臣
に舛添要一などを抜擢し、自民党内の実力者を重要ポストに配置している。
ただし、派閥への考慮は引き続き行わない方針を続けており、安倍首相の出

身派閥である最大規模の町村派からは、町村信孝を外務大臣にするのみにとどめている。

内閣改造直後の9月1日、遠藤武彦農林水産大臣が組合長を務める置賜農業共済組合が、国が補助した約115万円を不正に受け取り、未返還となっていることが判明した（『読売新聞』2007年月1日付）。同日、遠藤農林水産大臣は会見を開き、組合長の辞任手続きを取ったことを表明し、大臣にとどまる姿勢をみせた。翌2日、これに対して民主党は辞任に値する問題であるとして、参議院に問責決議案を出す考えを示した。3日、遠藤農林水産大臣はこの問題の責任を取り、辞任することで幕引きとなった。

テロ特措法の活動継続に関して、11月1日に期限が切れることとなるため、安倍首相は「対外的な公約であり、私の責任は重い。約束を果たすため、すべての力を出さなければと思っている」と述べている（『読売新聞』2007年9月8日付）。しかし、テロ特措法の延長について、国連の要請がなければ自衛隊を海外に送るべきではないと反対していた。

9月10日、臨時国会が召集され、安倍は所信表明演説を行った。安倍は、所信表明演説のなかで「戦後レジームからの脱却がどうしても必要です。我が国の将来のため、子どもたちのために、この改革を止めてはならない、私は、この一心で続投を決意しました」と発言している。しかし、その2日後にあたる12日、このテロ特措法による自衛隊の活動継続が困難であると認識した安倍首相は、突如、辞任する記者会見を開いた。記者会見のなかで安倍首相は「本日、小沢党首に党首会談を申し入れ、私の率直な思いと考えを伝えようと、残念ながら党首会談については、実質的に断られてしまったわけであります」と述べ、党首会談が開けないことも辞任の要因の一つとして挙げている（首相官邸 2007b）。翌13日、海上自衛隊の補給活動継続に向けた局面を打開するため、安倍首相は「国家のため、国民のみなさんのためには、私は今、身を引くことが最善だと判断した」と述べている。辞任後、24日に機能性胃腸障害であると発表している。しかし、実際は潰瘍性大腸炎という持病があることを後に明かしている（後藤 2014）。

5　第一次安倍政権の失敗

　第一次安倍政権は約1年という短命政権となった。長期政権とならなかった理由としては、小泉政権から多くの課題を引き継ぎ、安倍首相がリーダーシップを発揮することができなかったためであるといえる。本章では、リーダーシップ、国会運営、イメージ管理という3つの視点から安倍政権を評価する。安倍政権の政策は、教育改革に加えて、イラク特措法、組織犯罪処罰法といった安全保障政策、さらに憲法改正に関する国民投票法の制定、社会保険庁の改革を重点政策として取り組んでいたといえる。これらの政策を1年という短期間ですべて実現することは困難であったといえ、多くの課題に対処し切れなかったものと考えられる。さらに、リーダーシップを発揮することを難しくした要因として、参議院自民党の影響力が挙げられる。とくに青木幹雄参議院会長や片山虎之助参議院自民党幹事長をコントロールできず、2007年の参議院選挙を戦うために郵政民営化に反対した造反組を復党させたことで、イメージ管理において失敗したといえる。

　第一次安倍政権では、多くの閣僚の失言や政治的スキャンダル、事務所費の問題が発生し、安倍首相は任命責任を認めつつも、罷免させずに留任させたことで、支持率を低下させた。約1年間の間で大臣が問題により5人代わるという事態は、有権者の信頼を損なうものであった。また、女性を産む機械にたとえた柳澤厚生労働大臣を更迭せずに、起用し続けたことは、女性からの支持を失うことにつながった。安倍首相は人事に関する問題があった際に、すぐに大臣を更迭するのではなく、続投させ、擁護する傾向があったといえる。この判断は、閣僚を辞任させると自身の任命責任を問われるためであると考えられるが、盟友を大切にするというパーソナリティが表れている。失言をかばうことで、問題が長期化し、野党の追及が続き、政権のイメージを悪化させた。

　最後に、第一次安倍政権を理解するにあたり、1994年の選挙制度改革の影響により敵対政治が始まったことを考える必要がある。二大政党制を志向する小選挙区比例代表並立制は、自民党の派閥の影響力を低下させ、選挙に

おいて大政党に大きな勝利をもたらすことになった。そのため、自民党内で行われていた疑似政権交代がなくなり、派閥の領袖は、大臣ポストの提供が難しくなった。加えて、与党が国会で多数の議席を保有することにより、野党との調整や議論を重視するよりも、強引な国会運営を行うようになっていった。それに応じて、野党も敵対的な姿勢を示し、世論の支持が得られる範囲において、抵抗戦術を用いた。これは野党が万年野党であった55年体制下と異なり、政権交代を意識するように変化したものと捉えられる。このような政治の流れのなかに、第一次安倍政権を捉えることができる。

【注】

1　安倍464票（国会議員票267、党員票197）に対して、麻生136票（国会議員票69、党員票67）、谷垣102票（国会議員票66、党員票36）であった（『読売新聞』2006年9月21日付）。

2　安倍が所属する森派（85人）に加えて、丹波・古賀派（50人）、伊吹派（32人）、高村派（15人）、二階派（15人）が総裁選で安倍に投票している。

3　経済格差の問題もあり、経済状況は悪くなかったものの、不満に火がつきやすい状況にあったとされる（御厨 2013）。

4　丹波・古賀派のなかには、総裁選で選挙対策本部長を務めた柳澤伯夫が含まれている。

5　自民党と公明党の合意項目は中川秀直自民党政調会長と井上義久公明党政調会長が、安倍政権の発足を前提として9月はじめから作成しており、教育改革の推進、中小企業対策、がん対策の推進などが挙げられている。公明党は憲法に対しては、必要な内容を新たに加える加憲を掲げており、自民党との間ですり合わせられなかったものといえる。

6　政治的リーダーは所属政党、イデオロギー、愛着心、外見、個性によって評価されることが指摘されている（フェルドマン 1992）。リーダーシップ類型については、バーバーが大統領を能動的か受動的か、肯定的か否定的かという点から分類したことに始まる（Barber 1972）。また、ハヤオが技術合理的リーダーシップ、政治的リーダーシップ、受動的リーダーシップの3つに分類していること（Hayao 1993）に加え、三隅（1984）がパフォーマンスがメインテナンスのどちらを重視するかというPM類型論を示している。

7　民主党内では反対している議員も存在しており、衆議院本会議での採決において、横路孝弘は反対し、土肥隆一、北橋健治、横光克彦、下条みつが退席・欠席をしている（『読売新聞』2007年12月1日付）。

8 　参議院本会議では、下田敦子が退席し、山下八洲夫は投票せず、犬塚直史、神本美恵子、白真勲、藤末健三、松岡徹が欠席している（『朝日新聞』2006 年12 月16 日付、『読売新聞』2006 年12 月16 日付）。

9 　こうした国会運営に対して、民主党の高木義明国会対策委員長は、与野党国対委員長会談で「委員長職権、強行採決が目に余る」として、与党を批判している（『読売新聞』2007 年5 月10 日付）。

10 　安倍首相の続投に対して、自民党県連は、青木参院議員会長の辞意表明を挙げ、「このような状況の中で自分だけ続投は不自然。国民の理解を得られないのではないか」と批判の声も挙がっている（『朝日新聞』2007 年7 月30 日付）。加えて、翌31 日の自民党総務会において、野田毅元自治相や石破茂元防衛庁長官は、首相の退陣を促す発言をしている（『朝日新聞』2007 年7 月31 日付）。

【参考文献】

Barber, David（1972）*The Presidential Character: Predicting Performance in the White House*, Prentice-Hall.

Hayao, Kenji（1993）*The Japanese Prime Minister and Public Policy*, University of Pittsburgh Press.

安倍晋三（2006）『美しい国へ』文春新書。

安倍晋三（2013）『新しい国へ──美しい国へ　完全版』文春新書。

クラウス，エリス（2000）「日本の首相──過去・現在・未来」水口憲人・北原鉄也・真渕勝編著『変化をどう説明するか　行政篇』木鐸社。

後藤謙次（2014）『ドキュメント平成政治史3　幻滅の政権交代』岩波書店。

清水真人（2009）『首相の蹉跌』日本経済新聞出版社。

衆議院調査局（2007）「国民年金・厚生年金の納付した保険料の記録が消滅する事案等に関する予備的調査（松本剛明君外42 名提出・平成18 年衆予調第4 号）についての報告書」。

首相官邸（2007a）「安倍内閣メールマガジン（第33 号 2007／06／14）」。

首相官邸（2007b）「安倍内閣総理大臣記者会見」。

末次俊之（2012）「安倍晋三首相──ビジョン型宰相」藤本一美編『現代日本宰相論』竜渓書舎。

末次俊之編（2014）『第一次安倍晋三内閣・資料集』志學社。

竹中治堅（2010）『参議院とは何か　1947 ～ 2010』中公叢書。

フェルドマン，オフェル（1992）『イメージで読む「永田町」』未来社。

増山幹高（2003）『議会制度と日本政治──議事運営の計量政治学』木鐸社。

御厨貴編（2013）『増補新版　歴代首相物語』新書館。

三隅二不二（1984）『リーダーシップ行動の科学』有斐閣。

武蔵勝宏（2007）「社会保険庁改革法案の立法過程と有権者による政策評価」『同志社政

策科学研究』第 9 巻第 2 号、33-45 頁。

渡邉昭夫編（1995）『戦後日本の宰相たち』中央公論社。

民主党アーカイブ（2007）「『消えた年金』問題追及のため、納付記録の管理状況を視察」〈http://archive.dpj.or.jp/news/?num=10070〉（2017 年 12 月 5 日閲覧）。

第9章　福田政権

荒井　祐介

1　福田政権の誕生

自民党総裁選

　第168回国会が招集されてからわずか2日後の2007年9月12日、安倍首相は辞意を表明した。それを受けて、自民党内ではただちに後継総裁を選出する作業が進められた。9月13日に自民党本部で開かれた両院議員総会において、自民党総裁選の日程を、9月14日に告示、15日に立候補届け出、そして23日に投開票とすることが決定された。当初、麻生太郎自民党幹事長など党執行部からは、政治的空白をつくらないためにも1週間程度での総裁選出という方針が示されたが、若手議員を中心に、多くの党員の声も聞くべきだとの異議があり譲歩した格好となった。今回の総裁選は、自民党の党則で「総裁が任期中に欠けた場合」で「特に緊急を要する」ときに認められている簡略型で行うこととされ、党員・党友の票は設定されずに、党所属の国会議員の387票、都道府県連代表の141票（47都道府県連に各3票）の合計528票で争われることとなった。

　自民党総裁選に立候補したのは、麻生と福田康夫の2人であった。麻生は、前年の総裁選で次点となり、その後は外務大臣、自民党幹事長として安倍首相を支えてきた経緯もあり、安倍路線を継承する存在と目された。麻生はポスト安倍の最右翼の位置にいたが、党内には安倍・麻生体制が現在の事態を招いたとの反発も強く、幹事長には安倍政権に対する政治責任があるとの指摘もあった。反安倍・麻生の議員たちは、小泉政権時代に官房長官を務めた後に非小泉・安倍路線の象徴的存在となっていた福田の擁立に動いた。福田が立候補の意向を表明すると、麻生派を除く党内8派閥が支持する流れが出来上がり、福田優位で総裁選は進んだ。

9月23日に開かれた両院議員総会において総裁選の投票が実施され、福田が330票（国会議員票254票、都道府県連代表票76票）、麻生が197票（国会議員票132票、都道府県連代表票65票）となり、過半数の票を獲得した福田が新総裁に選出された。

国会の首班指名

連立政権の枠組みは、自民党と公明党の自公連立が継続された。9月25日に、福田自民党総裁と太田昭宏公明党代表が国会内で会談を行い、連立合意文書に署名した。合意文書では、11月1日に期限が切れるテロ対策特別措置法について、今国会で引き続き活動可能とするための法整備を行う点が確認された。政治資金の透明化については、「1円以上のすべての支出に領収書添付を義務付ける」こととし、公開のあり方については、実務者レベルで協議を進め今国会で成案を得るとした。また、与党が過半数割れした参院選の結果を受け、「負担増・格差の緩和など国民生活に重きを置いた方向の政策を断行する」と明確にした。

衆参両院の内閣総理大臣指名選挙は9月25日に行われた。衆議院では福田が指名されたが（福田康夫338票・小沢一郎117票）、与党が過半数割れしている参議院においては、民主党の小沢一郎が決選投票の結果指名され（小沢一郎133票・福田康夫106票）、9年ぶりに両院で異なる指名となった。両院協議会で成案を得ることができなかったため、憲法の規定する衆議院の優越により福田が内閣総理大臣に指名された。翌26日午前の皇居での首相任命式と閣僚の認証式を経て、自民党と公明党による福田連立内閣が正式に発足した。

福田首相は組閣にあたって、開会中の国会への影響を最小限にするために、安倍前内閣の閣僚17人のうち15人を再任ないし横滑りさせた。福田首相は、自らの内閣について、一歩でも間違えれば自民党が政権を失う可能性のある内閣であるとして、「背水の陣内閣」と名づけた。

福田内閣の特徴

福田内閣の一つの特色は、小泉・安倍内閣時代の「官邸主導」の手法を軌道修正し、与党および官僚との協調を重視した点にある。それは人事の面でも見て取れる。福田首相は、官邸主導で政府を運営する方針を明言した一方

で、内閣の要である官房長官には自身と同じ派閥の町村信孝を起用することで、官邸と与党の協調路線を敷いた。党内人事においても、党執行部である幹事長、総務会長、政調会長、および新設の選対委員長に派閥の領袖をあて、派閥に配慮する姿勢を示した。小泉・安倍時代とは異なり、福田内閣は、党の意向を十分に汲み取り、政府与党一体の態勢を取ることを目指した。

　官僚との協調関係という点では、中央省庁を束ねる事務担当の官房副長官に二橋正弘を再起用した点が挙げられる。自治事務次官であった二橋は、小泉政権の下で官房副長官に就いたが、安倍政権発足時に更迭されていた。安倍首相が官房副長官に起用したのは元大蔵官僚の的場順三であったが、これは旧内務省系の官僚が副長官に就く慣例を破る人事であったため、官僚側の反発を招いていた。福田首相は、一度退いた副長官を復帰させる異例の人事を行い、霞が関の人事秩序を回復することで、官僚機構への配慮を示した。

　発足時の福田内閣の支持率は、歴代の内閣と比較しても高い水準にあったといえる。NHKの世論調査によれば、発足時の福田内閣の支持率は58％であった（支持しないは27％、図1）。この高い支持率は、福田首相にとって大きな意味をもった。当面の間は、世論の支持を背景に解散権を行使できる状況になったことを意味したからである。安倍内閣の支持率は7月の参院選で惨敗した後に30％台で低迷し、事実上解散権を封じられ、追い込まれた場合には内閣総辞職しか局面を打開する方策が残されていなかった。それに対して、福田内閣は、テロ対策特別措置法をめぐる与野党の攻防において、解散権行使というカードをもつことで主導権を握ることが可能になったのである（読売新聞政治部 2008：195-196）。

2　大連立政権構想の頓挫

参議院の権限の強さ

　安倍首相の辞任により事実上審議が止まっていた国会は、10月1日の福田首相の所信表明演説以降に審議が再開された。福田首相は、所信表明演説において、参議院での与野党逆転状況を踏まえ、衆参で議決が異なる場合には国として新しい政策を進めていくことが困難になるとして、「野党のみな

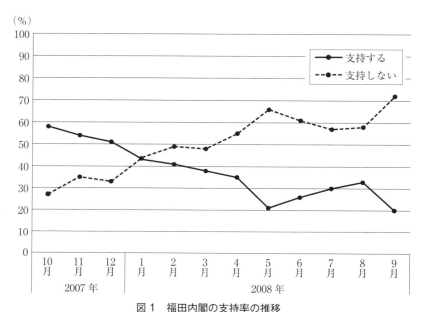

図1　福田内閣の支持率の推移
出所：NHK放送文化研究所ホームページ「政治意識月例調査」より筆者作成。

さまと、重要な政策課題について、誠意をもって話し合いながら、国政を進めて参りたい」と述べ、福田内閣として野党との協議を重視する姿勢を強調した。

　第168回国会の最大の焦点は、テロ対策特別措置法をめぐる与野党の攻防であった。インド洋に派遣している海上自衛隊の補給艦などの活動の根拠となるテロ対策特別措置法が2007年11月1日に期限切れを迎えるため、福田内閣は、活動を継続するための新テロ対策特別措置法案を提出する方針を固めた。それに対して、野党第一党の民主党は、インド洋における自衛隊の給油活動は憲法違反であるとの立場を採り、新テロ対策特別措置法案についても徹底的に抵抗する構えをみせていた。10月5日に与野党国会対策委員長会談が国会内で開かれ、自民党の大島理森国対委員長は、新テロ対策特別措置法案の骨子を示し、法案内容について事前に調整する与野党の協議機関の設置を打診したが、民主党をはじめ野党側は一切応じなかった。

日本の国会は、衆議院で過半数を占める与党が参議院で過半数に達しない、いわゆる「ねじれ国会」となった場合、法案審議過程が停滞し、政府与党の政治運営が極めて厳しい状況に陥る可能性がある。その大きな原因は参議院の権限の強さにある。

　憲法の規定上、衆議院は参議院に優越した機関として位置づけられている。予算案の議決、条約批准の議決、内閣総理大臣指名選挙に関しては、衆議院の議決を国会の議決とすることができる。法律案については、衆議院が可決した法案を、参議院が否決した場合、あるいは参議院が60日以内に議決しない場合は（否決したものとみなして）、衆議院で3分の2以上の多数によって再可決すれば成立させることができる（憲法59条）。

　このことは、ねじれ国会の下で政府与党の法律案について両院の意思が異なり、両院協議会でも成案を得られない場合、政府与党がその法律案を成立させるためには、衆議院の3分の2以上の勢力確保という高いハードルを越えなければならないことを意味する。

　さらにいえば、憲法の規定上で衆議院の再可決による法案成立が可能であったとしても、それが政治的に可能かというのは別の問題である。衆議院の再議決による法案成立には、2つの政治的制約がある。第一に、野党が参議院で首相の問責決議を提出する可能性である。問責決議自体には法的拘束力はないので、可決されたとしても政府与党は無視すればよい。しかし、首相に対する問責決議が可決された場合、野党はそのような内閣は相手にすることができないとして審議に応じず、国会がストップしてしまう危険性がある。第二に、衆議院の再可決を行った場合、与党による「数の横暴」と捉えられ世論からの反発を招くかもしれない。とくに与野党が鋭く対立している法案で、世論の意見も拮抗しているような場合には、より慎重にならざるを得ない。世論の反発が強く、次の衆院選で与党が3分の2の議席を失えば、衆院再議決という手段も使えなくなる。

大連立政権構想の頓挫

　このように、ねじれ国会においては、参議院で野党が強硬な姿勢を採ることで、政府与党は政治的に追い込まれることになる。ねじれ国会の下で野党

が政府与党に対抗的な立場を採るなかで、福田内閣は、衆議院で３分の２以上の議席をもちながらも、困難な国会審議をいかに乗り切るかという問題に終始悩まされることになる。このことは、権力の軸足が内閣から国会にシフトしたことを意味する。経済財政諮問会議がほとんど注目されずに、むしろ自民党と民主党の国会対策委員長の動向に関心が寄せられるようになったのは、この変化を表していた（読売新聞政治部 2008：201）

　この状況を打破するために福田内閣が取り得る方策には、２つの選択肢が考えられる。まず考えられるのは、対峙する政党以外の中間政党を連立パートナーに加え、参議院の過半数を確保してねじれを解消する方法である。実際に、1998 年参院選後のねじれ国会では、自民党は、対峙する政党以外の中間政党である自由党（自自連立、1999 年 1 月）や公明党（自自公連立、1999 年10 月）との連立を組むことで、参議院の過半数を確保してねじれを解消した。しかし、今回はそのような条件を満たす中間政党が存在せず、この方法を採用することはできなかった（読売新聞政治部 2008：194）。

　福田内閣が取り得るもう一つの選択肢は、野党第一党との大連立政権の形成である。福田内閣発足当初は、新テロ対策特別措置法案をめぐって、政府与党と野党は激しく対立しており、大連立政権の可能性は小さいように思われていた。しかし、テロ対策特別措置法の期限切れ間近の 10 月 30 日に状況は一変する。自民党の福田総裁と民主党の小沢一郎代表の党首会談が行われたことで、大連立政権の可能性が一気に高まったのである。

　10 月 30 日の自民・民主の党首会談では大連立政権について具体的な話し合いは行われなかったとされているが、11 月 2 日に行われた 2 回目の党首会談において、福田が安全保障政策の点で小沢の主張に歩み寄り、党首レベルで大連立政権樹立に合意した。ポスト配分についても、自民党 10、民主党 6、公明党 1 の配分とすることが決められたという。

　安全保障政策に関してどのような譲歩があったのか。小沢は、自衛隊のインド洋における活動はアメリカの自衛権発動を支援するもので国連の枠組みでの行動ではないという点から反対していたが、日本の国際貢献活動に関しては、国連の正式な承認を受けた活動であれば武力行使を含む行為であって

も日本国憲法には抵触しないとの考えをもっていた。小沢によれば、党首会談の席で福田は次の2点を約束したという。すなわち、①国際平和協力に関する自衛隊の海外派遣は、国連安全保障理事会もしくは国連総会の決議によって設立、あるいは認められた活動に参加することに限定し、したがって、特定の国の軍事作戦については我が国は支援活動をしない、②新テロ対策特別措置法案はできれば通してほしいが、両党が連立し、新しい協力体制を確立することを最優先するので、連立が成立するならば、あえてこだわることはしない（読売新聞政治部 2008：232-233）。

　官邸に戻った福田は、記者団に対して、「政策を実現するため体制をつくる必要があるということで、新体制をつくるのでもいいのではないかと話をした」と述べ、大連立政権の樹立を目指していることを明言した。自民党と連立を組んでいる公明党は、自党の存在が埋没することを理由に、大連立政権に否定的な立場を取った。福田は、大連立政権における公明党の役割について、3党間のバランサー、ブレーキ役を委ねる意向を示した（後藤 2014：100-101）。

　しかし、大連立政権構想が実現することはなかった。民主党に戻った小沢は大連立政権への参加について党役員会に諮ったが、役員たちから強い反発の声が挙がり、小沢は官邸で待機していた福田に断りの電話を入れたのである。小沢が大連立政権を志向した理由は、国民の間で民主党の政権担当能力がいまだ疑問に思われているなかで、次期衆院選の勝利は厳しい状況にあるので、あえて政権運営の一翼を担い、政策を実行し、政権運営の実績を示すことが、政権交代の実現につながると考えたからであった。しかし、民主党内の大勢は、あくまでも野党の立場から政権を揺さぶりながら、次期衆院選に勝利しての政権交代を目指すべきというものであった。小沢は、大連立政権構想が民主党内で拒否されたことを受けて代表辞任の意向を固めたが、党内から慰留の声を受けて撤回した。そして、その後は、政府与党との対決姿勢をさらに強める方向へ舵を切ることとなった。

大連立政権構想からみえる日本政治の課題

　大連立政権構想は、ねじれ国会の下で国会審議が停滞する状況を打破する

ために打ち出されたものであった。それは、ねじれ国会における与野党の合意形成のためのルールが未整備であったことの裏返しでもある。参議院において与野党が逆転し、野党が政府与党に対して強硬な態度で臨むことで、各党の国会対策委員会や国会の議院運営委員会も機能しなくなり、決められない政治となってしまう。この状況を打破する方法として、連立政権の組み合わせの変更という手段が模索されたのである。

　今回の大連立政権構想からは、もう一つの事実が浮かび上がる。自民・民主の党首が大連立政権形成についての党首会談を開く過程について、どちらが話をもちかけたかについてははっきりしない部分があるが、渡邉恒雄・読売新聞グループ本社代表取締役会長や森喜朗元首相が関与していた点は明らかになっている。

　小沢は、朝日新聞社によるインタビューで、渡邉恒雄や森喜朗の名前を口に出さないものの、質問に回答するかたちで、渡邉氏から大連立政権の話をもちかけられたこと、その後に福田首相の代理人である森喜朗と会談したことを明らかにしている（朝日新聞 2007）。他方で、渡邉恒雄は、日本テレビの番組で、自身が今回の党首会談の設定に関与したことを認めつつ、それは小沢側からのアプローチがあったからであると述べている。森喜朗も、小沢のアプローチを受けた渡邉恒雄からの要請で小沢と都内のホテルで会談し、消費税増税と憲法改正という2つの大きな政策の実現を目指して大連立政権を樹立することで合意したと述懐している（森 2013：252-253）。

　渡邉恒雄が関与したことについては、政治の外部にいる人間が関与することに政治的正統性を問う声も大きかったが、このことは、政局が行き詰まった場合の政権形成について助言や斡旋を行う権威的機関が存在しないことも意味している。日本においては、そのような権威的機関が存在しないために、政治的影響力の強い外部の人間や元首相などが関与することになるのである。ねじれ国会の下で国会審議が手詰まりとなるなかで、政府や与野党の間で状況打開の道筋が見出せない場合、連立政権の組み合わせについて、政治的正統性を有する権威的機関による助言や斡旋が必要となる場合も考えられるであろう。

57年ぶりの衆院再可決による法案成立

　大連立政権構想が頓挫したことで、政府与党は、新テロ対策特別措置法案について、衆議院の3分の2以上の多数による衆院再可決を視野に入れることとなった。新テロ対策特別措置法案は既に、10月17日に閣議決定され国会に提出されていた。11月12日の衆議院テロ対策特別委員会において、新テロ対策特別措置法案は、締め括り総括質疑が行われた後に採決にかけられ、自民・公明の賛成多数で可決された。13日に衆議院本会議が開かれ、新テロ対策特措法案は賛成327、反対128の賛成多数で可決され、参議院に送付された。12月14日の衆議院本会議において、12月15日までの会期を2008年1月15日まで31日間再延長することが、自民・公明両党などの賛成多数で可決された。この会期再延長により、参議院が新テロ対策特別措置法案を採決しなくても、1月12日以降は「みなし否決」とされるため、衆議院での再可決が可能となった。

　2008年1月11日の参議院本会議において、新テロ対策特別措置法案は賛成106、反対133の反対多数で否決され、ただちに衆議院に返付された。これを受けて自民党は、同日午後、衆議院で再可決するための動議を衆議院本会議に提出した。動議を与党の賛成多数で可決した後、再可決のための採決を記名投票で行い、賛成340、反対113となり、出席議員の3分の2以上の賛成多数をもって新テロ対策特別措置法案は可決成立した。参議院が否決した法案を衆議院の再可決で成立させたのは、1951年のモーターボート競走法案以来、57年ぶりのことであった。

3　決められない政治

第169回国会の争点

　第168回国会は2008年1月15日に閉会した。福田首相は閉会後の記者会見において、今国会では「手探りの国会運営」となったことを認め、3日後に開会する第169回国会では予算編成および予算関連法案の審議があることから、改めて野党側の協力を求めた。また、衆議院の再可決については、「原則的にいえば、そう多発していいという話ではない」と述べ、その適用

の基準をあらかじめ想定することはしないとした。しかし、実際には、政府与党は、野党の強硬な抵抗を前にして、衆議院の再可決をあらかじめ組み込んだ国会戦術を採らざるを得なかった。

民主党は、小沢代表の指揮の下で、政府与党との対決姿勢をより明確化した。小沢は、1月16日に開かれた民主党大会において、「民主党が政権を担わなければ、国民生活を立て直すことはできない。政権交代をしなければ国民は救われない。今年はまさにその年だ」と述べて、福田内閣を解散・総選挙に追い込む決意を語った。

政府与党は、参議院の高い壁の前に、ますます「決められない政治」に陥っていくことになる。今国会で焦点となったのは、一つは、道路特定財源の一般財源化の問題、およびガソリン税などの暫定税率に関連する租税特別措置法の改正案、もう一つは、日本銀行の総裁・副総裁に関する国会同意人事であった。

租税特別措置法改正案をめぐる攻防

自動車にかかるガソリン税（揮発油税と地方道路税）、自動車取得税、軽油引取税、自動車重量税の5税には、税率を本来の2倍とする暫定税率が適用されている。この暫定税率を定めている「租税特別措置法」は、5年ごとの延長を繰り返してきた。この5税に石油ガス税を加えた6税は、「道路特定財源」として、道路の整備や補修など使途を限定されている。政府与党は、暫定税率を維持し、道路特定財源の一般財源化もしない方針であったが、民主党は、暫定税率についてはすべて廃止すること、道路特定財源も使途が限定されない一般財源にすることを強く求めた。

ガソリン税と自動車取得税、軽油引取税は2008年3月末に、自動車重量税は同年4月末に、暫定税率の期限を迎える。この期限までに租税特別措置法の改正案が国会で成立しなければ、上乗せ分の税率をかけることができなくなる。したがって、3月末までに租税特別措置法改正案が成立しない場合、ガソリンの価格が4月以降安くなるかわりに、国税収入が1年で約1兆7000億円、地方税収入が1年で約9000億円減り、道路特定財源は半減することになる。

民主党は、当選1、2回を中心とする衆議院議員約60人による「ガソリン値下げ隊」を結成した。ガソリン値下げ隊は、暫定税率廃止を街頭で主張して世論の支持に訴えるとともに、政府与党が衆議院で租税特別措置法改正案の強行採決に出た際には体を張って阻止する役割を担った。民主党は、租税特別措置法改正案の審議を引き延ばして暫定税率の期限切れをねらい、一時的であれガソリン価格が下がれば国民の支持が集まり、与党は再可決できなくなるとみていた。与党が再可決を強行した場合には、首相の問責決議案を参議院で可決し、衆議院の解散・総選挙を迫るとした。

政府与党は、暫定税率の3月末の期限切れを回避するために、暫定税率の期限を2か月間延長する「つなぎ法案」を議員立法で提出する戦略を立てた。3月末に暫定税率の期限が切れて一度でもガソリン価格が引き下げられれば、その後に税率が戻った場合の世論の反発は強くなり、内閣支持率も下がる可能性があった。1月29日に予定されていた2007年度補正予算案の衆議院通過後に、ただちにつなぎ法案を提出して衆議院を通過させることで、参議院でつなぎ法案が採決されなくても、3月末には「みなし否決」となり衆議院で再可決するという算段であった。

1月29日につなぎ法案が衆議院に提出された。野党側は政府与党のつなぎ法案に対して強く反発した。民主党の鳩山由紀夫幹事長は、「宣戦布告みたいな話だ。議論を封殺する話だから、簡単に国会審議に応じられる状況ではない」と述べ、審議拒否も辞さないとした。民主党のガソリン値下げ隊は、財務金融委員会および総務委員会での採決を阻止するために、国会内に集まり抗議活動を繰り広げた。政府与党は30日中に衆議院本会議でつなぎ法案を可決し、参議院に送付する構えを崩さなかったため、野党の審議拒否により国会が長期空転する懸念が強まった。

この状況を収拾するため、1月30日に河野洋平衆議院議長と江田五月参議院議長は、与野党に対して斡旋案を提示する。その内容は、① 2008年度予算案とガソリン税の暫定税率を10年間延長する租税特別措置法改正案などの租税関連法案について、公聴会や参考人質疑を含む徹底した審議を行った上で、年度内に一定の結論を得る、②税法ついて与野党間で合意が得うれ

たものについては国会で修正する、③つなぎ法案は取り下げる、というものであった。与野党は両議長の斡旋案を受け入れることを決定し、つなぎ法案は撤回された。

しかし、その後、政府与党と野党の間で暫定税率をめぐる協議は難航した。2月29日に、野党3党が欠席するなかで、2008年度予算案と租税特別措置法改正案が自民・公明の賛成多数により衆議院で可決され、参議院に送付された。民主党は、議長斡旋の前提である徹底した審議がなされていないとして態度を硬化させ、同日、暫定税率の撤廃と道路特定財源の一般財源化を盛り込んだ道路特定財源制度改革法案を参議院に提出した。

結局、租税特別措置法改正案の年度内成立は実現されず、ガソリン税などの暫定税率は4月1日から廃止されることとなった。4月30日の衆議院本会議において、参議院で審議されていた租税特別措置法改正案をみなし否決とする動議が可決され、ただちに同法改正案は3分の2の賛成により再可決されて成立した。みなし否決による再可決は56年ぶりのことであった。「決められない政治」によってガソリンの市場価格が混乱し、国民生活を直撃した格好となった。

日本銀行総裁・副総裁の国会同意人事をめぐる攻防

今国会のもう一つの焦点は、日本銀行の総裁・副総裁の国会同意人事であった。日本銀行総裁・副総裁など特定の行政機関の人事は国会同意人事とされ、衆参両院の同意が必要とされている。これは、内閣による各行政機関への人選が恣意的とならないように、国会が審議し同意を与えることで、人事の客観性や民主的な統制を担保することを目的としている。しかし、国会同意人事案について、参議院が否決した場合には、一般の法律とは異なり、再議決が認められていないため、その人事案は白紙に戻されてしまう。参議院で与野党が逆転しているねじれ国会では、参議院が国会同意人事に対する事実上の拒否権をもつことになる。実際に、第168回国会の参議院本会議において、労働保険審査会委員の平野由美子、運輸審議会委員の長尾正和、公害健康被害補償不服審査会委員の田中義枝の国会同意人事（いずれも再任案）について、野党の反対多数で否決し、不同意となっていた。

第9章 福田政権

　日本銀行の福井俊彦総裁と武藤敏郎副総裁ら2人の副総裁は、2008年3月19日に任期満了を迎えることとなっており、その後任人事が注目を集めた。2007年後半からアメリカのサブプライムローン問題が世界の金融市場を混乱に陥れており、世界的な株価低迷や原油高騰が起きていた。日本銀行は日本の金融政策の舵取り役であり、政府与党としては総裁空席という異常事態によって市場が日本売りに走ることを懸念した。

　政府は、3月7日、武藤を総裁に昇格させ、副総裁には白川方明・京都大学教授と伊藤隆敏・東京大学教授を起用する国会同意人事案を衆参両院に提示した。11日の衆参議院運営委員会で武藤、白川、伊藤の所信を聴取した上で、衆参の本会議に国会同意人事がかけられた。しかし、12日の参議院本会議において、武藤の総裁昇格と伊藤の副総裁起用は反対多数で不同意とされ、白川の副総裁起用だけが同意された。日本銀行総裁の人事案が国会で不同意となったのは、日銀正副総裁の国会同意を規定した改正日銀法が施行されて以来、初めての出来事であった。13日の衆議院本会議では、武藤、白川、伊藤のいずれの人事案も賛成多数で同意された。その結果、日本銀行総裁・副総裁人事は、白川の副総裁起用のみが確定した。自民党の伊吹文明幹事長は、「内閣が示した人事案を差し替えろ、ということは、首相指名権のない参議院を使って、行政権に介入すること」であるとして、野党側の姿勢に注文をつけた。

　政府は、現日銀総裁・副総裁の任期満了日である3月18日に、日本銀行総裁に田波耕治・国際協力銀行総裁を、副総裁に西村清彦・日銀政策委員会審議委員を指名する新たな人事案を衆参両院に提示した。同日、衆参議院運営委員会において、田波および西村の所信が聴取された。民主党は、財政と金融は分離すべきで、旧大蔵事務次官経験者を日銀総裁にすることは認められないとして、田波の日銀総裁は拒否する方針とした。19日、参議院本会議では、田波総裁については反対多数で不同意、西村副総裁については賛成多数で同意とされ、衆議院本会議では両者同意を得た。その結果、西村の副総裁起用のみが確定した。

　これにより、3月20日以降、日本銀行総裁のポストが空席となる異常事

態に陥ることになった。政府は、日銀法の規定にもとづき、白川副総裁を総裁代行に指名した。最終的に、日本銀行総裁ポストは、4月9日に衆参両院の本会議で、白川副総裁を日本銀行総裁とする人事案に両院が同意、同日中の持ち回り閣議を経て、白川が日本銀行総裁に任命された。

決められない政治と内閣支持率

　ねじれ国会の状況下で、野党が参議院の権限の強さを活かして徹底抗戦の立場を採る場合、政府与党は国会審議を円滑に進めることができなくなり、決められない政治に陥ってしまう。道路特定財源やガソリン税などの暫定税率の問題、日本銀行の総裁・副総裁の国会同意人事は、まさに決められない政治が顕著に表れた争点であった。

　決められない政治は、福田内閣の支持率をじりじりと押し下げていった。内閣支持率は、2008年1月に「支持する」と「支持しない」が逆転し、3月以降は「支持しない」が5割を越えたまま推移した。福田内閣は、新テロ対策特別措置法案、道路特定財源やガソリン税などの暫定税率に関する租税特別措置法改正案の審議のもたつき、日本銀行総裁・副総裁の国会同意人事をめぐる混乱によって、世論の支持を背景とした解散・総選挙という切り札を失ってしまったのである。

4　福田首相の辞任

福田首相の辞任

　2008年6月21日に第169回国会が閉会し、7月7日から7月9日までの北海道洞爺湖サミットを乗り切った後、福田首相は、8月1日に内閣改造を行い、翌2日に福田改造内閣が発足した。しかし、9月1日夜、福田首相は突然に記者会見を行い、退陣を表明した。

　記者会見において、福田首相は、「先の国会では、民主党が重要案件の対応に応じず、国会の駆け引きで審議引き延ばしや審議拒否を行った」結果、「決めるべきことがなかなか決まら」ず、また「何を決めるにも、とにかく時間がかかった」として、野党第一党の民主党を名指しで痛烈に批判した。その上で、「政治の駆け引きで政治的な空白を生じる、政策実施の歩みを止

めることが」あってはならず、「この際、新しい布陣の下に政策の実現を図って参らなければいけないと判断」し、首相を辞任するとした。

福田内閣とねじれ国会

　福田退陣の最大の理由は、この記者会見の発言からもわかるように、秋の臨時国会の展望が開けないことであった。「ねじれ国会」の下で臨時国会を招集しても、民主党を中心とする野党が法案の審議拒否などで抵抗することは自明であり、国会で意思決定ができない状態が続くことを懸念したのである。そして、そのような政治的閉塞状況に陥れば内閣支持率、自民党支持率はさらに低下することが予想され、最悪の状況での衆院解散・総選挙に持ち込まれる危険性があると判断した（薬師寺 2014：214-215）。

　このように、福田内閣は、発足から退陣に至るまで、ねじれ国会の問題に悩まされ続けた。衆参で多数派が異なる国会において、野党が強硬姿勢を貫く場合の与野党の合意形成ルールが国会で未整備であるため、国会審議は空転し、決められない政治に陥ってしまう。

　このねじれ国会の局面を一気に打開する方策として、民主党との大連立政権の形成が模索された。自民党と民主党の党首会談で大連立政権形成に合意したものの、結局、民主党内の賛同を得ることができず実現には至らなかった。自民・民主の大連立政権構想は、大連立政権の形成は、党内の権力関係や党首のリーダーシップ、政治を取り巻く社会経済的状況など多くの要因が複雑に交錯し、その実現が容易ではないことを示した。加えて、国会が手詰まり状況となった際に、連立政権の組み合わせについて助言や斡旋を行う権威的機関が不在であること、その裏返しとして、政治的正統性をもたない政治的アクターが与野党の首相や党幹部の間を媒介する可能性が存在することを示していた。

【参考文献】

朝日新聞（2007）「小沢・民主党代表インタビュー」2007 年 11 月 16 日付。
後藤謙次（2014）『ドキュメント平成政治史 3　幻滅の政権交代』岩波書店。
塙和也（2013）『自民党と公務員制度改革』白水社。
福田康夫・衛藤征士郎（2005）『一国は一人を以って興り、一人を以って亡ぶ』ＫＫベ

ストセラーズ。

森喜朗（2013）『私の履歴書――森喜朗回顧録』日本経済新聞出版社。

薬師寺克行（2014）『現代日本政治史――政治改革と政権交代』有斐閣。

読売新聞政治部（2008）『真空国会――福田「漂流政権」の深層』新潮社。

第10章　麻生政権

浅井　直哉

1　解散を見送る「選挙管理内閣」

総選挙への期待

　2008年9月、福田内閣の退陣にともない、自民党では総裁選挙が執り行われた。麻生太郎、与謝野馨、小池百合子、石原伸晃、石破茂の計5人が立候補し、投開票の結果、麻生が第23代自民党総裁に選出された。麻生は、太田昭宏公明党代表と連立合意文書に署名し、自民党と公明党の連立政権を発足させた。自民・公明両党は、2007年の第21回参議院議員通常選挙において46議席を獲得するにとどまり、衆参で多数派勢力の異なる「ねじれ国会」に直面していた。政府与党は、衆議院において法案を可決することができても、参議院を通過させることが難しい状況にあった。福田内閣の退陣も「ねじれ国会」の運営に窮した結果であった。野党側は、2007年通常選挙の結果を「直近の民意」であると主張し、与党への抵抗を繰り広げた。自公政権の「決められない政治」というイメージが有権者の間に広がり、福田政権末期には内閣支持率が20％台に落ち込んだ。民主党は、自公両党への不信感が強まっていることを見逃さず、政権交代を目指して政府与党に総選挙を要求した。

　解散をめぐっては、与党側も早期の実施を望んだ。政府与党は、国会運営を有利に進めるために、総選挙で勝利して「直近の民意」を引き寄せる必要があった。与党が麻生に期待していたのは、首相が交代した直後の比較的に高い支持率のうちに衆議院を解散することであった。しかし、総選挙が実施されたのは、政権発足から約1年後の2009年8月であった。

先送りの選択

　麻生が解散を見送り続けたのには、いくつかの要因が指摘されている。第

一に、支持率の低迷がある（小林 2012）。政権発足時の支持率が自民党の予測した支持率を下回ったため、麻生は解散、総選挙の実施を先送りにしたという。第二に、リーマン・ショックの影響による金融危機対応の優先である（田中他 2009；小林 2012；薬師寺 2014）。リーマン・ショックは総裁選の期間中に発生し、その後の日本経済にも影響を及ぼした。麻生は、金融危機に対応すべく、4度にわたって予算案を編成し、経済政策を推し進める姿勢を示した。第三に、自民党が実施した総選挙の獲得議席予想において、大幅な減少が見込まれたことである（田中他 2009）。2009年の総選挙は、このときの予測値に近い結果となるが、麻生政権発足時においては、解散を見送る要因として作用したと考えられる。

　3つの要因がそれぞれ説得力をもつ一方で、各要因を組み合わせて考えると、第二、第三のものは、第一の要因に付随すると捉えることができる。政権発足直後の支持率が思うように伸びず、総選挙での敗北が必至と伝えられた。そのため、麻生は支持率の上昇に向けて経済対策を推し進め、結果として解散を先延ばしにしたものと思われる。麻生は低迷する支持率の回復を

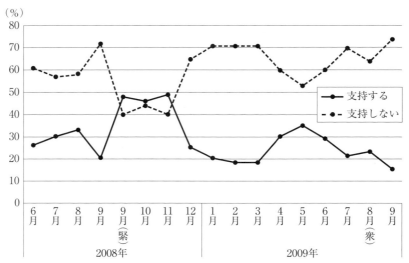

図1　麻生内閣の支持率の推移
出所：NHK放送文化研究所ホームページ「政治意識月例調査」より筆者作成。

図ったが、実現に失敗した（図1）。

本章では、麻生政権下において、なぜ解散が先送りされ続けたのかという疑問を出発点として、政権発足から解散の予告が行われるまでの過程を概観し、麻生政権が支持率を上昇させることに失敗し続けていたことを示す。麻生政権下では、閣僚のスキャンダルや、解散・総選挙をめぐる党内意思の分裂、さらには、早期の解散や定額給付金の実施を求める公明党の圧力が生じた。これらの諸問題に対して、麻生は事態の早期収拾や対応に失敗し、統制能力を欠く姿を露呈した。また、解散の機会を自ら封じ込めるかのような状況をつくりだしてもいた。小沢一郎民主党代表の秘書が政治資金規正法違反の容疑で逮捕されたことを受け、民主党の支持率が低下した際には、自民党に勝機が訪れたかのようにもみえた。しかし、麻生は経済政策の重視を繰り返し訴えていたために、補正予算の成立を優先しなければならず、解散に踏み切ることができなかった。次節以降では、麻生政権下において発生した諸問題に目を向け、支持率の回復を阻害する事態が次々と生じた様子をたどる。

2　政権与党の不協和音

補正予算の策定

麻生は、9月29日の所信表明演説で2008年度補正予算の成立を「焦眉の急」とし、早期に着手する旨を述べた[1]。麻生には、組閣の段階で経済対策を優先する意向があり、中川昭一に財務大臣と金融大臣を兼務させて、財政と金融行政を一元化していた。翌30日には解散・総選挙を見送る意向を示した[2]。この時点では、補正予算の成立後に衆議院を解散する選択肢も存在したが、自民党内からは、金融危機の拡大を懸念して、さらなる先送りを求める声が挙がった。

衆議院予算委員会では、補正予算成立と前後して、福田政権時に頓挫した補給支援特別措置法改正案（以下、補給支援特措法）の成立を目指す方針が示された。補給支援特措法案は、民主党を筆頭に野党が反対姿勢を採り、参議院で否決される見込みがあった。麻生には、同法案が衆議院を通過し、参議院で否決された場合に、補給支援延長をめぐる問題を争点に解散する選択肢

があった。しかし、このシナリオは修正を余儀なくされた。早期の解散・総選挙を促すために、民主党が補給支援特措法の成立を容認し、補正予算についても同様の対応をみせた[3]。民主党は、麻生の掲げた重要政策を早期に成立させ、解散の先送りを封じる戦略に舵を切った。これにより、麻生は野党の非協力的な姿勢をアピールできず、新たな実績をつくるため、2008年度第二次補正予算案の作成に向かった[4]。

　補正予算の審議と並行して、麻生は緊急総合経済対策の策定を始めた。第二次補正予算案の骨格となるものであり、これには、かねてより公明党が実施を求めていた定額減税が盛り込まれることになった[5]。定額減税は、後に定額給付金として実現することになるが、この政策をめぐって、自民党と公明党の間に溝が生じる。第二次補正予算では、小泉政権の財政再建化路線を転換し、大幅な財政出動を容認することが前提となった。しかし、赤字国債を増発すると、有権者から反発を受ける可能性があるため、財源の確保が最大の課題となった。公明党の山口那津男政調会長は、財政投融資特別会計の金利変動準備金を流用する方針を明らかにし、中川財務・金融大臣も山口の主張に理解を示した[6]。一方、自民党側は、この「埋蔵金」を他の項目にあてたいと考えており、公明党案の受け入れに難色を示した。両党は、定額減税の実施について合意したものの、その具体案をめぐっては温度差が表面化した。

与党内の軋轢

　自公間には、解散・総選挙をめぐる軋轢もみられた。東京都議会議員選挙が2009年に予定されているため、公明党は、早期の解散・総選挙を要求した。都議選では、自公の候補者が同選挙区内で議席を争うのに対し、総選挙において、自公は選挙区票と比例区票の棲み分けを行う。そのため、公明党と創価学会には、都議選と総選挙の重複を避けたいという意向があった。公明党は、2008年度補正予算と補給支援特措法などの法案が成立した直後に総選挙を迎えたかった。重要法案が成立すると、政府与党は、それまでの取り組みを政権の実績としてアピールできるとともに、策定中の第二次補正予算案を公約として提示し、民主党との争点を設定することができる。しかし、

麻生からは解散に踏み切る気配を感じられなかった。繰り返し解散を迫ったところで、政権の基盤に揺らぎが生じるため、強い姿勢で臨むことができない。公明党内には、麻生に対する不信感が生まれつつあった。

　定額減税については、自民党と公明党の間のみならず、自民党内においても不一致がみられた。財政出動が前提とされるなかにあって、与謝野経済財政担当大臣は、財政再建化路線の転換に消極的であった。与謝野は、新たな総合経済対策の作成に際して財政再建化路線を継承する算段を立て、消費増税を含む税制改革に向けた「中期プログラム」の策定に乗り出した。中川が積極財政を目指すのに対して、与謝野はその方針を認めつつも、財政再建を念頭に置いており、両者の立場には違いがみられた。

3　定額給付金をめぐる混乱

定額減税から定額給付金へ

　新総合経済対策には、国民全員を対象に金を配る定額給付金を年度内に実施することが盛り込まれ、目玉政策として位置づけられた[7]。定額減税は、公明党が生活支援の一環として実施を求めた政策で、所得税や住民税から一定額を免税するという措置である。しかしながら、定額減税は低所得者層のうち、所得税や住民税を納めていない人たちには効果がなく、生活支援にならない。この課題を解決するため、低所得者層に対して給付金形式での支援を行うことが検討され、その後の協議において、すべて給付金方式に移行することが決定した[8]。自公両党は、定額減税ではなく定額給付金を実施すること、財源に財政投融資特別会計の準備金をあてることについて合意した。しかし、依然としてその規模や具体的な実施方式の策定には至らなかった。公明党は、4人家族6万5000円の定額減税を主張し、給付金型になっても金額を維持しようとしたのに対して、自民党側は、総額の最大規模を2兆円と主張した。給付金総額が2兆円になると、4人家族への支給額は6万円前後になる。枠組みについては先送りとなり、ひとまず実施の方針だけが新総合経済対策に盛り込まれることになった。

麻生のジレンマ

　経済を理由に解散・総選挙が見送られたことは、経済対策の追加措置を実行する方針が明確にされたといえる。その中身を示すものが新総合経済対策であった。実施に向けては、その枠組みとなる第二次補正予算と関連法を成立させておく必要があった。しかし「ねじれ」の前では、参議院においてあらゆる政府提出法案が否決される。予算案については衆議院の優越を用いて30日後の成立を見通せるものの、関連法は3分の2を用いた再議決をもって成立させる必要があり、60日の時間を要する。与党は、臨時国会の会期を25日間延長して12月25日にまでと定めた。

　ただし、この日程は、補給支援特措法と改正金融機能強化法の成立を企図したものであり、第二次補正予算関連法は、2009年1月中の成立が予定された。日程上、たとえ、11月中に予算関連法案が提出されても、臨時国会中に成立しなければ廃案となる。この場合、麻生は政策案を実施に移すことができず、再び「決められない政治」が姿を現す。これでは、支持率の上昇が見込めず、麻生にとって解散・総選挙を迎える条件が整わない。与党内からは「麻生おろし」の声が聞こえ始めるかもしれない。麻生は、第二次補正をめぐって、具体案の作成と政治日程という2つの懸念を抱えることになった。

閣内不一致

　11月2日には、給付金を高所得の世帯にも支給するか否かをめぐり、閣内の不一致が浮き彫りになった。財政再建を目指す与謝野が給付に際して高所得者を除くという意向を示したのに対して、財務、金融大臣を兼任する中川は、現場レベルでの対応が複雑化することを理由に、全世帯を対象とする考えを述べた。麻生自身も、給付金の対象を全世帯にすると発言した。しかし、4日の記者会見で、麻生は「全所帯ということはオレも入るわけだろ？　生活が困っているところにやる。豊かなところに出す必要はない」と述べ、所得制限の設置に前向きな姿勢を示した[9]。給付金をめぐって麻生の発言がふらつき、閣内の認識が統一されていないことが明らかになった。

　7日には甘利明行政改革担当大臣が高所得者による自発的な辞退を呼びか

ればいいとする一方で、与謝野は、辞退を促すというのは制度と呼べるものではないと発言した。野田聖子消費者行政推進担当大臣は、全所帯のままでよかったのではないかと指摘した。笹川堯自民党総務会長からは、閣内において意思の不一致がみられることに対して批判的な発言があった。閣僚、党執行部が次々に持論を展開し、麻生のリーダーシップや統制能力の脆弱性が露見した。

　給付金の実施方式に関する問題は混迷を極めた。10日、麻生は所得制限を設けるか否かについて問われ、受給する際の窓口において自己申告すればよいとの考えを示した。政府は、所得制限を法整備化せず、1800万円以上の所得がある人たちに辞退を促すかたちで実施する方針を定めた。その後、生活支援定額給付金実施本部が設置され、所得制限の設置に関し、地方自治体に判断を委ねるという決定が下された[10]。一人あたり1万2000円、18歳以下と65歳以上の人には8000円を上乗せし、議論の分かれた所得制限は、年間1800万円が下限として示されたものの、実際に制限するか否かは支給を行う地方自治体の判断に委ねられた。所得制限をめぐり、政府与党が行ったのは決定を避ける決定であった。

　曖昧な決着とはいえ、政府案が示されたことにより、給付金の枠組みをめぐる問題は政府与党レベルの手を離れたかのようにみえた。しかし、合意が得られた翌日、鳩山邦夫総務大臣が全世帯に支給するべきであると発言した。鳩山は、総裁選挙で麻生陣営の選対役を担っており、「お友達」の一人であった。その鳩山から給付金に対する異論が飛び出したのである。閣内のコントロールは、依然として不十分であった。

　民主党は、政府の方針に対して攻勢を強めた。第二次補正との関連では、麻生が経済対策を理由として解散しないにもかかわらず、予算案が提出されない状況を批判した。さらに、第二次補正が提出されるまで、補給支援特措法と改正金融機能強化法の採決に応じない姿勢を示した。当初、民主党は、第二次補正の提出と引き換えに両法案の採決を容認していたが、政府の方針を解散先延ばしの口実として批判し、採決に応じない構えをみせた[11]。会期が延長されることなく国会が閉会すると、政府は第二次補正予算案を策定中

とした上で、提出を通常国会に先送りすることができる。しかしながら、2つの法案成立を優先して会期を延長すると、第二次補正の提出を先延ばしにする整合性が取れなくなる。麻生は、会期延長をめぐって板挟みの状態になった。結果的に、麻生は第二次補正の提出を見送った。

4 小沢の揺さぶり、公明党との軋轢

大連立の呼びかけ

　会期を延長し、第二次補正の提出を見送りながらも、補給支援特措法と改正金融機能強化法の成立を目指すという不安定な判断が下された。臨時国会の延長は、解散の可能性が残されたことをも意味する。民主党は、第二次補正の提出見送りを政権の延命措置であると批判し、麻生に解散を迫った。小沢は、麻生が臨時国会中の成立を望む補給支援特措法と改正金融機能強化法、さらには第二次補正を含めて賛成することと引き換えに、自民党と民主党の大連立を組み、選挙管理内閣を発足させて、速やかに総選挙に移行するという選択肢を提示した[12]。ただし、この案は、福田政権下でみられたような水面下で模索された連立案ではなく、解散を迫るアピール程度に過ぎないものであった。そうであるとしても、小沢の打診は、与党にとって大連立が「ねじれ国会」を乗り越える手立てになると同時に、野党にとっては、政権に接近し、政権交代への足がかりになり得ることを示唆するものであった[13]。

　小沢の呼びかけた大連立構想は、法案成立と引き換えに解散・総選挙を確約するものであった。麻生や自民党は、あくまでも解散権のフリーハンドにこだわり、小沢の呼びかけを無視した。麻生は景気優先の姿勢を示すため、2008年度第二次補正を提出する前に2009年度予算の編成を始めた。しかしながら、自民党が麻生と歩調をそろえたのは大連立を拒否するという点のみであり、政策面において、麻生の意向を容認してはいなかった。小泉政権以降、社会保障費の拡大を圧縮したり、公共事業費を削減したりすることで財政の健全化が目指され、安倍、福田もその路線を継承した。しかし、2009年度予算編成に際して、麻生は財政再建を目指しつつ、もう一方では財政出動を認めるというダブルスタンダードともいえる方針を打ち出した[14]。与謝

野、中川秀直、細田、保利耕輔といった政府与党の中心人物らも、麻生の方針に困惑した。彼らは、総選挙を見据えて財政出動を認めたいという考えと、財政健全化に取り組むポーズを取る必要性との間で身動きが取れなかった。

公明党による増税阻止

　公明党との関係も悪化した。第二次補正、さらには 2009 年度予算案の策定や提出のために、「中期プログラム」の具体化が必要となった。麻生は、9月の所信表明演説において、日本経済を「全治 3 年」と診断して、景気回復の目安となる時期を挙げた。新総合経済対策の発表時には 3 年後の増税を求め、中期プログラムの策定に際しても、消費税の増税時期を「3 年後」と明記するよう指示した。しかし、自公の税制調査会長の会談では、具体的な時期の明記を避ける表現が採用された。これは、公明党が中、低所得者層からの支持を取りつけようとして、増税の具体的な時期に言及することを拒否したためである[15]。自民党と公明党から麻生の意向と異なる方針が打ち出された。

　これを受けて、麻生は、3 年後に税率を引き上げる方針を改めて強調した。麻生は、公明党が増税に難色を示していることを認識しており、麻生の主張は、公明党にとって受け入れ難いものであった。この方針は、定額給付金を容認するかわりに、与謝野が財政再建化路線を中期プログラムというかたちで再浮上させたという見方ができる。中川秀直を筆頭に、自民党内からも批判の声が挙がるなか、与謝野と麻生は、3 年後の消費増税を既成事実化させるために閣議決定を目指す。しかし、党内の批判をかわすことができても、公明党の斉藤鉄夫環境大臣から署名を拒否されるおそれがある。斉藤を罷免することになれば、公明党との関係に亀裂が生まれ、連立解消の可能性が浮上する。他方で、自らの主張する増税路線を転換するとなると、自民党や公明党の圧力に屈したとして、麻生自身の求心力が低下するとともに、与謝野との関係も冷ややかなものになりかねない。

　またも板挟みにあった麻生は、「3 年後」を明記するが法制化までは望まないという方針を提案して解決を図ろうとした。政府草案では「税制抜本改革の道筋を立法上明らかにする」として、法制化を先送りする表現が採られ

た[16]。この案では、自身の主張と公明党に対する配慮とを両立することができる。しかし、与謝野は強気の姿勢を崩さず、「総理は法制化の必要性を理解している」という旨を発言し、麻生、公明党を牽制した。議論が決着しないなか、古賀誠選挙対策委員長は、公明党との連立解消を示唆した。中期プログラムをめぐる問題は、自民党内での軋轢に加えて、自公連立の解消にまで発展する可能性を含んでいた。最終的には、公明党が求める文言を書き加えることと引き換えに、「3年後」を削除しない方針で合意し、閣議決定されることになった[17]。

5 「死に体」の麻生政権

舌禍・スキャンダル

　年頭記者会見と2009年通常国会の施政方針演説において、麻生は引き続き景気対策に重点を置くとともに、解散の機会をうかがう姿勢を強調した[18]。国会では、先送りされていた第二次補正予算の成立が焦点となるため、定額給付金の問題が早々に取り上げられた。第二次補正予算案と関連法案は衆院を通過し、参議院で否決されたものの、両院協議会を経て、27日に成立した。

　ときを同じくして、政権内では失言やスキャンダルによる問題が拡大した。経済状況の悪化を受けて、製造業、輸出業を中心に、非正規職員の採用を打ち切る「派遣切り」が社会問題化し、年末には、住居を失った人々を支援する「派遣村」が登場した。坂本哲志総務省政務官は、仕事始めのあいさつで、派遣村について「まじめに働こうとしている人たちなのか」と発言した。これを受けて、6日の衆院本会議では、鳩山由紀夫民主党幹事長が坂本の解任を求め、同日、坂本は発言を撤回し、謝罪した[19]。

　問題はこれだけにとどまらない。鴻池祥肇官房副長官について、議員宿舎に知人女性を住まわせていたことが報じられた。これに続き、日本郵政による「かんぽの宿」売却をめぐる鳩山総務大臣と西川善文社長の対立問題が勃発した。総務大臣の鳩山は、事業の売却過程に注目し、当初からオリックス不動産へ売却できるような操作があったのではないかと指摘した。この問題をめぐり、麻生も舌禍を引き起こした。麻生は、この問題をめぐる答弁のな

かで、郵政民営化に「賛成ではなかった」と発言した[20]。「ねじれ国会」の打開策として、自公政権は衆議院での3分の2の勢力による再議決を用いていた。これは、2005年の「郵政選挙」において自公の得た勢力によって立つものである。麻生は、郵政民営化に賛成するという民意を基盤とする勢力を使いながら、郵政民営化そのものに反対していたと述べたことになる。麻生は発言を修正して整合性を保とうとしたが、12日、郵政民営化を進めた張本人で、依然として国民から人気のあった小泉純一郎元総理が麻生を批判した[21]。

酩酊会見

2009年度の予算編成が本格化する2月中旬、さらなるスキャンダルが起きた。ローマで開催されていた主要7か国財務相・中央銀行総裁会議（G7）に出席した中川財務・金融大臣が酩酊ともいえる状態で記者会見を行った。中川は、16日の財務金融委員会で本件を問われ、アルコールを一切飲んでいないと釈明したが、その夜には飲酒の事実があったことを認めた。中川に対しては与野党問わず批判が噴出し、民主党は、中川への問責決議案の提出を決めるとともに、麻生の任命責任を追及した。

麻生は、16日夜の時点で任命責任を否定し、中川の続投を指示した。しかし、中川は、翌17日の記者会見で、審議中の2009年度予算関連法案が衆議院を通過した後に辞任すると表明した。民主党は、辞任を表明した大臣に対して審議を行うことはできないとして、ただちに辞任するよう求めるとともに、社民党、共産党、国民新党と共同で問責決議案を提出した。中川は、予算関連法案の審議への影響を懸念して、17日の夜、辞表を提出した。「ねじれ国会」では、問責決議案の可決が見込まれるため、中川の辞任は、このような特殊な状況下において生じたといえる。しかし、任命責任者である首相が続投を指示した翌日に辞任に追い込まれる事態となったことは、麻生の求心力の低下を浮き彫りにした。

これまで麻生を支えてきた「盟友」の辞任によって、自民党内では「麻生おろし」が加速した。古賀は、中川の辞任を受けて「選挙に与える影響とかの次元を超している」と述べ、反麻生グループの山本一太参議院議員は「す

ぐに選挙をやるべきだ」と指摘した[22]。18日には、後藤田正純衆議院議員が退陣を要求し、ポスト麻生として石破や野田といった名前を挙げた[23]。

「チャンス」の逸失

危機的状況の政府与党に事態の急変が訪れる。3月3日、民主党小沢代表の公設第一秘書が政治資金規正法違反の疑いで東京地検に逮捕された。秘書は、小沢の政治資金管理団体の会計責任者を務めており、小沢にも捜査の手が及ぶのではないかと報じられた[24]。与党の側からすると、民主党に金銭をめぐる不祥事が起き、追い風が吹いたことになる。しかし、麻生は、ここでも解散を先送りした。経済対策を掲げて政権を維持してきた麻生にとって、補正予算の成立は解散を迎えるための必要条件になっていたのである。

与党の関心は、予算成立と総選挙がいつになるのかという点に向けられた。4月、あるいは5月の解散が見送られると、都議選が目前になるため、公明党は8月解散を主張した。河村建夫官房長官は、公明党の意向に配慮する姿勢を示したが、麻生は、「友党に配慮」するものの、解散・総選挙の判断については公明党の意向に左右されるものではないと述べた。公明党からすると、麻生の態度は受け入れられるものではなかったが、支持率の上昇と、解散の決断を待つ他なかった。

政権の混乱は続き、鳩山総務大臣と日本郵政社長との対立が再燃した。参議院予算委員会において、鳩山はかんぽの宿の売却決定手続きに「不正義な部分があった」と主張した[25]。社長職は、日本郵政の指名委員会での指名をもとに、人事権をもつ総務大臣が認めるか否かを判断する。指名委員会は、西川を再任する方針を固めていたが、鳩山が人事案を認めるかは不透明な状況になった。鳩山は、麻生の意向と食い違ったとしても、西川の社長職続投を認めないとして、強硬な姿勢を示した[26]。麻生が西川を擁護し、アピール力をもつ鳩山を罷免すると、支持率がさらに低下する可能性がある。麻生は、鳩山との面会を重ね、12日に結論を下した。事態は、鳩山が総務大臣を辞任するかたちで決着した[27]。事実上、麻生が鳩山を更迭した。

民主党小沢代表の金銭問題により、麻生政権の支持率も回復傾向にあったが、6月には再び30％を割り込んだ。経済対策を掲げたばかりに、民主党の

減速という千載一遇の機会を逃し、閣内のスキャンダルや意思の不統一にも見舞われ、再度、有権者の支持を失った。7月12日、東京都議会選挙が行われ、自民党は38議席を得るにとどまり、公明党の23議席と合わせても、過半数を獲得することができなかった。勢いづく民主党は、内閣不信任案と首相に対する問責決議案を提出する戦略を採った。内閣不信任案が否決されても、問責決議案は可決させることができ、その後は、一切の審議を拒否する構えとなった。麻生は13日の時点で21日に衆議院を解散して、8月30日に総選挙を実施する方針を示した。

6　麻生政権の評価

　麻生政権は、安倍、福田に続く1年の短命政権として位置づけられ、その後の民主党政権期も含め6年続けて首相が1年ごとに交代する期間の一部を担った。麻生政権そのものに注目すると、選挙管理内閣として発足したにもかかわらず解散を見送り続けたことがわかる。結果的に1年という期間であったが、麻生政権の内情に目を向けると、最大限に政権を維持していたといえる。政権を維持するためにあらゆる手立てを講じたものの、支持率の回復に失敗し、政権交代に至る総選挙を迎えることになった。経済政策を推し進めようとした麻生の姿からは、トップダウンで方針を決定し、リーダーシップを発揮しようとしていたことがわかる。しかしながら、麻生は、解散を匂わせることでイニシアチブを確保しようとしたため、与党内に混乱を招くこととなった。あらかじめ、解散のための条件を明示していれば、与党からの支持を得ながら経済対策を進めることができたであろう。

　それとは別に、麻生自身の統治能力にも課題があったといえよう。麻生は、定額給付金や消費増税、日本郵政の社長再任問題など、党内、閣内を統一することができなかった。閣僚の失言やスキャンダルにも見舞われ、4度の予算編成を行ったにもかかわらず、支持率を回復させることに失敗した[28]。国会答弁や講演などでの漢字の読み間違いも、有権者の不信感を強めたと考えられる。麻生自身の迷い、統治能力ゆえに、混迷を極めた政権であった。

　自公連立政権という点からみると、選挙レベルでの連立を重視するあまり、

政策レベルにおいて不一致が生じた場合の対応に課題があった。定額給付金をめぐる混乱は、自公間の政策的な合意を欠いていたために生じ、政策の違いを浮き彫りにした。選挙協力を前提とし、政権を追求するための連立は、政策の不一致を解消することができず、差異を抱えたままにするものと考えられる。連立パートナーとしての公明党は、定額給付金が実施されたという点で政策的な主張を通すことに成功した一方で、選挙の時期をめぐる要求を通すことができたとはいえず、麻生の方針を追認する他なかった。

　麻生政権の事例からは、「ねじれ国会」を運営する困難さと首相の統治能力の喪失過程が明らかになった。麻生は、2009 年の総選挙を除くと、在任期間中に国政選挙を経験しておらず、有権者から直接の審判を受けていない。そのため、「ねじれ国会」は所与のものであった。しかし、前任者の失敗が活かされることはなく、無策であったことは否めない。さらに、リーダーシップを発揮しようとして自らの方針を推し進めた結果、党からの協力を引き出すことができなかった。この点は、小泉が選挙結果に示された民意を自らの権力資源として行使することができたことと対照的である。麻生は、有権者からの支持も党や連立パートナーからの協力も得ることができず、弱い首相の姿をさらし続けたのであった。

【注】

1　「第 170 回国会における麻生内閣総理大臣所信表明演説」〈https://www.kantei.go.jp/jp/asospeech/2008/09/29housin.html〉（2017 年 11 月 9 日閲覧）。

2　『朝日新聞』2008 年 10 月 1 日付。

3　『朝日新聞』2008 年 10 月 8 日付、『読売新聞』2008 年 10 月 8 日付。

4　2008 年度補正予算は、10 月 8 日の衆院本会議で可決され、参議院に送付された。民主党と国民新党も賛成に回り、16 日の参院本会議で賛成多数により可決し成立した。

5　定額減税とは、年収にかかわらず所得税や住民税から同じ金額を差し引く措置である。総選挙を見越して、弱者支援を掲げる公明党が実施を求めていた。麻生の所信表明演説にも、年度内実施を示唆する発言がある。

6　2008 年 10 月 15 日、参院予算委員会。

7　『朝日新聞』2008 年 10 月 31 日付、『読売新聞』2008 年 10 月 31 日付。

8　『朝日新聞』2008 年 10 月 30 日付、『読売新聞』2008 年 10 月 30 日付。

第 10 章　麻 生 政 権

9　『朝日新聞』2008 年 11 月 4 日付。

10　『朝日新聞』2008 年 11 月 12 日付。

11　当初、民主党は審議拒否の姿勢をみせたが、共産党、社民党から審議拒否の理由に正統性がないとの批判を受けて、審議に応じ、採決しない方針に転換した。

12　『朝日新聞』2008 年 12 月 2 日付、『読売新聞』2008 年 12 月 2 日付。

13　同日、麻生、ならびに細田博之幹事長が大連立構想に批判的なコメントを残している。

14　『朝日新聞』2008 年 12 月 4 日付、『読売新聞』2008 年 12 月 4 日付。

15　『朝日新聞』2008 年 12 月 12 日付、『読売新聞』2008 年 12 月 12 日付。

16　『読売新聞』2008 年 12 月 17 日付、『朝日新聞』2008 年 12 月 18 日付。自公は、増税に必要な法整備を 2010 年に行う方針で合意した。

17　『読売新聞』2008 年 12 月 24 日付、『朝日新聞』2008 年 12 月 25 日付。

18　『朝日新聞』2009 年 1 月 5 日付、『読売新聞』2009 年 1 月 5 日付。

19　『朝日新聞』2009 年 1 月 6 日付、『読売新聞』2009 年 1 月 7 日付。

20　2009 年 2 月 5 日、衆院予算委員会。

21　『朝日新聞』2009 年 2 月 12 日付、『読売新聞』2009 年 2 月 13 日付。その後、麻生は自民党役員会で発言について謝罪している。

22　『朝日新聞』2009 年 2 月 18 日付。

23　『朝日新聞』2009 年 2 月 18 日付、『読売新聞』2009 年 2 月 18 日付。

24　『朝日新聞』2009 年 3 月 4 日付、『読売新聞』2009 年 3 月 4 日付。

25　2009 年 5 月 21 日、参院予算委員会。

26　『朝日新聞』2009 年 6 月 4 日付、『読売新聞』2009 年 6 月 4 日付。

27　『朝日新聞』2009 年 6 月 13 日付。西川の社長職を容認するか否かをめぐる会談で、麻生が西川の続投を認める意向を示し、鳩山がそれを受け入れなかったため、事実上の更迭となった（『読売新聞』2009 年 6 月 13 日付）。

28　麻生政権期に起きたスキャンダルは、本章で取り上げたもの以外にも存在する。たとえば、政権発足直後には、中山成彬国土交通大臣が成田空港の建設や日教組をめぐる舌禍を引き起こした。鴻池は、2009 年の 6 月に別の女性スキャンダルを報じられた。

【参考文献】

麻生太郎（2007）『麻生太郎の原点——祖父・吉田茂の流儀』徳間文庫。

麻生太郎（2007）『自由と繁栄の弧』幻冬舎。

麻生太郎（2007）『とてつもない日本』新潮新書。

新川典弘（2008）『太郎さんの秘密』集英社。

飯尾潤編（2013）『政権交代と政党政治』中央公論新社。

岩渕美克（2006）「メディア政治の行方——ポスト小泉時代と政治報道」『公明』第 11 巻、22-27 頁。

岩渕美克（2010）「第 45 回総選挙の分析——民主党の勝因とメディア効果」『ジャーナリズム＆メディア』第 3 巻、41-52 頁。

NHK「永田町　権力の興亡」取材班（2010）『NHK スペシャル　証言ドキュメント　永田町　権力の興亡——1993-2009』NHK 出版。

後藤謙次（2014）『ドキュメント平成政治史 3　幻滅の政権交代』岩波書店。

小林良彰（2012）『政権交代——民主党政権とは何であったのか』中公新書。

高見勝利（2012）『政治の混迷と憲法——政権交代を読む』岩波書店。

竹中治堅編（2017）『二つの政権交代——政策は変わったのか』勁草書房。

田中愛治・河野勝・日野愛郎・飯田健・読売新聞世論調査部（2009）『2009 年、なぜ政権交代だったのか——読売・早稲田の共同調査で読みとく日本政治の転換』勁草書房。

早野透（2010）『政権ラプソディー——安倍・福田・麻生から鳩山へ』七つ森書館。

樋渡展洋・斉藤淳編（2011）『政党政治の混迷と政権交代』東京大学出版会。

薬師寺克行（2014）『現代日本政治史——政治改革と政権交代』有斐閣。

薬師寺克行（2016）『公明党——創価学会と 50 年の軌跡』中公新書。

第11章　鳩山政権

富崎　隆

1　鳩山政権の歴史的位置づけ

　2009年9月16日、民主党代表の鳩山由紀夫は首相に就任する。その政権の開始が、戦後日本の民主制における一つの画期であることは間違いない。それは、1994年の「政治改革」で期待された選挙による本格的政権交代の実現であり、日本の民主制と55年体制成立以降、初めて自由選挙を通じて野党の衆議院単独過半数獲得と政権交代が実現したのである。その意味で、鳩山内閣は極めて高い期待のなか、政権を立ち上げることとなった。

　しかし、政権の終焉は厳しいものであった。期待を集めた新政権は、結局9か月で辞任となった。菅、野田と続く後継の民主党政権は、2010年7月に実施された参院選敗北以降、ほぼレイムダック化したといっても過言ではない。東日本大震災対応、消費税増税問題とマニフェスト順守に揺れた民主党は分裂、2012年に実施された衆院選でも惨敗、下野する。そして、鳩山政権を含めた民主党政権は、しばしば「失敗した」と総括されることになる。なお、その「失敗」には、通常2種類ある。一つは、上記の過程で政権を喪失し、しかもその後党勢を挽回できず、さらなる分裂と他の勢力との合併を余儀なくされ、政党として消滅、結果として2001年体制（竹中 2006）として期待された安定的な二大政党の一翼となり得なかったことを指す。

　そして、もう一つの意味での「失敗」、そして第一の意味での失敗の重要要因としてしばしば取り上げられるのが、政権担当時の「マニフェストの未達成」である。本章では、この点に焦点をあてる。以下、第2節でデータと先行研究を利用しつつ、鳩山政権の成立と政権運営、そして終焉までの軌跡を簡単に振り返る。第3節では鳩山政権における政策決定、とくにマニフェストが実現される過程、されない過程を、「拒否権プレイヤー・モデル」を

191

利用した分析の概要からみていく。第4節で日本の民主制への含意について
述べる。

2　鳩山政権の軌跡・概要

鳩山政権の開始

　2009年総選挙の結果は、劇的であった。投票率は、現行小選挙区比例代
表並立制が採用された1994年以降（2018年現在まで）で最高の69％を記録し
た。民主党は、単独で過半数241議席を大きく上回る308議席を獲得する。
一方の自民党は119議席、解散時から184議席減という歴史的敗北を喫する。
公明党も解散時の31議席から21議席と大きく議席を減らした。社民党は7
議席、国民新党は3議席となった。

　この民主党勝利の要因については、いくつかの研究蓄積がある。田中他
(2009)、谷口 (2011)、山田 (2011)、小林 (2012) などが代表的なものである。
ここでは、飯田 (2009) を紹介しておく。飯田 (2009) では、世論調査から、
各個人の「政権交代スコア＝自民失望＋民主期待」を算出し、それが伝統的
に投票行動を規定するとされる要因である社会的属性や政党支持等を制御し
ても民主党への投票と投票参加を促したことを示した。また、その政権交代
スコアは、中央省庁の行政改革や年金問題等が重要争点であると考える有権
者で上昇し、外交・安保問題が重要争点であると考える有権者で低下するこ
とを示した。2009年に投票率上昇と民主党の圧勝をもたらした有権者は、
自民党に失望し、民主党に一定の期待をする、つまり現政権・政権党の業績
を評価しないだけでなく、その「受け皿」政党を一定程度評価している傾向
をもち、かつそれは省庁改革等の争点を重要と考えている人々であったとい
えよう。

　その民主党の2009年衆院マニフェストは、「政権交代。国民の生活が第
一。」とタイトルされ、冒頭に、「鳩山政権の政権構想」という見出しで、著
名な「5原則・5策」が提示された（表1a）。次に「マニフェストの工程表」
という見出しで、政策実行手順と各年の予算措置が提示され、主要な政策実
現の必要財源を、初年度7兆1000億円、4年後の平成25年度で16兆8000

第11章　鳩山政権

表1a　2009年　民主党マニフェスト（1）

5原則	5策
原則1：官僚丸投げの政治から、政権党が責任を持つ政治家主導の政治へ	第1策：政務3役（大臣・副大臣・政務官）を中心に政治主導による政策立案・調整・決定、および政務3役・大臣補佐官など○国会議員100人を政府に配置
原則2：政府と与党を使い分ける二元体制から、内閣の下の政策決定に一元化へ	第2策：閣僚委員会の活用と事務次官会議の廃止による政治家主導の意思決定
原則3：各省縦割りの省益から、官邸主導の国益へ	第3策：国家戦略局の設置と活用による官邸機能強化、予算骨格策定
原則4：タテ型の利権社会から、ヨコ型の絆の社会へ	第4策：事務次官・局長などの、政治主導の下での幹部人事制度確立
原則5：中央集権から、地方分権へ	第5策：天下り、渡りを全面禁止。行政刷新会議の設置による無駄な予算と制度の精査、国家行政組織法の改正により、省庁再編の機動的運用を図る

表1b　2009年　民主党マニフェスト（2）

5つの約束
1、ムダづかい：国の予算207兆円を全面的に書き換え、税金のムダづかいと天下りを根絶。議員の世襲と企業団体献金の禁止、衆院定数の80削減。平成25年度で、16.3兆円を捻出。
2、子育て・教育：一人当たり年31.2万円の「子ども手当」支給。高校の実質無料化と大学奨学金の充実。
3、年金・医療：「年金手帳」創設。年金制度の一元化と月額7万円の最低保証年金を実現。後期高齢者医療制度の廃止、医師を1.5倍に。
4、地域主権：「地域主権」の確立の第1歩として、地方自主財源の大幅拡充。農家の個別保障制度、高速道路無料化、郵政事業の抜本見直し。
5、雇用・経済：中小企業の法人税率を11%に、月額10万円の手当つき職業訓練制度。地球温暖化対策の強力な推進。

億円であるとした。さらに、「5つの約束」というかたちで主要政策群を提示した（表1b）。最後に、「マニフェスト政策各論」として、細かい政策が提示された。

鳩山政権の政権運営・支持率

　衆院選での勝利を受けた政権の船出と政権の顔ぶれを簡単にみていこう。総選挙後の9月9日、民主・社民・国民新の三党連立協議が妥結された[1]。

表2　鳩山内閣・閣僚

職名	氏名	（交代）	職名	氏名
総理	鳩山由紀夫		厚生労働相	長妻昭
副総理・国家戦略相	菅直人	仙谷由人（戦略相 2010.1.7 より）	農林水産相	赤松広隆
内閣官房長官	平野博文		経済産業相	直嶋正行
財務相	藤井裕久	菅直人（副総理兼 2010.1.7 より）	国土交通相	前原誠司
外務相	岡田克也		環境相	小沢鋭仁
行政刷新相	仙谷由人	枝野幸男（2010.2.10 より）	防衛相	北澤俊美
総務相	原口一博		国家公安委員会委員長	中井洽
法務相	千葉景子		金融相	亀井静香
文部科学相	川端達夫		消費者担当相他	福島瑞穂

　民主党は、衆議院で勝利したものの、参議院では単独多数を確保していなかったのである。そして、鳩山政権は、総選挙から約半月後の９月16日に正式に発足した。鳩山政権の閣僚陣容を表２に示す。民主党の鳩山、菅、小沢、羽田、前原、旧社会党、旧民社党の各グループから最低各１人、参院からも３人が入閣した。ただし、野田グループからの閣僚起用はなかった。国民新党・社民党の党首もそれぞれ入閣した。

　次に、鳩山内閣の政権運営の概略を内閣支持率の推移とともに簡単に振り返っておこう。図１のように、NHK調査で、発足時の支持率は72％、小泉・細川内閣に次ぐ高さであった。政権発足とともに「スタートダッシュ」（朝日新聞政権取材センター 2010）と評されるほど、新政権は矢継ぎ早に「改革」を打ち出す。

　そのなかでも「政治主導」が新政権のいわば看板であった。マニフェストの冒頭に「５原則・５策」を掲げ、その具体策も明示されていた。そして、政権発足直後の最初の閣議で「鳩山内閣の基本方針」を示し、新内閣が「明治以来の政治と行政のシステムを転換する」と宣言した。さらに、閣議後に「政・官の在り方」とする文書（後述）を公表した。

　国家戦略局（法改正が必要なため、国家戦略室としてスタート）の設置による中

第11章　鳩山政権

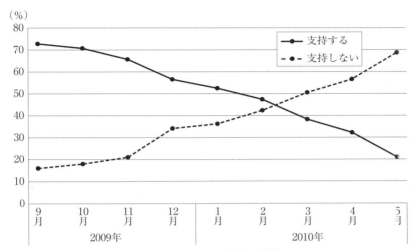

図1　鳩山内閣の支持率の推移
出所：NHK放送文化研究所ホームページ「政治意識月例調査」より筆者作成。

　長期のグランド・デザインと予算の骨格策定、行政刷新会議による無駄な従来予算の徹底的な見直し、閣僚委員会、各省の政務三役（大臣・副大臣・政務官）による政治主導の機動的な意思決定などを打ち出した。事務次官会議を廃止、党内の政務調査会も廃止して内閣に政策決定を一元化し、代わりに党と政府の政策協議の場として各省政策会議を新たに設置した。さらに陳情は党幹事長室で集約するなど新たな試みを打ち出した。なお、こうした新しい試みは軋轢も生み出した。
　そうした新政権がまず直面したのが、補正予算組み替えと年末に鳩山自ら期限を切った予算編成・主要マニフェスト項目の予算化である。予算編成は、一般に難航したとみられている。10月にマニフェストを踏まえた予算要求を各省に再提出させ、11月には予算の無駄削減を図る「事業仕分け」を2回に分けて実施、注目を集めた。マニフェストで提示した初年度新規必要額7兆1000億円であった。公共事業の削減は約1兆3000億円と過去最大になった。事業仕分けは無駄の存在をみせる手法として有効だったが、一般会計の歳出削減に直接つながったのは7000億円弱にとどまった。「霞が関埋蔵

195

金」と呼ばれる特別会計の剰余金や公益法人の基金返納で10兆円の税外収入を計上した。

　景気悪化にともない、歳入は財務省の税収見通しで、前年度55兆円から37兆4000億円へと驚くほど落ち込むとされた。そのなかで、鳩山は麻生前政権が出した44兆円の赤字国債を下回らないことを閣議決定した。官邸の調整が難航するなか、小沢幹事長が党幹部をともない政府に「要望」を提出した。そこには、暫定税率廃止の延期（約2兆5000億円）等、予算をともなうマニフェストの部分修正を含んでいた。政権党が要望を伝えるのは原理的には当然であったが、鳩山自身の言動のブレもあり、事実上の権力者としての小沢がクローズアップされ、政府・党の一元化との整合性が問われることとなった。予算の一般会計規模は92兆3000億円、一般歳出は53兆5000億円と過去最大となり、税収が37兆4000億円と低迷し、国債の新規発行額は44兆3000億円となった。マニフェスト関連としては、子ども手当（半額実施）に1兆5800億円、公立高校の実質無償化に4600億円、農業の戸別所得補償に5600億円、高速道路の無料化（段階実施）に1000億円などとなり、マニフェスト関連の予算総額は、約2兆6000億円となった。

　内閣支持率は続落していたが、12月に入っても図1のようにNHK調査で56％を維持していた。年内にマニフェスト関連項目を含む予算編成を済ませ、年明けにはその予算通過と関連法案、臨時国会提出が見送られた政治主導関連法案を成立させる。子ども手当を含む具体的な成果に国民が触れ、その実績を掲げ7月の参院選に臨むことで、自民党の支持率低迷もあり、衆参両院での多数にもとづく本格政権を目指すことが当時十分に想定された。

政権の終焉へ

　しかし、年が明け、鳩山政権は本格的危機を迎え、結果的にはその危機を克服できないまま、参院選挙前の6月に辞任を余儀なくされることとなる。

　危機の第一は、沖縄・普天間基地をめぐる、まさしく「迷走」とも呼べる外交交渉であった。

　鳩山は選挙期間中、普天間基地移転について、マニフェストの記述と異なる「最低でも県外」の実現を図る旨の発言をしており、事実上の公約と捉え

られることとなった。そして、鳩山首相、岡田外相、北澤防衛相、平野官房長官らによる代替地に関するさまざまな「案」の公表がなされた。しかし、アメリカ側との交渉は不調で、オバマ大統領との2回にわたる首脳会談でも結論は出なかった。沖縄県民の期待増幅と定まらない交渉姿勢への批判が強まるなか、結局、鳩山は辺野古案への最終的回帰という結果を表明することとなった。社民党は連立を離脱し、有権者の鳩山首相への信頼は、著しく傷ついた。

　そして、政権を追い詰めたのは、首相自身と小沢幹事長に対する「政治とカネ」問題であった。検察は、民主党が野党の時代から、とくに小沢と鳩山に対して追及を続けていた。鳩山に対しては、自身の後援会への実母の多額寄付の非公表を問題視した。予算成立直前の12月24日に首相の元秘書が逮捕された。小沢に対しては、まず野党党首時代に、総選挙実施予定の直前、建設会社からの献金が報告されていないとして元秘書を逮捕した。小沢は代表を辞任、後継の代表が鳩山であった。そして、政権交代後の2010年年明けの元日『読売新聞』1面で、小沢への捜査に関するリーク情報が記事となり、1月16日開催予定の民主党大会の前日に小沢の元秘書（現職議員を含む）を、2009年とは別件で逮捕する。事態は、「民主党政権幹部 vs. 検察」の政治権力闘争の様相となりつつあった。同月、小沢は検察の任意聴取を受けた。その後、元秘書に対しては、違法取り調べを含め、無罪が法的に確定するが、鳩山政権への打撃は甚大といってよかった。

　子ども手当を含む予算関連法案はおおむね成立したものの、重要な政治主導関連三法案（政治主導確立法案、公務員制度改革法案、国会審議活性化法案）の通常国会成立は困難となっていった。支持率は急落を続け、5月終盤の『朝日新聞』では20％を下回る。そうしたなか、6月2日、鳩山首相は、小沢幹事長とともに、「普天間」と「政治とカネ」問題に対し責任を取るとして、辞任を表明した。同年7月に実施予定の参院選への影響を懸念しての辞任であることは明らかであった。

3 鳩山政権における政策決定：拒否権プレイヤー・モデルによる分析

鳩山政権における政策決定と先行研究・問題の所在

　政権の大きな軌跡の整理を受け、次に「なぜ、鳩山民主党が掲げたマニフェストが実現できなかった（できた）か」に関する分析をみていく。この点を含めた民主党政権の政策決定に関する先行研究のうち、代表的な研究書としては伊藤・宮本（2014）、前田・堤（2015）がある。他に重要なものとして、小林（2012）、御厨（2012）、飯尾（2013）、上川（2013）、日本再建イニシアティブ（2013）、野中・青木（2016）、竹中（2017）がある。さらに、民主党政権における政治家たちのインタビューを中心とした薬師寺（2012）、山口・中北（2014）、そして、新聞社やジャーナリストの業績として、毎日新聞政治部（2009）、朝日新聞政権取材センター（2010）、読売新聞政治部（2010）、長谷川（2010）がある。そのなかで、伊藤・宮本（2014）、竹中（2013）、上川（2013）はマニフェスト実現における政治過程を分析している。

　こうした先行研究から、その要因を以下の5つに整理できる。①マニフェスト自体の位置づけ・財源（政策内容）、②民主党ガバナンス・体質、③鳩山（菅・野田）首相の個人的コミットメントと能力、④構造要因（1）：参議院、連立政党（社民党・国民新党）、⑤構造要因（2）：官僚機構・検察、である。

　それに対し、まず、①について、後述のように、少なくともマニフェストの主要項目（政治主導の5原則・5策、および16兆円の財源を必要とする子ども手当をはじめとする主要政策）について、政策内容の国際比較の観点からいえば、細かい点を除き「非現実的」とはいえない[2]。そして、それが実現しなかったならば、政策決定過程のなかで、どのアクターがどのようにそれを行ったかを検討することが必要となる。そこで、ここでは、今日の比較政治学・政策決定分析において重要な分析モデルとみなされるようになった「拒否権プレイヤー・モデル」を利用した分析（富崎 2018）の概要と結果を示す。

拒否権プレイヤー・モデル　簡単な説明

　拒否権プレイヤー（Veto Player：以下、VP）モデルとは、民主制比較と政策決定分析の上でツェベリスが提起した理論モデルである（Tsebelis 2002）。彼

は、一般的な用語では「政治権力主体」ともいうべき VP の概念を、比較政治制度および政策決定分析の鍵概念として提起する。VP とは、政治システムにおいて、政策変化に反対し、拒否する権限を制度的・党派的にもつ政治主体である。そして、VP の数と凝集性、政策スタンスによって、民主制比較を含めた政治制度比較が理論的に可能になるとする。なお、2009 年民主党マニフェストで掲げられた「政治主導」の政策決定システムは、イギリス型をモデルとしたとされる。このイギリス型システムは、VP モデルの観点からいえば、政権を獲得した首相と政権党にとって、マニフェストに掲げた政策項目に対する VP が、民主制比較のなかでも最も少ないという意味で集権的民主制であるということができる（富崎 2008）。

鳩山政権におけるマニフェストの実現と拒否権プレイヤー仮説

　ここでは、このモデルを応用し、VP モデルを政策決定過程の動的な流れのなかで位置づけ、鳩山政権下のマニフェストの実現（非実現）過程のなかで、VP となる可能性のあるアクターがどのように活動していたかを検討する。政策決定の構造は、シンプルである。モデル上、次の 3 主体を想定する。A. 議題設定主体（Agenda Setter：以下、AS）：新規政策を政策決定過程に乗せる。B. 政策推進主体：中核的執政[3]（Core Executive：以下、CE）とする。政策実現のため、新規政策を立案・調整・提案する。C. 拒否権プレイヤー（Veto Player：VP）：CE の提案を受けて、提案を拒否するか、受け入れるかを選択する。そして、政策決定過程は、以下の 3 つのステージを経るとする。a. 議題設定ステージ、b. 政策提案ステージ、c. 政策受諾・決定ステージ、である。さらに、詳細は別稿[4]に譲るが、鳩山政権の主要マニフェストに関する政策決定では以下の構造があるとする。①政策課題における AS は、首相・内閣と政権党（民主党）である。② CE は、基本的に首相および彼を支える政官で構成される「官邸」スタッフである。③その CE に担当大臣、政権党幹部他が加わる、その陣容も重要な分析対象である。④連立与党は、VP として政策決定に参与する。⑤官僚機構は、原理的には VP とならないが、55 年体制よりもつ権力資源によって事実上の VP としての活動を図る。一部官僚は CE スタッフとして活動する。⑥野党は通常 VP とならないが参院で与党

が過半数を失えば、強力な VP となる（JPM〔Japanese Prime Minister〕モデル）。

こうした構造の下、各アクターがどのように活動し、政策が実現（非実現）したかをみる。分析手法の詳細についても、別稿に譲るが、全国紙（『朝日新聞』・『読売新聞』・『日本経済新聞』）の報道記事検索、さらに薬師寺（2012）、山口・中北（2014）等の発言から、主要アクターの発言、行動を時系列に整理し、そこから政策撤回時期を、それにかかわったアクターを中心にみていく。対象として取り上げる政策は、主要政策の代表例としての①子ども手当、②国家戦略局（政治主導関連法案）・行政刷新、③沖縄・普天間基地移転、である。

子ども手当

マニフェストにおいて、月額 2 万 6000 円（初年度の 2010 年は半額実施の 1 万3000 円）と記載された子ども手当はいうまでもなく民主党政権の主要政策の一つである[5]。担当の厚労相は長妻昭、副大臣に細川律夫と長浜博行、政務官に山井和則と足立信也が就いた。各アクターの予想される政策スタンスを図 2 に示す。長妻は、政権発足後の就任会見で子ども手当実現を明言、翌日の厚労省職員を前にした訓示では、マニフェストを高く掲げ「国民との契約書である」とするパフォーマンスをみせた。省内の掌握に関して批判的評価もある長妻のマネジメントであるが、子ども手当に関して省内官僚機構から強い抵抗を受けた様子は、全国紙報道ベースではみられない[6]。問題化したのは、法案の細部をめぐる問題で、財源調達をめぐる財務相（財務省）との調整、連立与党を構成する国民新党・社民党からの所得制限をめぐる異論、児童手当では負担があった企業・自治体負担をめぐる総務相（総務省）や地方自治体連合からの異論であった。

図 2 「子ども手当」におけるアクターの政策スタンス

第 11 章　鳩 山 政 権

　また、12 月の民主党・小沢幹事長らによる「党要望」では、財源問題および民意への対応として、子ども手当には所得制限を設けるべきだとした（制限金額は政府に委任）。最終的に、マニフェストに提示された「子ども手当」初年度の半額実施は、鳩山首相の裁定により所得制限を設けず、企業・自治体負担は児童手当の場合と同額とすること[7]で政府案を決着させた。さらに、国会審議のなかで公明党修正案を受け入れる形式で立法化された。ただし、法案化される過程で、いわゆる子ども手当法案は、2 年間の時限立法とされた。この点は、後に重大な結果をもたらす。この時限立法では、子ども手当法は 2011 年 9 月以降の存続には、自公が VP となり、廃止され得る。なぜこのような（時限立法の）形式としたかについての詳細な証拠は今のところ出ていないが、厚労省の事務官僚機構が VP 的活動をした可能性が残る[8]。

国家戦略局（政治主導関連法案）・行政刷新

　政治主導に関する改革法案と実施は、いうまでもなく 2009 年民主党マニフェスト冒頭頁に提示される「5 原則・5 策」の基幹である[9]。CE の中心は、首相および官邸で、官房長官の平野博文、官房副長官の松井孝治となる。とくに、官房副長官の松井は、民主党マニフェストの政治主導項目作成に早くからかかわり、鳩山政権での実質的な役割が期待された。副総理・国家戦略相の菅直人、行政刷新相の仙谷由人、刷新相を引き継いだ枝野幸男も CE に含まれるだろう。国家戦略局設置および行政刷新会議・事業仕分けそれぞれに対する各アクターの（予想）政策スタンスを図 3、図 4 に示す。

　目玉の一つであった「国家戦略局」設置は鳩山政権で実現しなかった。その原因として、国家戦略局（および内閣人事局）設置の法案に関していえば、政策実現におけるスケジュール管理を強くグリップできなかった点に直接の原因をみることができる。政権は、発足直後から補正予算の組み替え対処と、予算編成の年内策定を優先した。これには、財務相（省）の強い要請があったことが予想できる。一方、とくに戦略局に与える権限について、CE 内に重要な違い（凝集性の不足）があった点が指摘できる。松井は、従来の財務省権限の明白な移行と、いわば「オール霞が関」（+「民間の人材」）を集めた内政・外交の中枢機関の設置構想をもっていた。一方、戦略相となった菅は、

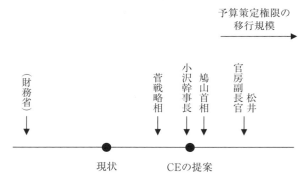

図3 「国家戦略局」設置におけるアクターの政策スタンス

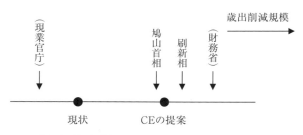

図4 「行政刷新会議」設置におけるアクターの政策スタンス

彼自身「英国のポリシー・ユニット」と表現するように、首相への助言機関をイメージし、予算編成を国家戦略室に移すことは考えていなかったとする。小沢は、松井構想の細部に対し、懐疑的な姿勢を表明した。首相中心の中枢機能を充実強化する必要性について同意するものの、「大きな霞が関をもう1つつくる」ことを警戒していたとされる[10]。鳩山のスタンスは曖昧だが、松井構想を評価しつつも、岡田外相から「外交一元化」の主張をされると、戦略局の担当範囲から外交・安全保障を外してしまう。結果、戦略局と従来からある経済財政諮問会議との違いは曖昧となった[11]。

　鳩山は、年内は政府・官邸の判断（予算編成と事業仕分けの優先）および党との調整、年明けは国対の判断で法案通過が実現しなかったとしている[12]。年明けの国会対応では、政治主導確立法案の重量化、公務員制度改革法案・国

会審議活性化法案を合わせた法案の扱い、そして自身と小沢幹事長の「政治とカネ」問題への対応の関係で会期内の成立実現とならなかったとする。なお、この問題における主要アクターの行動・発言を時系列でみていくと、発言・行動が急速に変化するアクターを発見できる。具体的には、菅と仙谷である。詳細は別稿に譲るが、いずれも1月末から2月にかけて、マニフェスト実現と政治主導のあり方に関するスタンスを大きく後退させる。鳩山辞任後の菅内閣で仙谷は官房長官に就任し、重要な政策推進アクターでありブレーンであった松井は官邸を去る。菅内閣で国家戦略局の位置づけは大きく変更、予算骨格の調整・策定権を失くし、首相への助言機関とされる。そして、政治主導確立法案は、ねじれ国会のなか、野田政権下で会期末廃案となる。

　政権発足後の日程・工程管理を十分に行えず、CEの交代と新CEの政治的スタンス変更、および参院選の結果により公明・自民が強力なVPとなったことから、政治主導関連法案は実現に至らなかったといえる。なお、行政刷新会議（事業仕分け）には財務省とくに主計局の全面協力があった一方、国家戦略局設置には、予算策定権限を奪われるとして、組織として強い抵抗を示した点が指摘される[13]。行政刷新会議は迅速に実現化され、2009年9月の臨時国会冒頭で処理されると報道された国家戦略局は、結局実現されることがなかった。結果として、財務省は、巧みに組織利害（省益）における「果実」を得ている、という解釈は可能である。

普天間基地移設問題

　官邸（鳩山首相、平野官房長官、佐野忠克首相秘書官他）、外務省（岡田克也外相・福山哲郎副大臣他）、防衛省（北澤俊美防衛相・長島昭久政務官他）を中心にCEを形成したとみることができる。アメリカ政府の予想できるスタンスを含め、図5が、ここで予測される各アクターの政策スタンスである[14]。

　交渉過程を通じていえることの第一は、アメリカ・オバマ政権（とくにゲーツ国防長官を中心とした国防筋）側の一貫した強硬姿勢である。総選挙終了直後の8月31日、鳩山政権の成立前から普天間について「再交渉しない」ことを表明し、わずかな工事地点の移動以外は最後まで一切の譲歩を行わなかっ

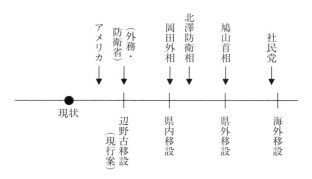

図5　「普天間移設」におけるアクターの政策スタンス

た。また、日本側では、CE間のスタンスの違いが報道ベースで外部に出ている。北澤は、かなり初期から「県外移転は難しい」とアドバルーンを挙げつつ、グアムにも視察に行くなど、調整的行動を繰り返した。岡田は、嘉手納案を提起し拒否された後は県内移設におおむね舵を切った。平野は、鳩山が自ら切った交渉期限の直前段階になり、鳩山の「腹案」である徳之島案を中心に国内調整を試みた。社民党は、いくつかの場面でVPとして行動した。そして、周知の通り、鳩山は結局、辺野古地域への移転（ほぼ現行案と同様）受け入れ方針を表明、福島党首の閣議署名拒否・閣僚罷免、社民党の連立離脱へ至る。官僚機構（外務省・防衛省）への統制は、機能していなかった。CEだけでなく、アメリカ大使館を含めた外務省の組織的対応は全く不十分であった。それは、駐米大使等の幹部人事を的確に行使できなかったことが大きく影響したことは明らかである[15]。

　アメリカ側のVPとしてのスタンスを、何らかの見返りを材料として変更・妥協させられなかったということになる[16]。一方で、日本政府が交渉に臨む体制は、明らかに不十分であった。表でCEたちが「踊った」ものの、結果を出すことができなかった。また、自らを一種のVPとして、現行案を当面拒否し、中長期の解決にもっていく知恵にも欠けていた。交渉の手足となるはずの官僚機構を適切に統制することができなかった。社民党の連立離脱を招き、世論における鳩山首相の指導力評価に決定的懐疑を生んだ。普天

間問題への不手際は、政権終焉への引き金を引くこととなった。

4 戦後日本の民主制における政策決定と権力構造

　以上、政権の軌跡を追い、主要政策における決定過程についてみてきた。これらから、どのような含意が得られるだろう。簡潔に4点述べたい。

　第一は、日本の民主制における政策決定の変容についてである。竹中(2017) は、2001 ～ 2015 年における多くの政策決定事例を検討した研究書の終章で「これまでの議論を踏まえると、政策内容と政策決定過程の双方に2009 年の政権交代が大きな影響を及ぼしたということがわかる」と明瞭に述べる。それはどのような変化で、どう評価できるのであろうか。

　鳩山政権は、最初の閣議後に「政・官の在り方」とする文書を公表した[17]。そこでは、「政」（政治家）と「官」（官僚）の役割分担を明確に示し、「政」に政策の立案・調整・決定権があり、「官」を指揮監督すること、「官」に政治的中立性を重んじつつ政策の実施・執行、さらに「政」に対する情報や選択肢の提供を通じ補佐することが明記された。民主制下の政策決定・執行における「政」、「官」の役割について、この文書を原理的に否定する論者はごくわずかであろう。議院内閣制における、教科書的・標準的役割分担期待であるといってよい。しかし、明治以降の「後発型近代化」とも称される国家主導・官僚主導の近代化以来、そして戦後民主化後も、それは驚くほど不十分にしか実現してこなかった。55 年体制下、政治家の政策関与は族議員や国対政治を通じた、むしろいびつで周辺的といってよい様相が強かった。しかし、それは、橋本行革と政治改革後の自民党の体質変容、小泉首相という特異な政治家などによって徐々に、いわゆる「政治主導」型の政策決定が現出した。鳩山政権の試みは、それに制度的基盤を与えつつ、強化しようと試みたものであったといえる[18]。

　興味深いことに、この点は民主党に代わり政権に就いた自民党の安倍政権の政策運営にもおおむね引き継がれている。彼らは、内閣人事局を設置して官僚機構への指導性を強化するとともに、安保・外交政策における「国家安全保障会議」（日本版NSC）を設置、従来からある「経済財政諮問会議」と併

せて、官邸の司令塔としての機能を実質的に強化している。「政官の役割分担」とその効果的・民主的な運用にはまだ課題も多いが、それはいわば「先進国型」への、日本の民主制にとって必要な方向性であったことはおおむね明らかであろう。

第二に、しかし今日「安倍一強」と表現されるように、それを批判的に捉える論者もいる。政策決定での「政治主導」が、今日必要で基本的に望ましいとしても、それはどの範囲で、どの程度であるべきなのか。この点を詳細に論じる紙幅はないが、ここでは「政策決定における政治主導」と「政策執行における官僚機構の自律性と政治的中立性」は、（官僚機構の裁量権を大幅に減少させた上で）元来両立できるし、するべきである点を強調しておく。

第三に、一方、イギリス型の集権的民主制が中長期に正当化し得るのは、そこに二大政党間の競争と政権交代という極めてダイナミックな政治過程がシステムにいわばビルトインされていることにもとづく。政権交代がない過度の集権的政府には、自由民主制への大きな危険をともなう点を理解しなければならない。日本での（それが二大政党的かは別として）「政権交代可能な民主制の実質化」が将来的に望ましいという点を否定する論者は少ないだろう。よって、自民党（もしくは有力な保守政党）に代わり政権を担い得る「受け皿政党」のあり方が重要ということになる。前田・堤（2015）等も指摘するように、今後より真剣な検討が必要となる。

第四に、官僚および検察機構の「政治的中立性」と日本の民主制についてである。鳩山政権は、戦後史でも特殊な政権である。自民党に対する本格的政権交代を成し遂げ、連立政権としてではあるが衆参での多数を確保した（後継の菅・野田政権は、その意味で異なる）。そして、明瞭な改革プログラムを掲げ、抜本改革を試みた。官僚機構や検察が、「法の執行機関」、「政治の補佐機関」として「政治的中立」を保つのかについて、鳩山政権は一種の「リトマス試験紙」であったということすらできる。そして、その答えは、明確に「Yes」（中立的であった）とはいえない。

とくに検察機構については、従来、日本の現代政治分析において、不思議といえるほど十分な分析と位置づけがなされていない。しかし、鳩山政権の

第11章　鳩山政権

軌跡（とそれに与えたインパクト）を振り返るまでもなく、日本の民主制における政治権力構造の分析上極めて重要なことは明らかである。民主制の本質的意義は、自由選挙の勝利者が（正統な暴力を独占する）国家機関を統御することにある。日本が教科書的な意味で民主制であることは、通常疑いない（永山他 2018）。しかし、官僚機構と検察の行動原理には、トルコやタイの軍や官僚機構の行動原理と一定の共通性を分析的に見出せるとの仮説（「政治的官僚制」仮説）が提起できると筆者はみている（富崎 2018）。そしてこの問題は、日本が上述の意味での民主制から外れることはないかを問う側面さえもつ。

　鳩山民主党政権の軌跡は、日本の民主制に、いくつかの重要な課題を投げかけている。

【注】
1　連立合意文書の内容として『朝日新聞』2009 年 9 月 10 日付などを参照。
2　一部政治主体がそのように認識しているとすれば、そのことがむしろ興味深い分析対象となる（後述）。
3　Rhodes and Dunleavy（1995）、伊藤（2008）など。
4　富崎（2018）、以下同様。
5　政策内容に関し、それが予算規模として「非現実的」かについて、以下の点が指摘できる。まず、この「子ども手当」は、中身は中高所得層向けの大規模な定額の「政策減税」と低所得者向けの「政策手当」を組み合わせた措置と同様である。「子ども手当」予算の 5 兆 5000 億円が大規模であることは間違いないが、この程度の新規政策は、先進国で珍しいとはいえない。2005年以降のイギリス・キャメロン政権では、年間 10 兆円超の歳出削減を行っており、アメリカ・トランプ減税は年 18 兆円規模（ブッシュ減税は年 15 兆円規模）である。また、日本の補正予算の規模は、たとえば 2012 年度で総額 10 兆円を超える。減税は景気刺激策として一般的に用いられる。予算算定上、従来の厚労省予算の「枠内」で 5 兆円規模の新規財源を捻出することは著しく困難であるだろうが、予算をトップダウンで策定し、マニフェスト関連予算をまず割り振り、その後一定の調整を行って各省予算にシーリング（上限）をつけた予算編成を行う枠組みを整備することは、55 年体制的「省庁割拠制」の下では「重大」かもしれないが、多くの先進国での通常の「予算の組み替え」である。要するに、予算規模上政策内容は国際比較の観点からみて特別とはいえず、政治的意思と決定メカニズムの問題ということができる。この点からみて、「財源がない」と一部の旧民主党議員らが自己認識していた様子

は、正直やや滑稽にさえみえる。

6　長妻自身が厚労相時代を振り返った長妻（2011）にもこの点に関する記述はない。

7　後述の「時限立法化」は、一般にはこれが理由であるとされている。

8　官僚機構（もしくは属する個人）が、表立ったVP活動ではなく、細部での調整、他の集団（たとえば、関連利益団体）による肩代わり行動、リーク報道による世論への働きかけ等を通じVP的に行動する事例には、国家戦略局設置における財務省、普天間における外務省等を含め、「官僚機構・面従腹背仮説」が設定可能かもしれない。なお、子ども手当の本件に関し、現段階で十分な証拠は提出されておらず、長妻厚労相を含むCEが本件を承認したことは間違いない。一方、特定の政策クライアントがなく、省庁の裁量や天下り等の省庁利権に結びつかない「子ども手当」のような大規模で普遍的政策措置は、一般に省庁の組織利益に反する傾向がある。ただし、大規模な予算拡大は厚労省の他予算が大幅に削減されない限りにおいて組織利益に資する面もあり、厚労省の予想政策スタンスには、それが反映されている。

9　竹中（2013）は、民主党政権下で、国家戦略局の設置と政策決定の内閣一元化を実現できなかった制度的背景を指摘する。それは、一連の「政治改革」のなかで、首相権限は以前より強化され「ウェストミンスター化」したものの、以下3つの点で日本の首相の権限はイギリスの首相権限と比較し限定的であるとする。①首相が行政機関を政令（枢密院令）で改廃できない、②内閣が議会の議事運営に限定的にしか関与できない、③第二院である参院が比較的強力な権限を有している（富崎2008も参照）。

10　一方で、これが「財務省との取引」でないかという観測もある。松井を含む、幾人かの政治家はそういった解釈を表明している。

11　ただし、提出された政治主導確立法案では、国家戦略局を「予算編成の基本方針の企画及び立案並びに総合調整」を行うとしており、その権能は経済財政諮問会議より強化される法文となっている。

12　山口・中北（2014）。

13　長谷川（2010）。

14　本件は外交交渉であり、VPモデルが元来想定する状況とは異なることには注意しなければならない。

15　なお、鳩山の自己認識（もしくは自己弁護）としては、米政府に「すり寄った」外務・防衛官僚たちにしてやられた、というもので、「例えば、4月……防衛省、外務省、内閣官房、各2人……6人プラス私と官房長官の8人で仕組みを……秘密裏に……、その翌日、……新聞に記事が載り、秘密会が暴露……」といったかたちで、防衛省・外務省官僚の非協力姿勢について証言を

している（山口・中北 2014）。

16 古くから「争争は水際まで」とされ、政権交代によって極端な外交・安保政策の変動があることは望ましいとは考えられてこなかった。民主党政権では、「東アジア共同体構想」といった、やや突飛なアイデアが表明されていたことは事実だが、政権交代後はそれをいわば「遠い将来の理念・希望」程度の位置づけとしつつ、従来の日米同盟を中心とする基本的外交・安保スタンスの大きな変更や、大規模な米軍基地撤去を含む軍事バランスの大きな変更が公式に表明されたわけではない。岡田外相や北澤防衛相の現実的政策表明を含め、民主党政権は外交・安保政策について、おおむね穏健な前政権の継承路線をみせていた。鳩山政権がオバマ政権と良好な関係を構築しつつ、選挙で表明された「普天間」問題に関し、当面の「先送り」を含め、アメリカの外交・安保戦略と整合性をもった解決策を中長期的に模索することが不可能であったということは、明らかにいえない。基地移転は、もちろん沖縄や周辺の人々にとって重大問題だが、日米の外交・安保政策全体としてみれば、やはり周辺的課題といってよく、他の重要課題での何らかの「見返り」によって妥協点を得る可能性は、十分あり得たといえよう。一方で、普天間移設問題は、橋本・クリントン会談（1996 年）から当時までで約 15 年、そして 20 年以上経った今日に至っても「解決」をみていない問題であり、政権発足半年・1 年で新しい解決策を見出し、実行できる案件でないことはむしろ当然といえる。

17 全文は、朝日新聞政権取材センター（2010）巻末 317 頁。

18 この点に関し、当然多くの議論があるが、代表的なものとして川人（2015）、待鳥（2012）など。

【参考文献】

Rhodes, R. A. W. and Dunleavy, Patrick（eds.）（1995）*Prime Minister, Cabinet, and Core Executive*. Palgrave.

Tsebelis, George（2002）*Veto Players*, Princeton University Press. 眞柄秀子・井戸正伸訳（2009）『拒否権プレイヤー』早稲田大学出版部。

朝日新聞政権取材センター編（2010）『民主党政権 100 日の真相』朝日新聞出版。

飯尾潤編（2013）『政権交代と政党政治』中央公論新社。

飯田健（2009）「『失望』と『期待』が生む政権交代――有権者の感情と投票行動」田中愛治・河野勝・日野愛郎・飯田健・読売新聞世論調査部『2009 年、なぜ政権交代だったのか――読売・早稲田の共同調査で読みとく日本政治の転換』勁草書房。

伊藤光利編（2008）『政治的エグゼクティヴの比較研究』早稲田大学出版部。

伊藤光利（2014）「民主党のマニフェストと政権運営」伊藤光利・宮本太郎編『民主党

政権の挑戦と挫折』日本経済評論社。

伊藤光利・宮本太郎編（2014）『民主党政権の挑戦と挫折』日本経済評論社。

上神貴佳・堤英敬編著（2011）『民主党の組織と政策』東洋経済新報社。

上川龍之進（2013）「民主党政権の失敗と一党優位政党制の弊害」『レヴァイアサン』第53号、9-34頁。

川人貞史（2015）『シリーズ日本の政治1　議院内閣制』東京大学出版会。

小林良彰（2012）『政権交代——民主党政権とは何であったのか』中公新書。

竹中治堅（2006）『首相支配』中公新書。

竹中治堅（2013）「民主党政権と日本の議院内閣制」飯尾潤編『政権交代と政党政治』中央公論新社。

竹中治堅編（2017）『二つの政権交代——政策は変わったのか』勁草書房。

田中愛治・河野勝・日野愛郎・飯田健・読売新聞世論調査部（2009）『2009年、なぜ政権交代だったのか——読売・早稲田の共同調査で読みとく日本政治の転換』勁草書房。

谷口尚子（2011）「2009年政権交代の長期的・短期的背景」『選挙研究』第26巻第2号、15-28頁。

富崎隆（2008）「イギリス議院内閣制とコア・エグゼクティヴ」堀江湛・加藤秀治郎編『日本の統治システム』慈学社。

富崎隆（2018）「拒否権プレイヤー・モデルと民主党・鳩山政権における政策決定——'政治的官僚制仮説'の提起（1）（2）」『駒澤法学』第18巻第3・4号。

長妻昭（2011）『招かれざる大臣』朝日新書。

永山博之・富崎隆・青木一益・真下英二（2018）『政治学への扉（改訂版）』一藝社。

日本再建イニシアティブ（2013）『民主党政権　失敗の検証——日本政治は何を活かすか』中公新書。

野中尚人・青木遥（2016）『政策会議と討論なき国会』朝日選書。

長谷川幸洋（2010）『官邸敗北』講談社。

毎日新聞政治部（2009）『完全ドキュメント　民主党政権』毎日新聞社。

前田幸男・堤英敬編著（2015）『統治の条件——民主党に見る政権運営と党内統治』千倉書房。

待鳥聡史（2012）『首相政治の制度分析』千倉書房。

御厨貴編（2012）『「政治主導」の教訓』勁草書房。

薬師寺克行（2012）『証言　民主党政権』講談社。

山口二郎・中北浩爾編（2014）『民主党政権とは何だったのか——キーパーソンたちの証言』岩波書店。

山田真裕（2011）「2009年総選挙における政権交代とスウィング・ヴォーティング」『選挙研究』第26巻第2号、5-14頁。

読売新聞政治部（2010）『民主党——迷走と裏切りの300日』新潮社。

第12章　菅　政　権

宮脇　健

1　菅政権の発足の経緯

　2010年6月2日の両院議員総会で鳩山由紀夫首相は退任を表明し辞職した。理由として、普天間基地の移設問題の対応をめぐり、連立政権を担っていた社民党が離脱したこと、そして政治とカネの問題により混乱を招いたことを挙げた。鳩山の辞任は民主党の政党運営の責任を担い、政治とカネの問題で追及を受けていた幹事長である小沢一郎の辞任を促すことにより終焉を遂げた。辞任表明を受けて、民主党の役員会は新代表を選ぶ方針を決定した。

　民主党代表選挙への出馬を決めた菅直人は、記者会見で、小沢一郎幹事長に対して「しばらく静かにしていただいた方がいい」（『朝日新聞』2010年6月4日付）と述べ、距離を保つ考えを示した。6月4日の民主党代表選挙では、小沢グループから支持を受けた樽床伸二候補との選挙の末に衆参議員123票中、過半数を超える291票を獲得し、新代表に選出されることになった。衆参両院での首班指名を受けて、菅は第94代の首相に選出された。

　自民党から民主党への政権交代からわずか8か月足らずでの首相辞任と2人目の首相の選出は、民主党政権の抱える多くの課題を浮き彫りにした。

　一つ目の課題は、民主党政権が掲げたマニフェストが実現できないことである。選挙公約としてマニフェストを掲げ、増税は4年間行わない、政策の一元化を図る、などさまざまな公約を掲げたが実現しなかった。二つ目の課題は、政権与党として連立を組んだ少数政党の社民党、国民新党との政策面での不一致による迷走と混乱が挙げられる。民主党が連立を組む理由は、衆議院で過半数を獲得しているとはいえ、3分の2を獲得しておらず、単独での政権運営はできないためである。参議院でも過半数は確保しているものの、社民党と国民新党の議席がなければ、「ねじれ国会」になり、法案が通らな

い状態が続き国会運営が難しくなる。ゆえに、少数政党ではあるものの、協力を得られる政党との連立は不可欠であった。

　以上の理由により、菅政権は鳩山政権下で山積した課題を残したまま発足することになったため、大きな負の遺産を抱え政権を担うことになった。

　そこで、本章では、菅政権の抱える前提条件を踏まえた上で、目的を2つ掲げることにする。一つ目は、菅政権の発足から辞任に至る歴史的経緯を概観し、民主党内での政権を維持、もしくは変容させるための力学について明らかにする。二つ目は、連立を組む国民新党の動きを注視しながら、菅政権がどのように連立政権を維持、そして変容させてきたのかを明らかにする。一つ目の目的は民主党政権がどのような目的で、政権与党を維持することに腐心したのかを確認する作業である。この作業を通じて、二つ目の連立政権を維持、もしくは変容させる必要があったのかという命題を明らかにする。

2　脱小沢路線と郵政改革法案

菅政権と「脱小沢」路線

　菅は民主党代表選後、挙党態勢への協力を要請したが、その後の組閣と党内の人事では、仙谷由人を官房長官に、枝野幸男を幹事長に起用して、「脱小沢」と考えられる路線を採る。

　また、玄葉光一郎を政調会長と公務員制度改革担当大臣に起用することを固め、鳩山政権で小沢が幹事長を務めていた際には廃止されていた党内役職と国務大臣との兼務を進めた（『朝日新聞』2010年6月7日付）。政権の中枢を担うメンバーとして、財務大臣に野田佳彦、官房副長官に福山哲郎が起用された。ただし、「脱小沢」路線は採りながらも、小沢グループから閣僚には山田正彦が農林水産大臣として、中井洽が国家公安委員会委員長として入閣しているため、グループ代表型の人事は行っていた（濱本 2015：53）。

　閣僚の人事こそグループ代表型であったが、組閣および党内人事において、小沢とは政策を異にする仙谷由人と枝野幸男と相談しながら決めたと指摘されているように（読売新聞「民主党イズム」取材班 2011：159）、脱小沢路線は明らかである。組閣および党内人事には2つの意味があった。一つ目は、この

第 12 章　菅　政　権

組閣と党内人事で中心となるメンバーは増税反対の路線を採る小沢と財政問題という政策面で立場が異なることが挙げられる。衆議院議員選挙時のマニフェストの実現のため、小沢や鳩山は増税路線には反対であったが、鳩山政権下で財務大臣を兼任した菅も他のメンバーも容認であった。すなわち、菅政権は政策面で「脱小沢」化したことを意味する。二つ目は、玄葉の政調会長と閣僚の兼務は、政党と政権の政策決定の一元化を推し進める点で、鳩山政権下で小沢幹事長のもとに陳情を受け付ける、政策決定の二元化からの脱却を意味する。玄葉の人事は、鳩山政権の発足時には、小沢の指摘を受けて政策調査会を廃止したことにより、一元化ができなかった政策決定のシステムを修正したことになる。つまり、この組閣人事から、「脱小沢」路線を歩むと同時に、鳩山政権の政策方針の路線から大きく転換したことがわかる。

　菅政権発足時の支持率は、鳩山政権の発足時の支持率には及ばないものの、61％という高い数字を記録することになり、鳩山政権の退陣前の支持率が21％と低かったことや「支持しない」が68％であったことを考えると、「脱小沢」路線と鳩山政権からの転換による支持率の回復は菅政権の後押しになった。民主党の支持率も鳩山の退陣前には約20％であったが、菅政権発足時には30％まで回復している。つまり、小沢幹事長の辞任と前政権の路線を引き継がなかったことが支持率好転の理由として考えられる（図1）。

連立政権の維持と揺らぎ

　この「脱小沢」路線のなかで、菅首相は官房長官の仙谷由人とともに、国民新党の亀井静香と国会内で会談を行い、今国会で審議中の郵政改革法案については「速やかな成立を期す」と述べて、民主党、国民新党、社民党での三党連立合意については「引き継ぐものとする」ことで一致し、連立政権の維持を確認した（『朝日新聞』2010 年 6 月 7 日付）。そのため、亀井が鳩山政権と同様に郵政改革担当大臣として入閣し、国民新党の他の政務官も鳩山政権と同様に引き継いでいた。

　しかし 6 月 8 日には民主党の樽床伸二国会対策委員長は国民新党の下地幹郎国会対策委員長と国会内で会談し、今国会の会期延長が難しいため、郵政改革法案の成立は困難との見通しを伝えた。

213

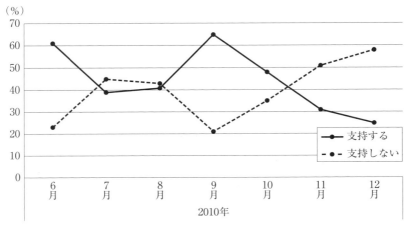

図1　菅内閣の支持率の推移
出所：NHK放送文化研究所ホームページ「政治意識月例調査」より筆者作成。

　連立政権のパートナーである国民新党とは、郵政改革法案をめぐり、仙谷官房長官が亀井郵政担当大臣と面会し、今国会で成立を要請されている。国民新党は国会の会期延長をしてでも郵政改革法案の成立を主張していたが、支持率回復を維持したまま参議院議員選挙を行いたい民主党は予定通り16日に国会を閉会し、7月11日に参院選を行う方向で最終調整に入った。そのため、国民新党は連立離脱も辞さない構えをみせることになった。亀井は6月11日に菅首相が今国会での郵政改革法案の成立を見送る方針を決めたことを受け、閣僚を辞任する意向を固めた（『朝日新聞』2010年6月11日付）。しかし、国民新党は会議を開き、連立政権には残る方針を決め、郵政改革担当大臣の後任には、自見庄三郎幹事長が就任している。

　郵政改革法案をめぐる、連立政権内での政策に対する不一致は、菅政権の不安定さを露呈したことになる。では、菅政権発足時には郵政改革法案の会期内での成立を約束し、連立政権を維持すると考えていた民主党は、なぜ、会期の延長をせずに連立のパートナーの国民新党の意向を汲み入れなかったのであろうか。また、国民新党はなぜ、自党の理念ともいえる政策が廃案になるにもかかわらず、連立政権にとどまったのであろうか。

第 12 章　菅　政　権

　民主党に関しては、理由が2つ考えられる。一つ目は、菅政権発足後の
「脱小沢」のイメージによる支持率の回復と民主党に対する支持率の上昇に
ともない、菅政権の政策や理念が世論に受け入れられていると考えたためで
あり、その意に反する郵政民営化の見直しの改革法案について会期を延長し
てまで、優先すべき政策ではないと考えるに至ったことにある。会期を延長
したとしても、郵政改革法案を成立させようとすれば、強行採決せざるを得
なく、延長すれば、予算委員会を何度も開催するリスクが生じる。二つ目の
理由として、参議院議員選挙で過半数の獲得の確率が高まったことが挙げら
れる。支持率が、政権、政党ともに大幅に回復したため、予定日として決
まっていた7月11日に選挙を実施したいと考えたのである。既に前政権で
社民党が連立政権から離脱しており、参議院での過半数は国民新党との議席
数を合わせても維持できていない状態にある。60％を超える支持率がある政
権にとって、選挙で過半数を確保する命題を果たすには、国民に支持をされ
ていない国民新党との合意政策を優先したとしても、反発が起き、過半数を
逸する可能性も高まる。なぜならば、「脱小沢」路線の支持と前政権からの
転換に対して支持が集まったとすると、小沢と政策も関係も近い、国民新党
の連立政権における過度な政策への関与は、菅政権への支持の妨げになるか
らである。何度となく国民新党は会期の延長をして今国会で通過するよう話
し合いを続けていたが、話し合いは進むことはなかった。このことからも理
由は明らかである。
　一方で、国民新党は重要政策であった郵政改革法案が廃案になっても、連
立政権にとどまる道を選んだ。その理由は、少数政党が野党になったとして
も、そのプレゼンスを示すことができないことを理解していたためである。
もう一つの理由は、連立政権を組んでいる限り、郵政改革法案は提出できる
可能性があるからである。そのため、連立政権において以前よりも影響力を
行使できなくともとどまる方針を選んだと考えられる。
　以上のように、「脱小沢」路線による、菅政権の転換は功を奏した。それ
にともなう支持率の回復が、鳩山政権下で問題になった、少数政党の政策へ
の過度な影響力の行使を防ぐことができた点においては、鳩山政権と菅政権

215

では、連立政権としての政権運営が異なることが明らかになった。一方で、連立のパートナーである国民新党は鳩山政権では発揮できた政策への関与も菅政権の支持率の回復により難しくなった。国民新党の連立政権下でのプレゼンスは低下したのである。

3 参議院議員選挙とねじれ国会

　高い支持率を記録した菅政権は7月に迫った参議院議員選挙で過半数を確保することが命題となっていた。参議院選挙公示日の1週間前の6月17日の民主党のマニフェストの発表会見の場において、将来の消費税率引き上げについて、自民党が提案している「10%を一つの参考としたい」と菅首相が述べたことから、消費税増税が参議院議員選挙の焦点として注目されることになった。しかし、翌日の昼、閣議後の記者会見で、仙谷官房長官ら一部の閣僚から首相の考えを支持する意見があったものの、突然の消費税の増税に関して他の閣僚からは慎重な意見も出た（『朝日新聞』2010年6月18日付）。なぜなら、民主党は衆議院議員選挙で、4年間は消費税を上げないと明言していたためである。そのため、「脱小沢」路線の政策だが、連立政権を組む国民新党も慎重な姿勢をみせ、菅政権内でも民主党内でも議論が分かれる問題となった。菅首相が参議院議員選挙で消費税を争点とした理由としてはカナダで始まるG8サミットを強く意識していることがある（日本再建イニシアティブ 2013：245)[1]。

　結局、参議院議員選挙後に10%を参考にして消費増税に関しては議論を始めることを公約として位置づけることになったが、連立政権内での議論は不十分であった。『読売新聞』の世論調査では、6月25日に実施された支持率は50%まで落ち、消費増税の説明に対して「十分説明しているとは思わない」が88%となっている（『読売新聞』2010年6月27日付）。その後、選挙期間での演説において菅首相は消費増税に関して税率を引き上げた場合の低所得者の対応について、「年収300万円、400万円以下の人には、税金分だけ還付する方式か、食料品などの税率を低い形にする」と語った後に、別の遊説先では、年収については「200万円とか300万円」と述べる場合と「300

万円とか350万円」と基準にばらつきがあったため、有権者の支持が離れていった（読売新聞「民主党イズム」取材班 2011：172）。

　その結果、参議院議員選挙では改選議席54以上を目指す予定が、44議席の獲得にとどまった。国民新党は議席を獲得することができなかった。そのため、連立政権での発言力低下は避けられない状況になった（『朝日新聞』2010年7月12日付）。また、与党の議席数は非改選議席を含むと過半数を割り込み、衆参で多数派が異なる「ねじれ国会」になった。参議院議員選挙での過半数が命題であった菅政権だったが、目的を達することができなかった。

　衆議院議員選挙後の支持率は41％と政権発足時よりも大きく減っており、7月29日に開かれた民主党の両院議員総会では退陣論が噴出したが、菅首相は消費税の発言について責任を認めたものの、続投する宣言をした。民主党の代表選の任期が前任者である鳩山の在任期間で設定されたこともあり、9月に行われる代表選挙への出馬も表明した。しかし小沢が9月の代表選挙に「政治とカネの問題」が収束していないにもかかわらず出馬することになり、与党内での対立が加速していった。

　民主党代表選に関して、8月6日、7日に実施された世論調査では、「菅直人が再選されて首相を続けた方が良い」が56％で、「首相が代わった方が良い」が27％となっており、菅の続投が望まれていたことがわかる。つまり、「脱小沢」路線は世論の支持を集めていた（『朝日新聞』2010年8月8日付）。

　民主党代表選は9月14日に開かれ、国会議員票は206票対200票と僅差だったものの、地方議員票と党員・サポーター票を合わせると、721ポイント対491ポイントで菅の圧勝での再選が決まった。代表選の経緯から、民主党の党内では「脱小沢」と「小沢」という2つの対立軸があり、さらなる亀裂を生んだが、「脱小沢」路線は継承された。この結果は、小沢との関係を基盤としていた国民新党にとっては影響力の低下を意味する。しかし、国民新党は連立からの離脱はせずに連立政権を維持することになる。

4 脱小沢路線の継続と「ねじれ国会」

脱小沢路線の継続

　民主党代表選後、菅首相は仙谷由人と会談し9月17日に発足させる改造内閣の人事を決めた。国土交通大臣から外務大臣にスライドさせる前原誠司の後任に馬淵澄夫国土交通副大臣を昇格させた。党内人事は、参議院議員選挙の責任を取るかたちで、枝野幸男が幹事長を外れたが、その後任には岡田克也が就任し、玄葉光一郎は政調会長に留任した。代表選で首相に敗れた小沢一郎元代表の議員グループからの閣僚、党幹部への登用は見送られるかたちとなった（濱本 2015：53）[2]。国民新党は自見庄三郎が留任となっており、連立政権は維持されることになった。

　「脱小沢」路線の継続が進むなか、小沢グループからの閣僚起用を見送ったことについて「これから副大臣、政務官を決める。全体を見て判断していただきたい。あるグループを外したとか外さないとかは念頭にない」と菅首相は述べ、小沢氏に近い議員を各省の副大臣や政務官に起用する可能性を示唆した（『朝日新聞』2010年9月14日付）。その後の副大臣と政務官には小沢グループ所属の若手議員が登用されており、配慮をしたかたちになっているが、小沢グループの2つあった閣僚のポストが0になり、「脱小沢」路線はさらに進むことになった（濱本 2015：55）。改造内閣が発足してから実施された世論調査の支持率は65％と政権発足時以上の数字を記録しており、参議院議員選挙の敗北から再度回復し、有権者は「脱小沢」路線を支持していたことがわかる（図1）。ただし、政党内での対立と「ねじれ国会」の解消の手立てはみつかっておらず、課題が残った再出発となった。

　「ねじれ国会」の解消を目指していた菅政権は、野党との連携を試みるが、社民党、みんなの党や公明党などとの政策合意は進まず、国会運営は難しい局面を迎えていた。一方で、連立政権で協力関係にある国民新党の亀井と菅が今国会で成立を目指すと約束した郵政改革法案が審議入りすらできず、次の国会に先送りされた。それでも国民新党は、連立政権からの離脱はできず、支持母体の全国郵便局長会の離反も招きかねない状態になった（『朝日新聞』9

月18日付）。このように、連立政権のパートナーである国民新党の存在感は改造内閣後も低くなっていた。つまり、連立政権は維持されているものの、国民新党が政権運営に積極的にかかわっていく鳩山政権下でみせた少数政党の力を発揮できない状態になった。

尖閣諸島問題の政権対応

　国会運営でのねじれを解消するために、政策が近い公明党との連携を模索するが、9月7日に、沖縄県の尖閣諸島沖で中国漁船が衝突事故を起こした。海上保安庁の巡視船が、尖閣諸島沖で操業していた中国漁船に対して、領域外への退去命令を出したところ、この命令を拒否して、海上保安庁の巡視船に衝突したため、漁船の船長と船員の身柄を拘束し、公務執行妨害で逮捕、那覇地検に送検・勾留という事件が起こった。逮捕という対応に、中国政府は抗議を行い、駐日大使である丹羽宇一郎を幾度となく呼び、船長と船員の釈放を要求してきた。

　中国政府の要求もあり、日本政府は、9月13日に船員を帰国させることにしたが、那覇地検では、船長は勾留が延長されることになった。しかし、25日になり突然、船長を中国にチャーター機で送還した。菅首相と前原外務大臣が国連総会で不在の間に起きた出来事であったが、24日に那覇地検が中国人船長の釈放を発表し、与野党から菅政権への批判が相次いだ。那覇地検は日中関係を考慮して処分保留で釈放すると述べ、岡田克也幹事長は「地検の判断は尊重されるべきだ」と強調し、「検察の判断に政治家がいちいちコメントすることは避けるべきだ」と慎重に言葉を選んだ（『朝日新聞』2010年9月25日付）。しかし、日本政府の対応に関して中国政府と政治的な決着があったとみることができる（小林 2012：78；後藤 2014：332）。

　尖閣諸島沖の中国漁船衝突事件をめぐる問題は政府与党を問わず批判が噴出し、収束がみえないため、日本政府は事件を撮影した海上保安庁のビデオ映像について国会決議を前提に公開に踏み切る方針を固めた。野党はもとより、連立政権を組む国民新党からも、撮影したビデオ映像の公開を政府に求める声が上がっていた。亀井は「ビデオは事実なんだから出すべきだ。すでに犯人を釈放していて、司法上、保護する理由はない」と語った（『朝日新

聞』2010 年 9 月 30 日付）。日本政府の姿勢に対して「弱腰」の指摘が出てきた
こともあり公開する動きが国会内で進んでいったが、仙谷由人官房長官は
29 日になり公開を見送る方針を打ち出した。映像をもとにどちらが衝突し
たのかを明確にし、日本政府の主張を行うという姿勢と中国との関係を優先
させるという両方の考えのなかで、連立政権内でも意見が対立し、言動が二
転三転した。

　この事件は菅政権内の不安定さを露呈した出来事であった。「脱小沢」路
線を継続し代表選挙後、支持率が回復したが、10 月の世論調査では 48％に
急落し、支持しないも 35％と急増している（図 1）。また、『読売新聞』の世
論調査でも、中国人船長の釈放について「適切ではなかった」と回答した人
が 72％となり、民主党政権の外交安保政策に不安を感じるかとの質問に
「大いに感じる」、「多少感じる」を合わせると 84％と外交問題での対応は弱
腰と受け取られたといえる（『読売新聞』2010 年 10 月 17 日付）。

「ねじれ国会」運営

　尖閣諸島問題の最中、臨時国会が 10 月 1 日に開かれた。菅直人首相は所
信表明演説で 2010 年度補正予算の成立に向け、与野党連携の重要性を強調
し「ねじれ国会」の解消をいかにして乗り切るかに腐心していた。6 日には、
民主党が臨時国会に提出する補正予算案を柱とした経済対策を政府に提言し
た。菅内閣は 8 日に、臨時国会に提出する補正予算案を柱とした円高・デフ
レ対応緊急総合経済対策を閣議決定した（『朝日新聞』2010 年 10 月 8 日付）。

　この補正予算案では、地方が公共事業に使える地域活性化交付金を創設し、
自民党と公明党から受けた要望を盛り込み、予算案の可決のために両党への
配慮をみせることになった。民主党案では、当初の規模は 3000 億円だった
が、国民新党との合意を受け、500 億円上積みし、合計で 2500 億円を増額
した。5 兆円規模の対策を行い、税収増や前年度の剰余金でまかなうことで、
新規国債を追加発行しない方針をまとめた。

　参院で野党が過半数を占める「ねじれ国会」であるため、野党の自民党と
公明党の要望内容を事前に取り込んだ内容になった。また、連立パートナー
の国民新党にも配慮する格好になった。ただし、国民新党は菅政権の助けに

なるように、経済対策の合意文書に社民党が名を連ねるように水面下で働き
かけてもいた。社民党の協力が得られることにより、衆議院で3分の2の議
席を確保できることになり法案が通ることも可能となる（『朝日新聞』2010年
10月9日付）。衆議院は定数480（欠員0）に対して「民主党・無所属クラブ」
が310、国民新党が3。与党2党合計で313であるため、3分の2にあたる
320議席に届くためには、野党の協力が欠かせなかった。

　結局、補正予算案は否決されても憲法での衆院の優越で通るが、関連する
法案の目途が立たない状況が目にみえていたため、財政再建路線を貫くこと
はできず、政策面で異なる考えの野党と国民新党に配慮することになった。
野党の自民党と公明党への配慮が国民新党の配慮につながった。公明党との
連立も進まない状況で、閣外である社民党も含め、参院での過半数、衆院で
の3分の2の確保とさまざまな可能性を考えながら、補正予算案を通すしか
選択肢がなかった点で、菅政権内での政策決定は民主党の政調会を主体とす
る政策決定になり、政党間による調整を行わざるを得なかった。

　補正予算案は「ねじれ国会」の問題があり、参院予算委員会と参院本会議
では否決されたものの、衆院優越という憲法の規定にもとづき11月26日に
成立した。ただし、「ねじれ国会」は解消されたわけではなかった。そのた
め、臨時国会後に連立離脱した社民党との連携について、菅首相は他の法案
でも協力を進める意向を示した（『朝日新聞』2010年12月7日付）。

　以上のように、「ねじれ国会」が政権の運営を難しくしたことから、参議
院選挙で単独過半数を確保できなかったことが影響していることがわかる。
また、連立政権のパートナーの国民新党の議席数と支持率は脆弱ではあるが、
補正予算案は、参院での閣外の協力による過半数が難しい場合に、衆院での
3分の2の確保が必須のため、その力を借りざるを得ないことになり、無視
することはできなかった。その後も「ねじれ国会」があるため、解消する手
立てをみつけることは民主党政権にとって急務であった。

　菅政権はその後、1月14日に第二次改造内閣を行い、枝野幸男を官房長
官に起用し、たちあがれ日本を離党した与謝野馨を経済財政政策担当大臣に
据えた。問責決議を受けた仙谷由人と馬淵澄夫国土交通大臣は代わることに

なった。連立パートナーである国民新党からは自見庄三郎が留任している。第二次改造内閣は大臣の数をみると第一次内閣同様に、小沢グループからの登用はなく「脱小沢」路線のままである（濱本 2015：53）。

その後、通常国会が始まるなか、1月31日に小沢一郎が陸山会の政治資金規正法違反の罪で強制起訴となり、執行部は小沢が離党をすることを期待したが、とどまることになったため、2月22日に民主党幹事会で判決が出るまで党員資格処分とした。政治とカネの問題に対処してこなかったことが、菅政権にも影響を与えることになった。

この間、国会での野党との連携には目途は立たず、予算は成立するが、予算関連法案については成立の目途が立たないという緊急事態に陥っていた。

5　東日本大震災の対応と菅おろし

大震災と原発対応

小沢の問題の後に前原誠司外務大臣に外国人からの献金疑惑が浮上し、受け取っていたことを認めて外務大臣を辞することを表明した。そして、3月11日の朝刊では、菅首相の献金疑惑が掲載されていた。

しかしながら、14時46分、東北地方三陸沖を震源としたマグニチュード9.0の戦後最大規模の巨大地震が発生した。この東北地方太平洋沖地震によって青森県から千葉県の太平洋沿岸地域を中心に大津波が発生し、東北、関東地方の広範囲に甚大な被害が発生した。津波による甚大な被害が出たばかりではなく、東京電力福島第一原子力発電所での事故が発生することになる。翌日の3月12日には福島第一原子力発電所1号機の建屋で水素爆発が発生し、メルトダウンが懸念される事態に陥った。

こうした未曾有の緊急事態が発生したために、危機管理対応を行うことが急務となり、与野党での対立は休戦となり、2011年の予算案に関しては与野党で協力することになった（『朝日新聞』2011年3月12日付）。ただし、菅が福島第一原発の爆発事故についての説明がなかったことに対して連立パートナーである国民新党からも批判が出て、菅政権の震災後の危機管理体制に問題があることが指摘された（読売新聞政治部 2011：39）。その後も、政権内で対

応を行う理由で、内閣官房に「震災ボランティア連携室」を設置し、内閣府参与であった湯浅誠を室長に任命し、その後も、内閣参与とつく役職、そして組織を乱立させ、政権内に多くの「本部」と称するものができたことにより、意思命令系統は混乱した。こうしたなか、3月29日に過去最大の92兆円の2011年度予算が衆院本会議で成立した。このときに菅首相は「政治休戦」を理由にほとんど質疑応答にも応じず、国会の答弁にも立たなかった。そのため、多くの法案が野党の反対に遭うことになる[3]。

菅おろしと菅内閣退陣

　菅政権は東日本大震災の復興の対応を行っていたが、予定が遅れていることから、5月に入り内閣不信任案が提出された。しかし、衆議院で過半数を獲得するためには240票が必要となり、民主党と民主党系の無所属議員は313人おり、不信任案の可決のためには、与党内での75人に造反が必要となる。このなかで、小沢一郎が不信任案に同調する意向をみせる。

　だが、連立パートナーの国民新党の亀井は「大震災の最中に不信任案を出す方がおかしい」として内閣改造、党役員人事による挙党体制の必要性を訴えたが、民主党内の小沢をはじめとする「菅おろし」は進んでいった（後藤2014：401）。そして、6月1日、自民党、公明党、たちあがれ日本の三党共同での菅内閣の不信任決議案が提出された。

　6月2日に行われた、民主党の代議士会のなかで菅は「一定の役割が果たせた段階で若い世代の皆さんに色々な責任を引き継いでいきたい」と東日本大震災の復興に目途がついた時点での辞任について表明をした（『朝日新聞』2011年6月3日付）。菅首相の退陣表明があったため、民主党議員の多くが不信任案への賛成を取りやめ、大量の造反が出ることなく、不信任案は賛成152票と反対293票で否決された。小沢は最終的には欠席という選択をした。

　東日本大震災をめぐる動きのなかで、連立パートナーの国民新党に復興支援基本法案に関連する復興本部の提案を行い、その意見を菅政権に聞き入れてもらっているため、野党により法案は見送られることにはなるが、影響力を行使できている。その点では、菅政権に対して、少数政党ながら意見をいうことで、存在感を示すことができている。その後、民主党の岡田幹事長は

自民党、公明党との三党合意による、第二次補正予算、特例公債法案、再生可能エネルギー措置法といった法案を成立させることで、退陣することを菅に了承を得ることになる（『朝日新聞』2011 年 8 月 10 日付）。自民党、公明党もこの動きに賛同することで、菅首相はこの提案を受け入れて辞任をすることになった。

6　菅政権の総括

　菅政権は鳩山前政権での失敗をいくつか改善していた。一つ目は、前政権では果たされなかった、政権交代というイメージを国民に明確に印象づけたことである。「脱小沢」という対立軸を明確にすることで、政策の一元化を図り、政権交代に期待をしていた世論に応えたことからも明らかである。小沢の動きが世論調査では支持されなかったし、「脱小沢」路線といわれる行動が世論調査の結果では支持率の上昇に寄与していたことからも了解できる（菅原 2012：8）。その点は前政権の課題を改善した結果だといえる。

　二つ目として、連立政権のパートナーの国民新党とは政策面では一定の距離を常に保っていたことが挙げられる。「脱小沢」路線を進める上で、郵政改革法案や財政政策で菅首相や執行部と意見の異なる国民新党に郵政改革法案の審議という空手形は出すものの、主導権を握られることなく政権運営することが「ねじれ国会」まではできていた。国民新党が与党から離脱するメリットがないと理解していると菅政権は認識しており、そのため、連立政権における少数政党による影響力の行使をある期間までは封じ込めることに成功した。この点において、少数政党からの過度な要求を拒否することができたため、前政権時に国民が抱えていた不満を解消することにつながっていった。しかし、高支持率にもかかわらず、消費増税をめぐる二転三転、発言のブレから参議院議員選挙での過半数を獲得できなかったことにより、連立政権を維持し、国民新党との政権運営を有利に進めていた状態を後退せざるを得なくなっていった点は「脱小沢」路線と菅政権の政策を推し進める足かせになっていった。

　そのことが、「ねじれ国会」での政権運営に表れており、結果的に連立を

組む国民新党だけではなく他の政党にも配慮した法案を作成しなければならなくなり、政策を推し進めることができなくなっていった。つまり、昔の自民党ともいうべき国民新党の意見も受け入れざるを得なくなってしまったことによる揺り戻しは、菅政権が党内の対立、連立政権内での対立により世論の支持を獲得する手法に限界があったからとも考えられる。それだけ、党内基盤も政権運営の基盤も脆弱であったことを意味する。それは「もっとも民主党にとって不幸だったのは、常に他の政党と協力を得なければ、国会運営を円滑に進められなかったことである」という指摘が言い表している（上川2014：159）。

一方で、連立を組む国民新党も少数政党としての立場を理解しており、菅政権では前政権下よりも存在感を示すことができなくなっていったが、「ねじれ国会」以降、じり貧となっていった菅政権に対して意見をいうことで、その存在感を示すことができるようになった点は、連立政権内の維持と変容のダイナミックさを体現する存在だったといえる。

【注】

1　また、参議院議員選挙で消費増税を訴え過半数を確保することで、鳩山政権下とは異なる、「脱小沢」の政策転換の正当性を得ようとしたという指摘もある（三浦 2013：43を参照）。

2　濱本は、大臣レベルの役職配分をみると「脱小沢」でグループ代表型の人事を取らなかったと指摘している。

3　子ども手当の「つなぎ法案」は自民・公明が反対の合意をし、予算案は参院で野党に否決され、復興基本法案は野党の合意が得られず先送りとなっている。

【参考文献】

飯尾潤編（2013）『政権交代と政党政治』中央公論新社。

逢坂巌（2014）『日本政治とメディア——テレビの登場とネット時代まで』中公新書。

上川龍之進（2014）「民主党政権における予算編成・税制改正——民主党の『与党化』と『自民党化』」伊藤光利・宮本太郎編（2014）『民主党政権の挑戦と挫折』日本経済評論社。

北岡伸一（2012）『日本政治の崩壊——第三の敗戦をどう乗り越えるか』中央公論新社。

木村英昭（2012）『検証　福島原発事故——官邸の100時間』岩波書店。

後藤謙次（2014）『ドキュメント平成政治史 3　幻滅の政権交代』岩波書店。

小林良彰（2012）『政権交代——民主党政権とは何であったのか』中公新書。

菅原琢（2012）「民主党政権と世論——内閣支持率乱高下の背景構造を探る」御厨貴編
　（2012）『「政治主導」の教訓』勁草書房。

高橋進・安井宏樹編（2008）『政権交代と民主主義』東京大学出版会。

竹中治堅編（2017）『二つの政権交代——政策は変わったのか』勁草書房。

日本再建イニシアティブ（2013）『民主党政権　失敗の検証——日本政治は何を活かす
　か』中公新書。

濱本真輔（2015）「民主党政権下の政府人事——政治主導と人事」前田幸男・堤英敬編
　著『統治の条件——民主党に見る政権運営と党内統治』千倉書房。

福山哲郎（2012）『原発危機——官邸からの証言』ちくま新書。

三浦まり（2013）「政権交代とカルテル政党化現象——民主党政権下における子ども・
　子育て支援政策」『レヴァイアサン』第 53 号、35-56 頁。

薬師寺克行（2012）『証言　民主党政権』講談社。

読売新聞「民主党イズム」取材班（2011）『背信政権』中央公論新社。

読売新聞政治部（2011）『亡国の宰相——官邸機能停止の 180 日』新潮社。

第13章　野田政権

岡田　陽介

1　野田政権の成立

　野田佳彦は、菅直人の民主党代表辞任にともなう 2011 年 8 月 29 日の民主党代表選挙で海江田万里、前原誠司、鹿野道彦、馬淵澄夫を破り民主党代表に就任した。その後、8 月 30 日の第 177 回国会（常会）での第 95 代内閣総理大臣指名、9 月 2 日の親任式・認証式を経て野田内閣を成立させた。民主党代表選で社会保障・税一体改革の必要性を掲げ、小沢一郎など非主流派との党内対立を抱えていた野田佳彦は、党内役員人事として小沢一郎に近い興石東の幹事長起用や、組閣での小沢グループからの起用など党内融和を図り、「ノーサイドにしましょう」との代表選出の際の言葉を実行に移して社会保障・税一体改革に臨んだ。

野田政権の概要・特徴

　野田内閣を検討するにあたり、その特徴について、民主党政権の歴代内閣からの「継続」と「断絶」という視点で簡単に整理を行いたい。

　まず継続という点では、本書の枠組みである「連立政権」そのものが特徴の一つである。野田内閣は国民新党との連立政権であった。鳩山内閣時に民主党・社民党・国民新党の連立政権として成立し、その後、社民党は離脱するが、国民新党との連立は菅内閣を経ても継続されていた。野田内閣組閣でも郵政改革担当・内閣府特命担当大臣（金融）として国民新党の自見庄三郎を継続起用し連立が維持された。なお、野田内閣は衆議院では過半数を占めていたが参議院では「ねじれ状態」状態にあった[1]。また、国民新党の議席は、野田内閣成立時点で衆議院 4 議席、参議院 3 議席とわずかで過大規模連合であり、実質的な影響力は議席数の面では弱く、連立は民主党政権歴代内閣からの継続の側面が強い。

また、継続という点では、野田内閣は民主党政権歴代内閣から継承された
さまざまな政策的課題に直面していた。たとえば、鳩山内閣時代からの日米
外交問題[2]、菅内閣時代からの社会保障・税一体改革、さらには震災復興が
残されていた。また、政権交代時の2009年マニフェストには記載されてい
なかったTPP（環太平洋経済連携協定）問題も残されていた。そのなかで、野
田佳彦は自身が力を入れる社会保障・税一体改革に取り組むことになる。

　さらに、衆議院解散も継続の一つの視点となる。野田内閣成立時には
2009年民主党政権成立以降、鳩山・菅両内閣の下では一度も衆院選は行わ
れておらず、民主党政権そのものの信を問う声も存在していた。加えて、
2009年選出の衆議院議員は2013年8月2日に任期満了となり、現実問題と
していずれかのタイミングで選挙を行う必要があった。もちろん任期満了の
選択肢もあったが、有利な政権運営においては、解散のタイミングは最重要
案件であった。その意味では、野田内閣は選挙管理内閣であったとも位置づ
けられる。

　しかし、必ずしも単なる選挙管理内閣とはいえない側面もある。野田内閣
成立時の内閣支持率は60％であったが（図1）、鳩山内閣（72％）、菅内閣
（61％）成立時と比較しても低いとはいえない[3]。また、新聞各紙の世論調査
をみても、『朝日新聞』では支持率が53％、「野田首相は政治を前に進める
ことができると思いますか」との質問では、「できる」48％、「できない」
25％との回答であった[4]。また、『読売新聞』でも支持率が65％、「衆議院の
解散・総選挙は、いつ行うのがよいと思いますか」との質問では、「できる
だけ早く」や「今年の年末までに」、「来年中に」という早期解散の選択肢が
いずれも10％台であったが、「再来年の夏の任期満了まで行う必要はない」
は49％であった[5]。野田内閣に対しては、早期解散ではなく中長期的な政策
推進という有権者の期待があったことが示唆される。また、野田佳彦自身に
も「次の世代に対して責任を持って対応する政治をやろうという思い」（山
口・中北 2014：210）が根底にあった。

　他方、野田内閣は民主党政権歴代内閣からの多くの継続を断絶させた内閣
でもあった。まず、残されていた政策的課題からの断絶である。野田内閣は

第13章　野田政権

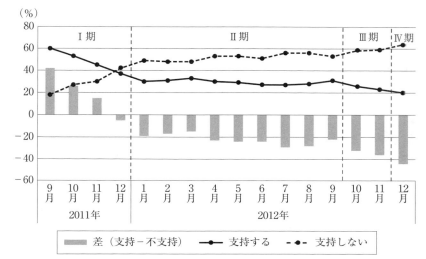

図1　野田内閣の支持率の推移
出所：NHK放送文化研究所ホームページ「政治意識月例調査」より筆者作成。

民主党政権歴代内閣からの政策的課題の継続に直面し党内外とのさまざまな対立を招いたが、最終的には政策的こだわりを貫き、社会保障・税一体改革法案を成立させるなど、さまざまな課題の克服を果たした。

また、最も大きな断絶は衆議院解散断行による民主党政権下の無選挙状態の解消である。しかし、解散は速やかに行われたわけではなく、解散を迫る自民党や民主党内での抵抗などさまざまな阻害要因や促進要因が存在した。最終的には解散が行われたが、結果として2009年の政権交代以降続いた民主党政権、および、国民新党との連立の終焉を迎えるという大断絶も招くことになった。

野田内閣の在任期間は482日間と、民主党政権下（鳩山内閣：266日、菅内閣：452日）では最長であった。しかし、支持率は在任期間を通じて下落を続けた（図1）。その傾向は、内閣成立以降、支持が減少し不支持が上昇する期間（Ⅰ期）、下落した支持率が下げ止まり、30％程度で推移する期間（Ⅱ期）、再び支持率が下落する期間（Ⅲ・Ⅳ期）の4つに区分できる。これは政党支持率の推移（図2）にも対応し、民主党支持率が低下傾向にあるが自民党を

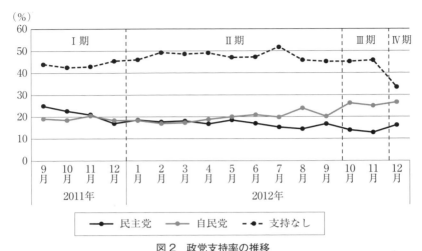

図2 政党支持率の推移
出所：NHK放送文化研究所ホームページ「政治意識月例調査」より筆者作成。

上回る期間（Ⅰ期）、両党拮抗から自民党支持が上回る期間（Ⅱ期）、自民党支持が民主党を上回る期間（Ⅲ期）、解散以後、支持なしが低下する期間（Ⅳ期）となる。これは在任期間を等分したものではないが、野田内閣の時系列に照らせば、成立から第一次改造内閣に至るまで（Ⅰ期）、第一次改造内閣から第二次改造内閣を経て第三次改造内閣に至るまで（Ⅱ期）、第三次改造内閣から解散表明した第181回国会（臨時会）の開会に至るまで（Ⅲ期）、第181回国会開会から解散・総選挙に至るまで（Ⅳ期）に対応する。

そこで本章では、大断絶を招いた解散の阻害要因と促進要因は何であったのかを軸に、2011年8月の野田内閣成立から民主党政権の終焉を招く2012年11月の衆議院解散に至る時系列に沿って、政策的課題の克服と解散への経緯を概観する。

2　内閣改造と支持率（第一次改造〜第二次改造）

野田内閣は成立以降、東日本大震災からの復興増税を含む第三次補正予算を成立させ、復興債の発行という資金調達の仕組みを構築するなど政策的前進を進めていた（濱本 2016）。また、2011年12月9日には復興庁設置法を成

立させた[6]。しかし、第177回国会、第178回国会（臨時会）、第179回国会（臨時会）を経て、内閣成立後3か月が経った12月には支持率は37%まで下落し（図1）、不支持が支持を上回り、早期解散も困難となった。

第一次改造内閣

野田内閣成立以降の支持率低下には、閣僚による不祥事も大きな影響を与えた。野田内閣成立直後には、経済産業大臣・鉢呂吉雄による東日本大震災に関連する失言・辞任があった。また、第179回国会では、国家公安委員会委員長・内閣府特命担当大臣（消費者および食品安全）・拉致問題担当の山岡賢次と防衛大臣・一川保夫の問責決議が参議院で可決されていた[7]。そうした状況を受け、第180回国会（常会）を前に内閣改造が行われた。2012年1月13日に発足した第一次改造内閣では、連立を組む国民新党からは、自見庄三郎を郵政改革担当・内閣府特命担当大臣（金融）として継続起用した。また、内閣法9条の第一順位指定大臣（副総理）・行政改革担当・社会保障・税一体改革担当・公務員制度改革担当として岡田克也が入閣した。岡田克也は社会保障・税一体改革に肯定的であったことから、その起用は野田内閣が改革を推し進める党内外への強いメッセージとなった。

第180回国会は1月24日に開会したが、野田内閣を取り巻く環境も大きな変化を迎えていた。まず、民主党内部の変化では、消費税増税反対の小沢一郎が、党内増税反対派を結集させ結束を強めつつあった。これは党内対立を前提としたものであったが、仮に離党となれば、民主党にとっては選挙での敗退を招く要因となるものであった。

次に、橋下徹・大阪市長が行った、大阪維新の会の次期衆院選での立候補者擁立表明である[8]。野田佳彦の「非常に抑制的なコミュニケーション」（逢坂 2014：343）に対し、Twitterなどのソーシャル・メディアを巧みに用いた橋下徹は有権者の期待も高かった。『読売新聞』の世論調査[9]では、「大阪維新の会が国政に進出することを、期待しますか」という質問に、「期待する」が66%であり、民主党にとっては潜在的脅威となっていた。

また、連立を組む国民新党では党内分裂も生じた。1月25日に亀井静香（国民新党代表）・石原慎太郎（東京都知事）・平沼赳夫（たちあがれ日本代表）によ

る会談が行われ、1月27日には3月中の新党結成の報道がなされた[10]。新党結成への含みをもちつつ、亀井静香は連立離脱を表明した[11]。結果として、国民新党内で連立離脱表明の亀井静香代表と連立維持表明者（下地幹郎幹事長、自見庄三郎郵政改革担当・内閣府特命担当大臣〔金融〕など）による党内分裂が生じた。さらに、4月5日には議員総会で亀井静香代表および亀井亜紀子政調会長の解任が決定され両氏は離党、4月6日に自見庄三郎が代表に就任するという事態に至った。これにより連立は維持されたが、野田内閣に大きな混乱を招いた[12]。

　さらに石原慎太郎東京都知事も野田内閣を取り巻く環境に大きな変化を与えた。新党結成報道から一転、4月12日にはそれを撤回し、加えて、4月16日にはアメリカ・ワシントンでの講演で東京都による尖閣諸島購入を打ち出し、国の尖閣対応を批判し野田内閣を振り回した。後の9月11日に、尖閣諸島3島（魚釣島、北小島、南小島）を日本政府が地権者から購入し国有化され、懸念が続いていた国有化問題を野田内閣が解消したとみることもできる。また、中国の強硬姿勢のなかで、東京都が購入した場合に新たに生じるさまざまな問題を、野田内閣による国有化で防いだともされている（山口・中北 2014）。

　以上にみるに、第一次改造内閣後、新たな第三極の台頭や民主党内の対立、国民新党との連立解消の可能性など、野田内閣周囲の環境変化が解散の阻害要因として機能し、解散は難しい状況にあった。しかし、野田内閣自体も周囲の環境に翻弄されるだけではなかった。2月25日には、社会保障・税一体改革推進のため自民党の協力を求めた野田佳彦と、法案協力によって解散を迫りたい自民党総裁・谷垣禎一が極秘会談を行い、民主党・自民党の大連立、ないしは、連携を模索する動きがあったとされる。これは、大阪維新の会の国政進出に危機感を強めた両者の模索でもあった（読売新聞政治部 2012）。

第二次改造内閣

　野田内閣にとって社会保障・税一体改革のためには自民党との協力関係が必須となるが、協力の協議に入る前に、第180回国会中に生じた防衛大臣・田中直紀と国土交通大臣・前田武志への不祥事にもとづく問責決議の対応が

残されていた[13]。両氏交代を軸に、6月4日に第二次内閣改造が発足する。内閣改造では国民新党の要請により郵政民営化担当・内閣府特命担当大臣（金融）で国民新党代表の自見庄三郎が退任し、国民新党の松下忠洋を後任とした。また、サプライズ的な人事として、防衛大臣に拓殖大学大学院教授・森本敏を民間から起用した。しかし、内閣改造によっては支持率の顕著な上昇はみられなかった。

　他方、社会保障・税一体改革法案に関しては、民主党・自民党に加え、公明党との間でも修正協議が重ねられていた。結果、6月15日に3党間で合意が取り交わされ、消費税の段階的引き上げが決まった[14]。この合意によって、野田佳彦は「『政治生命をかける』一体改革関連法案を成立させるため、ついに『民自公』に舵を切った」（読売新聞政治部 2012：178）とされるが、これは新たな問題も引き起こした。確かに、三党合意は社会保障・税一体改革法案成立への大きな前進であるが、同時に、小沢一郎ら党内反対派との対立を加速させることを意味した。事実、6月21日には小沢新党の可能性が報じられた[15]。

　三党合意の後、社会保障・税一体改革関連法案は6月26日に衆議院で可決された。やはり民主党内反対派の反発を招き、採決では小沢一郎・鳩山由紀夫を筆頭に民主党内で57人が反対票、16人が棄権・欠席との結果となった。また、小沢一郎は、造反議員を中心に取りまとめていた離党届を提出した[16]。7月3日の民主党臨時役員会・常任幹事会にて、造反した小沢一郎ら37人の除籍処分、参議院議員12人の離党届受理がなされ、小沢一郎は7月11日に離党者49人で「国民の生活が第一」を結党し民主党は分裂した。

　衆議院での可決を受けて、社会保障・税一体改革法案は前進し、続く参議院での法案可決へと焦点は移る。ただし、参議院はねじれ状態にあり、野田内閣にとってはさらなる自民党・公明党との協力が必要であったが、逆に、自民党・公明党の立場に立てば、参議院での法案成立への協力を条件に速やかな解散をいかに引き出すかが問題となっていた。

　他方、離党者を出した民主党にとって解散・総選挙は惨敗を意味し一層難しい状況であった。また、解散反対の民主党議員は、衆議院選挙制度改革を

「錦の御旗」（読売新聞政治部 2012：235）に解散を妨げた。選挙制度改革の中心は「一票の格差」解消に向けた「0増5減」[17] と、比例代表での「定数削減」、「連用制」の導入案であったが、「定数削減」、「連用制」は、野党の反発があり時間がかかることが予想された。さらに、野田佳彦も衆議院での社会保障・税一体改革法案可決後に、赤字国債発行を可能にさせる特例公債法案に言及し、法案可決後の課題に触れた。

　野田佳彦の特例公債法案への言及や民主党の選挙制度改革への言及は解散先延ばしに他ならず、自民党・公明党は参議院での協力には難色を示した。とくに、谷垣禎一は解散を勝ち取れなければ、総裁選再任すら脅かされる状態であった。また、自民党内部も、参議院での社会保障・税一体改革法案採決前に「三党合意の破棄」や内閣不信任決議案、野田首相の問責決議案の提出などを視野に入れつつあった（読売新聞政治部 2012）。

　そうした状況下ではあったが、8月8日、野田佳彦、谷垣禎一、山口那津男の三党首会談にて「一体改革関連法案が成立した暁には、近いうちに国民に信を問う」との確認を行い、8月10日に社会保障・税一体改革法案が参議院で可決され成立した。ただし、法案成立は有権者には必ずしも評価されなかった。『読売新聞』の世論調査[18] では、法案成立を「評価する」が43％、「評価しない」が49％と否定的回答が上回った。また、次の衆院選での比例区投票先の質問では、自民党（21％）、大阪維新の会（16％）、民主党（11％）と民主党は3番目の結果となった。また、『朝日新聞』の世論調査[19] での、大阪維新の会に「国会で影響力を持つような議席を取ってほしいと思うか」との質問では、「取ってほしい」（50％）、「そうは思わない」（43％）と、大阪維新の会への期待が民主党へのそれを超える勢いとなっていた。

　また、解散に対する認識も次の臨時国会までとの意見が多かった。たとえば、先述の『読売新聞』の世論調査では「今の国会の会期中」（25％）と「今年秋の臨時国会」（28％）を合わせた53％、『日本経済新聞』の世論調査[20] でも「今国会中」（18％）と「秋の臨時国会」（40％）を合わせた58％と、いずれも半数を超えた。これは、有権者の視点が法案成立への評価ではなく、解散・総選挙、ひいては、新たな政権交代に既に移っていたことを示唆してい

第13章　野田政権

る。

　なお、参議院での法案可決と併せて、野田内閣は連続して外交対応にも迫られた。まず、韓国・李明博大統領が8月10日に竹島に上陸し、8月14日には天皇陛下の訪韓について、「『痛惜の念』との言葉だけなら、必要はない」という趣旨の発言を行った。また、続く8月15日には香港の反日団体が尖閣諸島に上陸した他、8月23日には韓国が野田佳彦内閣総理大臣の親書の受取拒否を行うなどの事態も生じ、民主党政権、ひいては、野田内閣における継続課題であった外交問題が浮き彫りになった。しかし、野田佳彦は8月24日に領土・主権に特化した記者会見を行うなど、外交問題でも政策的こだわりをみせた。

　なお、8月28日に野田佳彦内閣総理大臣への問責決議案が自民党・公明党により提出されたが、他の野党協力が得られず本会議採決は断念された。しかし、翌29日に提出された国民の生活が第一が中心の問責決議案に自民党が賛成し可決されるという事態のなかで、9月8日に第180回国会に会期末となった。

3　民主党代表選挙再選と第三次改造内閣

　第180回国会の後、2012年9月には時期を同じくして、民主党代表選挙（9月10日告示・9月21日投開票）と自民党総裁選挙（9月14日告示・9月26日投開票）が行われた。

　民主党代表選挙では、野田佳彦再選が優勢のなか、党内では細野豪志を推す声も上がった。最終的に細野豪志は出馬を断念し、赤松広隆、原口一博、鹿野道彦が出馬したが、野田佳彦が大差で再選された。なお、民主党代表選挙告示日の9月10日に国民新党の松下忠洋（郵政民営化担当・内閣府特命担当大臣〔金融〕）が自殺した。後任人事には国民新党からの起用はせず、内閣府特命担当大臣（金融）の事務代理に財務大臣の安住淳を、郵政民営化担当には野田佳彦自身をあてるなど対応に迫られた。

　次に、自民党総裁選挙では解散の有無が重要な焦点となった。再選をねらう谷垣禎一は、野田佳彦から「近いうちに国民に信を問う」との文言を得た

235

だけで解散の言質が取れなかったことや、先の国会での問責決議案の顛末によって、自民党内からの批判を増大させ、「谷垣おろし」を引き起こしていた。また、三党合意は弛緩し、野田佳彦の「与野党ともにいろんなことをいっているが、しかるべき時に、やるべきことをやった後に、信を問うという基本的な姿勢は変わらない[21]」との発言によって解散が先延ばしとなった結果、9月10日に谷垣禎一は総裁選不出馬を表明し、石破茂が出馬表明をするに至った。

　他方、総裁選への出馬を取り沙汰されていた安倍晋三は、解散がなければ、石原伸晃幹事長の総裁選出馬・選出による「石原内閣」での自身の閣僚就任、また、谷垣禎一が解散を勝ち取れば、谷垣禎一総裁再選による自身の閣僚就任を経て、次期総裁選で出馬との2つのシナリオを描いていたとされる（読売新聞政治部 2013）。しかし、安倍晋三は9月12日に総裁選出馬を表明し、9月26日に行われた投開票で、石破茂、石原伸晃、町村信孝、林芳正を破り自民党総裁に選出された。

　また、民主党代表選・自民党総裁選の後、橋下徹は9月28日に日本維新の会を国政政党として正式に結党し代表に就任することで新たな勢力を結集させ、野田内閣に対する潜在的脅威を高めていた[22]。

第三次改造内閣

　民主党代表選挙での野田佳彦再選後、2012年10月1日に第三次内閣改造が行われた。連立を組む国民新党からは、郵政民営化担当・内閣府特命担当大臣（防災）として下地幹郎を起用した。なお、民主党の党内人事では解散反対の輿石東が幹事長続投となり、党内融和とともに、党内外には解散先延ばしのメッセージとなった。ただし、衆議院任期満了はより近づき、解散のタイミングの問題はより切迫した。さらに、内閣支持率は内閣改造にもかかわらず好転せずに下落に転じた（図1）。とくに、改造内閣発足直後から明らかとなった、法務大臣・田中慶秋の不祥事[23]は内閣の評価を下げるには十分であった。

　また、民主党・自民党・公明党の三党首会談が10月19日に行われた。野田佳彦は「近いうち」に解散するための判断として特例公債法案・選挙制度

改革・社会保障制度改革国民会議の早期設置について、安倍晋三、山口那津男に協力を求めたが決裂した（読売新聞政治部 2013）。さらに、松下忠洋の自殺にともなう鹿児島3区の補欠選挙が10月28日に実施されたが、野間健（民主党推薦・国民新党）が落選、宮路和明（自民党元衆議院議員・公明党推薦）が当選した。解散模索のなかで民主党は勢いを失ったが、自民党は安倍晋三総裁が衆議院解散を迫る記者会見を行うなど勢いを増し、両党は対照的な状況となった。

4　解　　　散

解散を先延ばしにし続けてきた野田内閣であったが、いよいよ解散の決断を行うこととなる。野田佳彦は2012年10月末から年内の解散を模索した。年内解散を後押しした理由は、第一に、「近いうち」から3か月ほどが経過し、国民の不信が高まったり、民主党離党者の増加によって、衆議院過半数割れの可能性があること、第二に、年明け解散へのずれ込みは、日本維新の会を筆頭に台頭してきた第三極に選挙準備の時間を与えてしまうこと、第三に、経済状況に鑑みるに、2014年4月の予定通りの消費税率引き上げが望ましいことやTPP交渉参加などの政策的こだわりがあったとされている（読売新聞政治部 2013）。

10月29日に第181回国会（臨時会）が開会した。この時期、内閣支持率は23％（図1）と野田内閣成立以来最も低い値となった。また、同時期に行われた他の調査の結果も相次いで報道され、『日本経済新聞』20％[24]、『読売新聞』19％[25]、『朝日新聞』18％[26]といずれも低い値となった。低い支持率は選挙大敗を示唆していたが、野田佳彦は政策的こだわりの一つとして、TPPの政策的前進を図った。11月9日には新聞各紙でも取り上げられ、TPP交渉参加の意向とともに「解散」の模索も併せて報じられた。

野田内閣にとってTPP交渉参加を争点にして解散を図る理由に次の3つがあったされる（読売新聞政治部 2013）。第一に、自民党への揺さぶりである。TPPは自民党内の賛成派・反対派の揺さぶりはもちろん、TPP反対の農業団体を支持母体とする自民党賛成派にも大きな揺さぶりを可能にする。

また、TPP 主導のアメリカ・オバマ大統領との日米関係重視を前面に押し出し、自民党との対立軸形成も可能になる。第二に、第三極への揺さぶりである。解散・総選挙となれば、第三極の勢いは民主党に不利に働くが、TPP 賛成の日本維新の会と TPP に慎重な石原慎太郎東京都知事、たちあがれ日本への揺さぶりを可能にする。第三に、「決められる政治」の印象づけである。もちろん、民主党内の反対派も多いが、首相判断としての決定によって「決められる政治」を印象づけることが可能になる。ただし、TPP 交渉参加の報道は民主党内の反発も招き、潜在的離党者を増大させたため野田佳彦も事態の沈静化を図った。しかし、同時に民主党常任幹事会を中心に、「野田おろし」が大きくなったことで、野田佳彦の解散への決断をもたらしたともされる。

こうしたなか、野田佳彦は政策的こだわりとしての TPP 交渉参加に加え、特例公債法案（赤字国債発行）と選挙制度改革法案（衆議院の「一票の格差」是正・定数削減）の問題解決を軸に、安倍晋三との党首討論とそこでの解散表明に臨んだ[27]。

党首討論と解散表明

野田佳彦と安倍晋三の党首討論は、2012 年 11 月 14 日の国家基本政策委員会合同審査会で開催された。野田佳彦は安倍晋三に、特例公債法案と選挙制度改革法案の臨時国会での成立の要請を行った。その上で、定数削減について「国民のみなさまに消費税を引き上げるというご負担をお願いしている以上、定数削減をする道筋をつくらなければなりません」、「このご決断をいただくならば、私は今週末の 16 日に解散をしてもいいと思っております。ぜひ国民の前に約束してください」と迫った。さらに、「私は、いずれにしてもその結論を得るため、後ろにもう区切りをつけて結論を出そう。16 日に解散をします。やりましょう、だから」と再度迫ったが、安倍晋三は「今、総理、16 日に選挙をする、それは約束ですね。約束ですね。よろしいんですね。よろしいんですね」と答えるにとどまった。

党首討論を受け、報道各局では解散報道が流れ新聞各紙では号外で報じられた。衆議院は 11 月 16 日に解散し、12 月 4 日に第 46 回衆議院議員総選挙

が公示され 12 月 16 日に投開票日を迎えた。民主党は惨敗し野田佳彦は 12 月 26 日に内閣総辞職を行った。こうして、野田内閣、ひいては、2009 年の政権交代以降続いた民主党政権は終焉を迎えた。

5　野田政権とは

　野田内閣は、2009 年の政権交代以降の民主党政権歴代内閣から多くの政策的課題を継承したが、社会保障・税一体改革法をはじめ、多くの政策的課題を克服した。その意味では、政策的こだわりをもち「しっかり業績を残した総理大臣として、日本政治史に名前が刻まれるに違いない」(読売新聞政治部 2012：287) とも評される。

　ただし、そうした政策的前進は、必ずしも野田佳彦単独のリーダーシップのみによってもたらされたわけではない。とくに、社会保障・税一体改革では官邸主導、政治主導を掲げながらも、財務省主導・役人主導であったし、財務省による自民党内の中道保守勢力との橋渡しによって消費税増税の牽引役を担うことができたからでもある (薬師寺 2012：木寺 2017)。また、民主党分裂や国民新党の分裂による連立政権としての機能不全、ひいては、民主党・自民党・公明党による実質的な大連立がもたらしたといえる[28]。

　他方、民主党政権の歴代内閣からの最大の継承は衆議院解散のタイミングであった。もちろん、野田内閣は単純な選挙管理内閣ではなかったが、民主党政権下の無選挙状態や任期満了の接近により、いずれかのタイミングで解散を決断する必要があった。最終的には解散を断行したが、早期解散ができなかったことに加え、三党首会談にて「近いうちに国民に信を問う」としたにもかかわらず、2012 年 11 月の党首討論での「16 日に解散をします」との発言まで先延ばしを続けることにもなった。野田佳彦自身、特例公債や一票の格差の問題について一定の結論が出せれば、「もっと早い時期の方がよかった」、「延ばすよりは前倒しの方がよかった」(山口・中北 2014：261) と当時の葛藤を語っているが、解散を阻害した要因は何であったのか、本章の内容を整理すれば、「内閣・党内要因」、「連立要因」、「党外要因」とに分けることができる。

まず、「内閣・党内要因」では、野田佳彦の社会保障・税一体改革法をめぐる政策的こだわりの遂行によって生じた党内対立による内閣支持率低下や離党者の加速が、結果として解散を阻害した。確かに、「党内融和を優先させて何も決めない政治を選択することはできなかった」（中野 2013：201）という野田佳彦の政策的こだわりに鑑みれば、社会保障・税一体改革法成立なしには解散は選択されなかった。しかし、そのこだわりこそが党内対立を増大させた。また、新聞報道も三党合意を契機に「政府対野党の対立よりも民主党内の対立に政治的対立の焦点が移った」（前田 2015：321）ことにより、有権者のなかでも「民主党内の対立と、消費税率引き上げに対する忌避」（前田 2015：319）の認識を生み、野田内閣への不支持を増幅させた。また、内閣成立以降、閣僚のさまざまな不祥事にも翻弄された。不祥事は内閣改造の契機ともなったが、内閣改造によって選挙を戦えるだけの支持率上昇ももたらされず、野田内閣にとって有利な解散の選択はできなかった。

　次に、「連立要因」では、過大規模連合であった国民新党が、野田内閣にとっては極めて不安定要素となった。最終的に連立は維持されたが、国民新党代表であった亀井静香らの新党結成の動きや連立離脱表明、国民新党の党内分裂は、民主党内の対立・分裂と相俟って政権維持に多くの混乱をもたらした。また、現職閣僚であった国民新党の松下忠洋の自殺も連立政権にとっては混乱をもたらし、解散決定には阻害要因として機能した。

　最後に「党外要因」では、日本維新の会などの第三極の台頭や安倍晋三の自民党総裁再選が、野田内閣にとっての有利なタイミングでの解散を阻害した。とくに、橋下徹の日本維新の会結成に至る過程は、野田内閣には潜在的脅威となり、各種世論調査での内閣支持率や民主党支持率低下、選挙での惨敗予測と相俟って解散を難しくさせた。

　以上、解散の阻害要因を整理してきたが、阻害要因は促進要因と表裏一体であり、その多くは後に促進要因にもなった。まず、社会保障・税一体改革法の成立や TPP 交渉参加表明などの野田佳彦の政策的こだわりは「決められる政治」を印象づけ、自民党や第三極との対立軸を形成することで選挙での有利な展開を期待させた。結果として党内対立や離党者拡大、党内の「野

田おろし」さえ引き起こしたが、逆に野田佳彦に決断を促した。

　また、内閣成立当初は支持率上昇による解散を模索していたがそれも叶わず、下降し続ける支持率は解散の引き延ばしがさらなる惨敗をもたらすことを意味していた。しかし、内閣支持率、民主党支持率低下も解散を後押しした。野田佳彦は、衆議院と参議院の選挙が近いと両方とも結果が厳しくなると考え、「衆議院と参議院は選挙の時期は離した方がいいと思った」（山口・中北 2014：260）としている。

　他方、自民党を中心に党外・野党からは内閣不信任決議や問責決議によって解散に追い込まれる可能性も存在していたが、これは野田佳彦自身による解散の選択を促進させた。また、民主党・野田佳彦と自民党・谷垣禎一の連携にもとづいた「与野党の中道保守による共同作品」（内山 2015：144）という、民主党・自民党・公明党の実質的大連立が社会保障・税一体改革を成し遂げ、野田佳彦の政策的こだわりを達成させた。しかし、次の自民党総裁が「『真正保守』を名乗り、リベラルや中道保守を批判する安倍晋三」（内山 2015：145）となり以後の連携も期待できず、さらに過大規模連合の国民新党への配慮も限定的であったことで解散の決断が可能になった。

　こうした促進要因はあったが、解散の決断は「負けることが確実な状況で、負け幅をどれだけ小さくして、次につなぐ土台を残すかについては、難しい判断を迫られた」（山口・中北 2014：287）状態であったことに変わりはない。

　野田内閣は何を目標に決めて何を犠牲にしたのであろうか。2009 年の政権交代以来、民主党政権は「失敗」として評されることも多い。ただし、これは野田内閣以前の 2 つの内閣による政策的前進の不十分さによるところが大きい。その意味では、野田内閣は、前内閣から引き継いだ政策的課題の克服を最大の目標に掲げ、一つひとつ克服していった。しかしそれは、支持率の上昇にも結びつかず、また、政権基盤の盤石ささえも失うものであった。加えて、最大の懸念であった解散の決断も、結果として民主党の惨敗を招き、民主党政権の終焉をもたらすという大きな犠牲を払った。これは、野田内閣・民主党政権にとっては最大の失敗であったかもしれない。しかし、野田内閣はそうした犠牲を払いながらも数々の政策的課題に真摯に取り組み、さ

らには、民自公の実質的大連立をも含めた連立のあり方さえも模索しながら政策的課題の克服を成し遂げた。また、政権交代・民主党政権という戦後日本政治の一つの変容に対して、野田佳彦の政治家としての信念・政策的こだわりにもとづき区切りをつけた内閣であったといえよう。

【注】

1　民主党連立政権での衆議院議席率は、鳩山内閣 0.671、菅内閣 0.651、野田内閣 0.641、参議院では鳩山内閣 0.513、菅内閣 0.506、野田内閣 0.450 であった（川人 2015）。

2　鳩山由紀夫は、普天間基地移転に関して「最低でも県外」として名護市辺野古移転を止め、日米関係を悪化させていた。

3　いずれも NHK 放送文化研究所「政治意識月例調査」による、内閣発足直後の調査の数値。

4　「自民支持層も野田内閣に好感　朝日新聞社世論調査」『朝日新聞』2011 年9 月4 日付。

5　「野田内閣支持 65%　本社緊急全国世論調査結果」『読売新聞』2011 年9 月4 日付。

6　なお、復興庁は 2012 年2 月 10 日に設置された。

7　山岡賢次はマルチ商法関与疑惑、一川保夫は相次ぐ失言問題が原因となったが、問責決議可決後も、野田佳彦は両氏の更迭を否定していた。

8　「橋下氏『いよいよ国動かす』　維新の会　国政進出を示唆か」『読売新聞』2012 年1 月 21 日付。

9　「野田改造内閣支持率下落 37%　本社全国世論調査結果」『読売新聞』2012 年1 月 15 日付。

10　「亀井氏・石原知事ら　新党結成の方針で一致」『読売新聞』2012 年1 月 27 日付、「石原新党 3 月発足　亀井・平沼氏と合意」『朝日新聞』2012 年1 月 27 日付。

11　連立離脱の理由は 3 月 30 日の野田内閣による社会保障・税一体改革関連法案の閣議決定が連立政権合意に反しているとするものであった。

12　後の 5 月 30 日に、国民新党は「新綱領」を発表した。また、一連の問題で表面化した議員総会の権能や代表選任・解任についての党則・規約の不備を整備した。

13　田中直紀は知識不足による発言や事実誤認の答弁などが相次いだことで批判を受けた。また、前田武志は 2012 年4 月の岐阜県下呂市長選挙で、告示前に元民主党衆議院議員候補者への投票を呼びかける文書への署名・郵送を行っ

ており、公職選挙法抵触の可能性が問題視されていた。両氏に対しては、4月20日に参議院で問責決議案が可決された。

14 2014年4月に8%、2015年10月に10%に引き上げが決まった。

15 「小沢氏、新党を視野」『読売新聞』2012年6月21日付。

16 離党届は署名をした議員に事前通告なく提出されたため、離党撤回の議員も現れた。

17 山梨、福井、徳島、高知、佐賀の定数を3から2に削減。

18 「『解散、秋までに』53%　一体改革成立『評価』43%　本社世論調査」『読売新聞』2012年8月13日付。

19 「脱原発、強い声　朝日新聞社世論調査」『朝日新聞』2012年8月28日付。

20 「党首選、谷垣氏の再選支持、自民支持層でも36%（本社世論調査）」『日本経済新聞』2012年8月27日付。

21 「『やるべきことをやった後、信問う』首相」『読売新聞』2012年9月1日付。

22 「新党『日本維新の会』発足」『読売新聞』2012年9月29日付。

23 在日台湾人経営の有限会社からの献金や暴力団幹部の宴席への出席疑惑、参議院決算委員会の閉会中審査の欠席などが批判を浴び、10月23日に辞表を提出していた。

24 「内閣支持率20%に急落」『日本経済新聞』2012年10月29日付。

25 「内閣支持　最低19%　本社世論調査　危機的水準に」『読売新聞』2012年11月5日付。

26 「内閣不支持最高64%　TPP『賛成』48%　朝日新聞社世論調査」『朝日新聞』2012年11月13日付。

27 党首討論での解散表明は、民主党内でも岡田克也や藤村修らごく一部にのみ事前に伝えられた（読売新聞政治部 2013）。

28 歴代民主党内閣の成立法案について、自民党を含む連携は野田内閣で40%程度を占め、鳩山内閣や菅内閣から大きく変化しているとされる（濱本 2016）。

【参考文献】

岩崎正洋（1999）『政党システムの理論』東海大学出版会。

内山融（2015）「経済財政政策——高度成長から負の分配へ」日本再建イニシアティブ編『「戦後保守」は終わったのか——自民党政治の危機』角川新書。

逢坂巌（2014）『日本政治とメディア——テレビの登場からネット時代まで』中公新書。

川人貞史（2015）『シリーズ日本の政治1　議院内閣制』東京大学出版会。

木寺元（2017）「消費税増税——社会保障との一体改革」竹中治堅編『二つの政権交代——政策は変わったのか』勁草書房。

竹中治堅編（2017）『二つの政権交代——政策は変わったのか』勁草書房。

辻中豊編（2016）『政治過程と政策』東洋経済新報社。

中野晃一（2013）「政権・党運営——小沢一郎だけが原因か」日本再建イニシアティブ『民主党政権　失敗の検証——日本政治は何を活かすか』中公新書。

日本再建イニシアティブ（2013）『民主党政権　失敗の検証——日本政治は何を活かすか』中公新書。

日本再建イニシアティブ編（2015）『「戦後保守」は終わったのか——自民党政治の危機』角川新書。

濱本真輔（2016）「立法——ねじれ国会下の立法過程」辻中豊編『政治過程と政策』東洋経済新報社。

前田幸男（2015）「民主党政権に対する有権者の評価——月次世論調査データの分析」前田幸男・堤英敬編著『統治の条件——民主党に見る政権運営と党内統治』千倉書房。

前田幸男・堤英敬編著（2015）『統治の条件——民主党に見る政権運営と党内統治』千倉書房。

薬師寺克行（2012）『証言　民主党政権』講談社。

山口二郎・中北浩爾編（2014）『民主党政権とは何だったのか——キーパーソンたちの証言』岩波書店。

読売新聞政治部（2012）『民主瓦解——政界大混迷への 300 日』新潮社。

読売新聞政治部（2013）『安倍晋三——逆転復活の 300 日』新潮社。

NHK 放送文化研究所「政治意識月例調査」〈https://www.nhk.or.jp/bunken/yoron/political/2011.html〉（2018 年 7 月 15 日閲覧）。

国家基本政策委員会合同審査会「第 181 回国会　国家基本政策委員会合同審査会　第 1号（平成 24 年 11 月 14 日〔水曜日〕）」〈http://www.shugiin.go.jp/internet/itdb_kaigirokua.nsf/html/kaigirokua/008818120121114001.htm〉（2018 年 7 月 15 日閲覧）。

第14章　第二次安倍政権

松浦　淳介

1　安倍の再登板と長期政権

　2012年12月に実施された総選挙の結果、衆議院の3分の2以上の議席を占めた自民、公明両党を与党とする第二次安倍晋三内閣が発足した。自公両党にとっては3年3か月ぶりの政権復帰であり、過去に首相を辞任した人物が再度その座に就くのは現行憲法下においては初めてのことであった[1]。2007年9月に自らの健康問題などを理由として突如、首相を辞任した安倍に対しては、野党だけでなく与党からも「政権の投げ出し」との厳しい批判が挙がったが、その安倍が5年ほどで再登板を果たすとは、まさかの展開であった。しかも、1年で幕を閉じた最初の内閣とは異なり、第二次以降の安倍内閣は戦後の内閣としては佐藤栄作、吉田茂の両内閣に次ぐ歴代3位の長期政権となっている（2018年11月時点）。さらに、2018年9月の自民党総裁選において三選されたことで、安倍は2021年9月まで自民党総裁として内閣を率いることが可能となり、その場合、安倍内閣の存続期間は戦前を含めても歴代最長になる。

　また、第二次以降の安倍内閣については、第一次のときと比較して、有権者からの支持も安定的である。第二次安倍内閣発足直後の2013年2月から2018年10月までの内閣支持率と不支持率を示した図1をみると、支持率は長期的には下落傾向にあるといえるが、それでも対象期間を通して、おおむね支持が不支持を上回っている。しかも注目すべきは、2015年や2017年のように、両者の関係が逆転することがあっても、まもなく支持が持ち直して不支持を超えることである[2]。それまでのほとんどの内閣が一度、支持と不支持の逆転を許すと、支持率を回復させることができずに退陣を余儀なくされたことと対照的である。

245

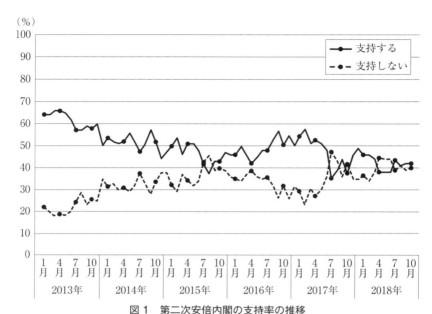

図1　第二次安倍内閣の支持率の推移
出所：NHK放送文化研究所ホームページ「政治意識月例調査」より筆者作成。

　このような世論の動向も踏まえた上で、本章では、再登板を果たした安倍がなぜ長期にわたって政権を維持することができたのかを念頭に置き、2012年以降の安倍政治について叙述する。安倍については、その憲法観や安全保障政策、野党に対する強硬姿勢などから、「タカ派」と評されることが多いが、その政権運営を全体としてみたとき、それは安倍の一面に過ぎないことがわかる。安倍はただ持論を追求するだけでなく、多数の有権者の関心事である経済（景気）を一貫して政権の最優先事項にするとともに、論争的な政策については、国政選挙のタイミングや有権者の反応を考慮しながら戦略的に推進していった。安倍は首相として他の政治アクターから忖度される対象であると同時に、自身もまた他を忖度する主体に他ならないのである。
　以下、第2節では、現代日本の統治構造にもとづいて、両議院の多数を確保することが政権を安定的に維持する制度的な要請となっていることを示す。第3節では、2012年9月の自民党総裁選での勝利によって政治の表舞台に

第 14 章　第二次安倍政権

戻った安倍が、同年 12 月の総選挙で政権復帰を果たし、2013 年 7 月の参議院選挙によって政権基盤を強化していく過程を追う。また、参院選後における特定秘密保護法制の整備が、安倍政権の戦略的な国会運営によるものであったことを示す。第 4 節では、安倍の持論であった、集団的自衛権の行使を可能にする安全保障法制が整備されるに至る過程を素描する。第 5 節では、安全保障法制の整備によって支持率を落とした安倍がどのような政権運営を行ったのかをみる。

2　長期政権の前提とは何か

議院内閣制と参議院

　日本は戦後、議会多数派に支えられる内閣の下に権力を融合させる議院内閣制を採用したにもかかわらず、イギリスやドイツなど、他の議院内閣制の国と比較して短期間で内閣が交代してきた。近年においても、小泉純一郎内閣が 2001 年 4 月から 2006 年 9 月まで続いたのを例外として、その後継の第一次安倍内閣以降、民主党政権を挟んで 2012 年 12 月に第二次安倍内閣が成立するまで、1 年おきに内閣が交代した。本節では、現代日本の統治構造を踏まえて、内閣が長期にわたって存続するための制度的な前提を確認したうえで、安倍が政権を維持するためにどのような戦略を採るのかを考察する。

　現代の日本において国家の統治を担うには、何よりも第一院たる衆議院において多数を確保することが不可欠である。日本国憲法によると、首相は第二院の参議院の意思にかかわりなく衆議院の議決のみによって選出され（67条 2 項）、予算の議決と条約締結の承認に関しても、衆議院の議決だけで国会の意思が定まることになっている（60 条 2 項、61 条）。

　しかし、政権の存続には衆議院の支持だけでは十分でない。首相となって内閣を組織したとしても、内閣が追求する政策の実現には国会で法案を成立させることが必要であり、それはまた日常的な国政運営においても同様である。法律の制定に関しては、憲法は両議院での可決が原則とした上で（59 条 1 項）、仮に衆議院が可決した法案を参議院が否決した場合、衆議院がそれを成立させるには出席議員の 3 分の 2 以上の多数で再可決することを要求して

247

いる（59条2項）。このことは、衆議院において3分の2以上の多数派が形成されない限り、参議院は立法において拒否権（veto）をもつことを意味する[3]。実際の問題として重要なことは、これまでのところ、単独でその数を占めた政党は存在しないということであり（2018年11月時点）、自公連立のように、複数の政党の連合によって3分の2以上の多数を確保できたとしても、比較的短く区切られた国会の会期のなかにおいて再可決権を無制限に行使できるわけではない。それに加えて、再可決権の行使は有権者に「多数の横暴」などという負のイメージを与える可能性もあるために、多数派としてもその行使には抑制的にならざるを得ない。

　このように、両議院がほぼ対等の立法権限をもつということは、先に指摘した予算と条約に関する衆議院の優越規定を実質的には意味のないものにする。つまり、予算の執行には、赤字国債の発行を可能にするための特例公債法案に代表される予算関連法案の成立が不可欠であり、それは予算と一体のものとして国会で審議される。また、条約の批准にも国内の関連法を整備する必要があり、たとえば、TPP協定の締結にあたっては、独禁法改正や関税暫定措置法改正、著作権法改正などを内容とするTPP関連法案が2016年の第190回国会（常会）に提出され、同年9月に召集された第192回国会（臨時会）において成立している。

政権維持のための制度的要請

　以上のように考えると、政権の存続には衆議院だけでなく、参議院の多数をも確保し、両議院から支持を得ることが制度的な前提となることがわかる[4]。自公連立に関しても、そもそもは自民党が1989年7月の参議院選挙において過半数の議席を失い、野党が参議院の多数を占める「分裂議会」（divided Diet）が発生したことを受け[5]、参議院における多数確保を目的として公明党に接近したことを起源とする。自公の連携は1998年7月の参議院選挙において再び分裂議会が発生したことにより、翌年10月に自民、自由、公明の3党からなる自自公連立政権へと発展した。

　内閣と必ずしも信任関係をもたない参議院が政権の枠組みまでをも規定することについては否定的な見解もあるが、現実の政権運営にはその支持も欠

かせないことを誰よりも認識しているのが安倍であろう。安倍は先述したように、自身の健康問題を直接の理由として2007年9月に首相を辞任したが、それには直前の参議院選挙によって発生した分裂議会も大きく関係していた。その分裂議会は過去に自民党が経験したそれとは異なり、与党が単に参議院の過半数を下回ったというだけではなく、野党の民主党がその最大勢力となって参議院の議事運営を主導したために、内閣にとっては閣法を成立させることがより困難であった。とくに、インド洋において海上自衛隊がテロ掃討作戦にあたる外国艦船に給油や給水を行うための補給支援特別措置法案は、分裂議会の発生後に召集された第168回国会（臨時会）に内閣が提出した閣法のなかでも、安倍がその「職を賭して」というほどの重要法案であったが、野党の反対によって成立の目途が立たない状況となった。そのことが安倍を深く悩ませていたことは疑いなく、辞任表明の会見でも「私が辞することで局面を転換した方が、むしろ良いと判断」したと語った[6]。

　このときの経験は、安倍に長期にわたって安定的に政権を担うには、衆議院とともに参議院の多数を確保し、それを維持することの重要性を痛感させたことであろう。しかし、そのためには、総選挙だけではなく、3年ごとに実施される参議院選挙においても勝利し続けることが必要となる。総選挙が参議院選挙とは別に、4年の任期を待たず2～3年おきに実施されていることを考えると、日本ではかなりの頻度で国政選挙が実施されていることになり、それらすべてに勝利することは容易ではない。そのなかで、安倍が第二次内閣を発足させて以降、特定秘密保護法制や安全保障法制など、ときに大きな批判を浴びるような諸政策を実現させながらも、2013年7月の参院選、2014年12月の総選挙、2016年7月の参院選、2017年10月の総選挙にいずれも勝利して多数を得ていることは近年の日本政治において着目すべきことである。

　そこで、本章では安倍が両議院の選挙を見据えて、戦略的に政策を推進していると想定する。その観点からは、有権者の支持が見込まれる政策は前面に打ち出される一方、安全保障法制に象徴される論争的な政策については、選挙の時期などを考慮して慎重に推進されることが予想される。以下、再登

板以降の安倍の政権運営を具体的に記述していこう。

3　政権基盤の確立

安倍の復権

　2012 年 12 月の安倍の首相再登板は、同年 9 月の自民党総裁選における安倍の劇的な勝利から始まったといえる。総裁選には安倍の他、石破茂、石原伸晃、町村信孝、林芳正が立候補し、当時総裁であった谷垣禎一は再選の目途が立たないことから立候補を断念した。9 月 26 日に行われた投開票の結果は、国会議員票（全 198）では 34 にとどまったものの、地方票（全 300）で 165 を獲得した石破が 199 票で、141 票の安倍を抑えて首位に立った。しかし、党規によって当選には有効投票の過半数が必要とされていたため、ただちに国会議員による決選投票が行われ、108 票を得た安倍が 89 票の石破に逆転勝利した[7]。

　自民党総裁となった安倍は石破を幹事長とした上で、民主党政権との対決姿勢を強め、早期の衆議院解散・総選挙を求めた。それに対して、野田佳彦首相は 11 月 14 日に行われた安倍との党首討論において、電撃的に衆議院の解散を表明した。これを受け、16 日に衆議院が解散され、翌月 16 日に総選挙が実施された。その結果、自民、公明がそれぞれ 294 議席、31 議席を得て、衆議院の過半数どころか、その 3 分の 2 を超えたことにより、政権交代が確実となった。12 月 26 日に国会から首相の指名を受けた安倍は、首相経験者の麻生太郎を副総理兼財務相、前総裁の谷垣禎一を法相、岸田派（宏池会）会長の岸田文雄を外相、元総務相の菅義偉を官房長官、公明党からは前代表の太田昭宏を国交相にそれぞれ任命するなど、重厚な布陣で第二次安倍内閣を発足させた[8]。

分裂議会の克服

　再登板した安倍にとって目前に迫った最重要案件は、2013 年 7 月に実施される参議院選挙に勝利して分裂議会に終止符を打つことであった。自公は先に触れたように、両党で衆議院の 3 分の 2 を超える議席を得ていたものの、参議院では 242 議席中 102 議席とその過半数に及ばず、参議院の第一党の座

も依然として民主党に占められたままであった[9]。そのため、安倍内閣が2013年1月に召集された第183回国会（常会）に提出した2013年度予算は前年度内に成立せず、13兆円規模の暫定予算が組まれる事態となった。このことからも、安倍にとっては総選挙に勝利しただけでは完全な政権交代とはいえず、参議院選挙にも勝利して初めて安定的な政権運営を望むことができた。

　それに向けて、安倍は日本経済の再生を最優先課題と位置づけ、①大胆な金融政策、②機動的な財政政策、③民間投資を喚起する成長戦略の「三本の矢」からなるアベノミクスを打ち出した。その一方で、国会運営については過去の反省から慎重を期した。第一次安倍内閣の下で実施された参議院選挙によって分裂議会が発生したことは先に触れたが、その原因の一つに安倍内閣の国会運営があった。すなわち、安倍内閣は選挙の直前に開かれていた第166回国会（常会）において、教育改革関連法案や社会保険庁改革関連法案、公務員制度改革関連法案など、いずれも与野党が激しく対立する論争的な法案を、国会の会期を延長した上で強引に成立させた。それが多くの有権者の反発を招き、参議院選挙での与党の大敗につながったことは明らかであった。

　その反省を踏まえ、安倍は2013年の常会における所信表明演説の冒頭において、「私は、かつて病のために職を辞し、大きな政治的挫折を経験した人間です。国家のかじ取りをつかさどる重責を改めてお引き受けするからには、過去の反省を教訓として心に刻み、丁寧な対話を心掛けながら、真摯に国政運営に当たっていくことを誓います」と述べ[10]、謙虚な姿勢で国会に臨むことを表明した。その上で、安倍は常会が分裂議会の状況にあるということもあって、国会に提出する重要法案の件数を絞り込むとともに[11]、それらを無理に成立させることを極力控えた。また、安倍内閣は国会の会期末に近い6月7日に外交・安全保障政策の司令塔として、内閣に国家安全保障会議を設置する安全保障会議設置法等改正案を提出しているが、25日には実質的な審査も行うことなく、衆議院で継続審査の手続きを取り、早々に常会での成立を断念した[12]。国会は延長されることなく翌26日に会期末を迎え、各党は参議院選挙に向け、事実上の選挙戦に入っていった。

2013 年 7 月 21 日に実施された参議院選挙は、改選議席の 121 議席中 76 議席を獲得した自公両党の圧勝に終わった。これによって、参議院における自公の議席は非改選の 59 議席と合わせて 135 議席となり、その過半数を超えた。ここに、民主党政権下の 2010 年 7 月から続いた分裂議会は終結し、安倍がそのリーダーシップを行使するための制度的な基盤が整った。

特定秘密保護法案の国会提出

　分裂議会を終わらせた安倍は、参院選後の 2013 年 10 月に召集された第 185 回国会（臨時会）での所信表明演説において次のように力強く宣言した。「選挙により国会のねじれが解消されたことは、困難を乗り越えていけと、背中を力強く押していただいたものと認識しています。（中略）皆さん、決める政治によって、国民の負託にしっかりと応えていこうではありませんか[13]」。この言葉に違わず、安倍は一転して、与野党が激しく対立するような政策でも積極的に推進する方向に舵を切った。それを象徴するのが、第 185 回国会に提出された特定秘密保護法案である[14]。この法案は国の安全保障に関する情報のなかで、特定秘密に指定される情報やそれを漏洩した者に対する処罰などを定めるものであったが、野党などからは、国民の知る権利に資する報道や取材の自由を不当に侵害するなどと批判が噴出した。そのため、法案は自民、公明両党に維新とみんなの党を加えた 4 会派による修正を経て、12 月 6 日に国会を通過したものの、野党第一党の民主党の他、共産党、生活の党、社民党はいずれも法案に対して反対の立場を貫いた。また、維新とみんなの党に関しても、衆議院では法案の修正に協力したが、参議院においては、法案に対する世論の反発などを考慮して、その採決に欠席した。

　なお、この特定秘密保護法案に関しては、分裂議会の終結後に立案され、国会に提出されたわけではないことに留意が必要である。すなわち、特定秘密保護の法制化に向けた実質的な作業は、2010 年 11 月に尖閣沖漁船衝突事件にかかわる情報漏洩が発生したことを契機として、当時の民主党政権の下で進められ、2012 年 1 月に第 180 回国会（常会）が召集された時点において、既に「特別秘密の保護に関する法律」（仮称）という名称で国会提出の準備が整えられていた[15]。結果的に、それが国会に提出されることはなかったが、

第 14 章　第二次安倍政権

それは安倍内閣下の 2013 年の常会においても同様であった。そのときは、「特別秘密の保護に関する法律案」(仮称) という法案名になっていたが、安倍内閣は当時の政治状況などを勘案してその論争的な法案の国会提出を見送った。この意味において、参議院選挙によって分裂議会が終結した後の国会に特定秘密保護法案が提出されたのは偶然ではなく、安倍内閣の戦略的な行動の結果であったといえる。

4　安全保障法制の整備

政府の憲法解釈の変更

　政策実現に向けた安倍内閣の積極的な国政運営は、2014 年に入って本格化する。安倍は同年 1 月に召集された第 186 回国会 (常会) を「好循環実現国会」と位置づける一方、「官邸主導」を確立する上で重要な意味をもつ国家公務員法等改正案を成立させた。それは 2008 年 6 月に成立した国家公務員制度改革基本法にもとづいて内閣の人事管理機能を強化すべく前年の第 185 回国会に提出されたものの、衆議院で継続審議になっていたが、その国会通過によって、2014 年 5 月に内閣官房に内閣人事局が設置された[15]。内閣人事局は適格性審査や幹部候補者名簿の作成などを通じて、各省庁の幹部職員人事を一元的に管理する機関であり、初代の内閣人事局長には政務の内閣官房副長官である加藤勝信が起用された[17]。

　その他にも、安倍内閣は 2014 年の常会において教育委員会制度を改編するための地方教育行政組織運営法改正案や、電気の小売業への参入の全面自由化を実施するための電気事業法等改正案などを成立させる一方、安倍の従来からの主張である集団的自衛権の行使を可能にする基盤整備に向けて準備を進めた。安倍は、首相に再登板してからはそれを前面に掲げることは避けながらも、2013 年 2 月に「安全保障の法的基盤の再構築に関する懇談会」(安保法制懇) を再開させ、まずは集団的自衛権の行使は憲法上許されないという従来の政府の憲法解釈を変更するための具体的な検討に入った。安保法制懇は第一次安倍内閣の下で初めて開催され、2008 年 6 月に安倍の後を受けた福田康夫首相に「報告書」を提出した後は活動を休止していたが、2013

253

年に再開されて以降、7回にわたって議論を重ね、2014年5月15日に安倍首相に新たな「報告書」を提出した。

それを受けて、安倍は政府の「基本的方向性」を発表し、日本近海において邦人移送中のアメリカ輸送艦を自衛隊が防護することなど、集団的自衛権の行使が必要になるという事例を挙げ、与党との協議が整った段階で、憲法解釈の変更を閣議決定する考えを表明した[18]。一方、連立を組む公明党は、代表の山口那津男が「首相が示した具体例においては、これまでの憲法の考え方で対応できる部分が相当ある」と述べ、集団的自衛権の行使容認に慎重な姿勢を示していたが[19]、5月20日には「安全保障法制整備に関する与党協議会」の初会合が開催されることとなった。与党協議会は政府から提示された「事例集」をもとに個別具体的な事例に即して議論を重ね、7月1日に安全保障法制の整備のための基本方針を了承した。安倍内閣は、その日のうちに「国の存立を全うし、国民を守るための切れ目のない安全保障法制の整備について」を閣議決定した。これによって、「我が国と密接な関係にある他国に対する武力攻撃が発生し、これにより我が国の存立が脅かされ、国民の生命、自由及び幸福追求の権利が根底から覆される明白な危険がある場合において（中略）必要最小限度の実力を行使することは（中略）憲法上許容される」ことになった。

新たな看板政策と2014年総選挙

この安倍内閣の閣議決定に対して、野党は「立憲主義を根本から否定する暴挙」などと激しく反発するとともに、日本各地で集団的自衛権の行使容認に反対する集会が開かれた。それは安倍内閣に対する支持率にも表れており、閣議決定があった7月の支持率はその前月の52％から5ポイント減少して47％となり（NHK放送文化研究所の調査、以下同様）、第二次安倍内閣の成立以降初めて5割を割り込んだ。

これに対して、安倍は世間の批判をかわすねらいもあってか、内閣改造によって人事を刷新するとともに新たな看板政策を提示した。9月3日、内閣改造を行って第二次安倍改造内閣を発足させた直後の記者会見において、安倍は「地方の創生」を改造内閣の最大の課題の一つに位置づけ[20]、その司令

塔として新設した地方創生担当大臣に石破茂を任命した。この人事には、国民的人気のある石破を入閣させることによって、内閣のイメージ向上を図るとともに、「ポスト安倍」をうかがう石破の動きを閣内で封じる思惑もあったと考えられる。また、安倍は「女性が輝く社会の実現」も内閣の大きなチャレンジであるとし、女性活躍担当大臣を新設して、有村治子をそれに任命した他、小渕優子を女性として初めて経産相に任命するなど、5人の女性議員を入閣させた。安倍内閣はその9月に召集された第187回国会（臨時会）を「地方創生国会」と位置づけ、そこに地方創生関連法案を提出した。それは地方創生の理念などを定めた、まち・ひと・しごと創生法案と、活性化に取り組む地方自治体を国が一体的に支援するための地域再生法改正案の2法案からなり、11月に両議院で可決され成立した。

こうした安倍の取り組みが支持率にどう影響したのかについて一概に評価することはできないが、7月に5割を切っていた支持率は9月には58%にまで回復した。安倍はこの期を逃さず、11月末の臨時会の閉会を前に、消費税率の引き上げ時期の延期を表明して衆議院の解散に踏み切った。安倍が選挙の争点として挙げたのは、当初、2015年10月に予定されていた8%から10%への消費税率の引き上げを1年半先送りすることの是非と、自らの経済政策であるアベノミクスの評価であった[21]。総選挙にあたって自民党が公表した政権公約も、「景気回復、この道しかない」という見出しで始まり、アベノミクスの成果とその継続を重点的に訴えるものであった。その一方で、安全保障法制については、7月の閣議決定にもとづき「平時から切れ目のない対応を可能とする安全保障法制を速やかに整備」するというのみであり、集団的自衛権という言葉については一度も使用されなかった[22]。

12月14日に実施された総選挙は、再び自公両党の圧勝に終わった。自民、公明の獲得議席はそれぞれ291と35であり、公示前と同様に衆議院の3分の2以上を占めた一方で、民主党は公示前の62から73と議席を増やしたものの、党勢を回復させたとまではいえず、代表の海江田万里は落選した。

安全保障関連法案の立法過程

両議院における多数の議席を背景に第三次の内閣を発足させた安倍は、い

よいよ集団的自衛権の行使を可能にする法整備に着手する。2015 年 1 月に召集された第 189 回国会（常会）には、農協法等改正案や労働者派遣法等改正案など、安全保障関連法案以外にも論争的な閣法が少なからず提出されているが、国会内のみならず国会外も含めて、最も大きな論争を巻き起こしたのは、明らかに安全保障関連法案であった[23]。

それは、自衛隊法や周辺事態安全確保法、事態対処法などの 10 件の法律を一括改正する平和安全法制整備法案と、新たに立案された国際平和支援法案からなり、5 月 14 日に与党協議会で了承されたのを受け、翌 15 日に衆議院を先議として国会に提出された。両法案は 19 日に衆議院の「我が国及び国際社会の平和安全法制に関する特別委員会」に付託され、26 日の本会議における趣旨説明の聴取および質疑を経て実質的な審査に付されることとなった。特別委員会では、26 日以降、審査が重ねられていったが、その最中、6 月 4 日の衆議院憲法審査会において、参考人として招致された 3 人の憲法学者がいずれも安全保障関連法案を「憲法違反」と断じたことで、反対運動は大きな盛り上がりをみせるようになった。国会周辺などにおいてデモが勢いを増すなか、内閣は 6 月 24 日に会期末を迎えることになっていた国会の会期延長を求め、会期は 9 月 27 日まで 95 日間延長された[24]。

このように、安倍が会期の大幅延長を求めたことは、安全保障関連法案を 2015 年の常会で成立させるという強い決意を示すものといえるが、それには当時の政治日程が大きく関係していたと考えられる。すなわち、2015 年は前年 12 月に総選挙が実施された直後であり、参議院選挙も行われない年であったが、その翌年には夏に参議院選挙が控えていた。そのため、関連法案に対する野党の激しい反発や、国会周辺のみならず全国各地で行われているデモを考慮して、少なくとも常会での成立は見送るべきとの声もあったが、2016 年まで関連法案の審議を持ち越すことなど、参議院選挙を考えれば、採り得ない選択肢であった。その場合、集団的自衛権が選挙の争点になることは明白であり、「数の力」で強引に成立させようものなら、政府・与党に対する反発は必至であるからである。

いずれにしても、その後も安全保障関連法案の委員会審査は続けられ、7

月6日に沖縄県と埼玉県において地方参考人会が開かれた他、13日には公聴会が開催された。そして、15日にほとんどの野党が反対するなか、関連法案は与党の賛成多数で可決となり、翌16日の本会議でも可決されて参議院に送付された。参議院では「我が国及び国際社会の平和安全法制に関する特別委員会」に付託され、27日より審査が開始された。そこでの審査は9月17日に終局し、大混乱のなかで可決されると、19日の本会議でも可決されて関連法案は成立した。

5 安保後の安倍政権

続く勝利

　安全保障関連2法案の成立によって、安倍の宿願は果たされたが、その内閣は危機に直面した。安倍内閣の支持率は関連法案の国会審議が本格化した2015年6月に5割を下回り、8月には37％まで下落したのである。これを受け、次の年の夏の参議院選挙で国民の審判を受けることになる安倍は支持の回復に努めた。すなわち、9月の自民党総裁選において立候補に意欲を燃やした野田聖子を出馬断念に追い込んで無投票再選を果たすと、その後の記者会見で「アベノミクスは第二ステージへ移る。1億総活躍社会を目指す」とし、新しい「三本の矢」として、①希望を生み出す強い経済、②夢をつむぐ子育て支援、③安心につながる社会保障を挙げた[25]。また、「GDP600兆円の達成を明確な目標に掲げたい」と宣言し、再び経済を最優先とする姿勢を鮮明にした。その上で、10月に内閣改造を行って第三次安倍改造内閣を発足させ、新設した1億総活躍担当大臣に加藤勝信をあてた。

　野党からは臨時会の召集が求められたが、結局、2015年は常会以外に国会は開かれず、翌2016年1月に第190回国会（常会）が召集された。そこでは、2月のTPP協定への署名を受けて、その承認とTPP関連法案の審議が大きな焦点となったが、安倍内閣はそれらを強引に進めようとはしなかった。TPP協定の承認案件および関連法案は3月8日に内閣から衆議院を先議として国会へ提出され、24日には「環太平洋パートナーシップ協定等に関する特別委員会」に付託されて審査が重ねられたが、国会は延長されることな

く6月1日に会期末を迎え、両者も継続審査となった。

　国会会期末にあたって記者会見した安倍は、世界的な需要の低迷などを理由として、2017年4月に延期されていた消費税率10％への引き上げを2019年10月まで2年半再延期することを表明し、この判断について参議院選挙で「国民の信を問いたい」と述べた[26]。また、選挙を前に安倍は外交をアピールする絶好の機会に恵まれた。国会閉会直前の5月26日から27日にかけて、G7伊勢志摩サミットが安倍を主催国議長として開催された。また、サミット最終日には、現職のアメリカ大統領としては初めてとなるオバマの広島訪問が実現した。参議院選挙にあたって自民党が発表した公約のなかでも、それはアベノミクスの成果と並んで大々的にアピールされた[27]。一方、巨大与党に対抗するため、野党の側では、民主党の岡田克也代表と維新の党の松野頼久代表との間で合併協議が行われ、3月27日に維新の党は民主党との合併のために解党し、民主党は党名を民進党に変更した。ただし、橋下徹に近い維新の議員は合併前に離党し、橋下が新たに結成したおおさか維新の会に入った。

　7月10日に実施された参議院選挙は、自公両党が改選議席121のうち70を獲得し、非改選議席の76と合わせて過半数を大きく超える議席を維持するという結果に終わった。その他、この選挙は以下の2つの意味において重要な意味をもつものであった。第一に、選挙直後に自民党が単独で参議院の過半数を占めた。参議院の過半数を単独の政党が占めるのは、1989年7月の参議院選挙によって自民党が過半数を失ってから初めてのことであった。第二に、いわゆる「改憲勢力」が参議院の3分の2を占めた。「改憲勢力」とは、安倍内閣を支える与党と、早期の憲法改正に前向きな野党（おおさか維新の会と日本のこころを大切にする党）を指し、その4党の議席に保守系無所属の議員を加えると、参議院の3分の2（162議席）に達した。衆議院では既に与党が3分の2以上の議席を占めていたために、この選挙の結果、国会による憲法改正の発議が現実味を帯びるようになった。

　ただし、安倍は参議院選挙によって、「連立与党は戦後最も安定した政治基盤を獲得した」としながらも、すぐに憲法改正に取りかかろうとはせず、

第 14 章　第二次安倍政権

あくまでも「最優先課題は経済」であるとした。その上で、8 月 3 日に発足させた第三次安倍第二次改造内閣の目玉政策に「働き方改革」を挙げ、「長時間労働を是正し、同一労働同一賃金を実現する」と力を込めた[28]。その翌月に召集された第 191 回国会（臨時会）には、内閣から経済対策を盛り込んだ平成 28 年度第二次補正予算や、消費税率の引き上げを延期するための税制改正関連法案が提出されるとともに、常会から継続となっていた TPP 協定の承認案件および TPP 関連法案の審議が再開され、いずれも 12 月の会期末までに成立をみた。

　安倍内閣に対する支持率は参議院選挙以降、再び上昇に転じ、2017 年 2 月には支持が 58％となって、不支持の 23％を大きく引き離した。また、同年 3 月の自民党大会において、2 期 6 年までとされていた自民党総裁の任期が 3 期 9 年までに変更され、安倍が 2021 年 9 月まで自民党の総裁として内閣を率いる可能性が開かれた。このように、「安倍一強」は揺るぎないものと思われたが、2017 年になってから森友学園に対する国有地払い下げ問題や、加計学園の獣医学部新設問題、そして防衛省の日報問題が立て続けに報じられ、また国会でも政府に対する野党の追及が激しさを増した。また、2017 年 1 月に召集された第 193 回国会（常会）においては、「テロ等準備罪」を新設する組織犯罪処罰法改正案の審議も大きな問題となった。それは過去、たびたび国会で廃案となるなど、論争的な法案であったが、与党は国会の会期末が 6 月 18 日に迫るなか、15 日に参議院本会議において突如、法務委員会で審査中であった法案の中間報告と採決を行い、委員会採決を省くかたちでそれを成立させた。

　有権者はそれらに敏感に反応し、2017 年の春以降、安倍内閣に対する支持は急速に下落していった。それが如実に示されたのが、2017 年 7 月に実施された東京都議会議員選挙であり、自民党は東京都知事の小池百合子が率いる都民ファーストの会に惨敗を喫した。それに対して、安倍は 8 月 3 日に内閣改造を行い、その直後の記者会見で森友・加計問題や日報問題では「国民から大きな不信を招く結果となった。改めて深く反省し、おわび申し上げたい」と述べた[29]。そうした「低姿勢」の一方で、安倍はその翌月、民進党

259

の代表が蓮舫から前原誠司に交代した直後のタイミングで衆議院の解散に打って出た。この解散に対して、野党は森友・加計問題を隠蔽するものだと批判したが、10月22日に実施された総選挙では、与党が引き続き衆議院の3分の2以上の議席を維持することに成功した。

安倍政権の行方

　2017年10月の総選挙を受け、11月1日に第四次安倍内閣が発足した。安倍はこれで2012年12月の総選挙以降、5度の国政選挙にすべて勝利を収めたことになる。しかし、安倍の政治的基盤が盤石かといえば、必ずしもそうとはいえないだろう。

　第一に、国政選挙での自民党の勝利はいずれも投票率が5割台と相対的に低いなかで、野党勢力が分散していたことに助けられた面があった。2017年の総選挙では民進党が希望の党、立憲民主党、無所属に分裂していた一方で、自民党は弱体化しつつあるとはいえ、比較的分厚い支持基盤をもつとともに、600〜700万の固定票を有する公明党と選挙協力を深化させていた[30]。そもそも自公連立は、先に指摘したように、参議院における多数確保を目的として始まっているが、自民党は2016年7月の参議院選挙後に単独でその過半数を占めてからも自公連立を解消しようとはしなかった。このことは、自民党にとって公明党との連携が国政選挙での勝利に欠かせないものとなっていることを示唆している。

　第二に、本章の冒頭でも確認したように、安倍内閣に対する支持率は長期的には下落傾向にある。しかも、2018年に入って森友・加計問題は収束するどころか疑惑は深まる一方であり、森友問題では財務省が決裁文書を改ざんしていたことも明らかになった。そのなかで、自公両党がどれだけ固定票をもとうとも、いわゆる無党派層の動員に成功する勢力が現れると、2009年の総選挙や2017年の東京都議会議員選挙のときのようなことが起こり得る。とくに、後者は地方選挙とはいえ、「安倍一強」の脆さを示すものであった。

　安倍の首相再登板を予期するのが難しかったように、「一寸先は闇」のなかで、安倍の政権運営は続いている（2018年11月時点）。

【注】

1　戦後、安倍以外に吉田茂が首相への復帰を果たしているが、最初は明治憲法の下、天皇の「大命」によって首相に就任したのに対して（1946年5月）、再登板のときは現行憲法下で国会の指名にもとづいて首相に任命されている（1948年10月）。

2　安倍内閣の支持率が短期間のうちに回復する要因を分析した研究に河野（2018）：第1章がある。

3　参議院については、かつて衆議院の「カーボンコピー」と揶揄され、衆議院よりも劣った議院とみなされることもあったが、近年ではその制度的な強さはいわば通説となっている。たとえば、高橋（2006）や竹中（2010）を参照。

4　内閣の存続には、両議院の支持の他にも、与党からの支持調達も不可欠であるが、後者についてはここでは扱わないこととする。

5　分裂議会については、一般に「ねじれ国会」とも呼ばれるが、ここでは大統領制下における「分裂政府」（divided government）を念頭に置いている。

6　『朝日新聞』2007年9月13日付。

7　『朝日新聞』2012年9月27日付。

8　中北（2017）は、従来の自民党の人事慣行を無視した小泉とは異なり、安倍は派閥の領袖を閣僚に起用するなど、党内融和的な人事を行っていることを指摘する（終章）。

9　総選挙の直後に召集された第182回国会（特別会）の召集日の議席（衆議院事務局 2013：451-452）。

10　衆議院事務局（2014）：57頁。

11　詳しくは、松浦（2017）：第3章を参照。

12　本法案は参院選後に召集された第185回国会（臨時会）において、自民、民主、維新、公明の4会派による修正を経て成立した。

13　衆議院事務局（2014）：101-102頁。

14　本法案の起草理由やその具体的な内容については、神原（2014）が詳しい。

15　詳しくは、松浦（2017）：第5章を参照。

16　内閣人事局の設置が政官関係に及ぼした影響を量的に分析した研究として曽我（2018）がある。

17　当初、内閣人事局長には事務の内閣官房副長官の杉田和博があてられることになっていたが、「政治家が人事を掌握することが重要」との考えから、政務の加藤に変更されたといわれる（『朝日新聞』2014年5月20日付）。

18　『朝日新聞』2014年5月16日付。

19　同上。ただし、安倍内閣は公明党に配慮して、当初、2014年の常会の会期中に行うことにしていた閣議決定をその閉会後に延期している。また、それ

にともなって、安全保障関連法案の国会提出も同年秋の臨時会から翌 2015 年の常会に先送りとなった（『朝日新聞』2014 年 5 月 8 日付）。

20 『朝日新聞』2014 年 9 月 4 日付。

21 『朝日新聞』2014 年 11 月 19 日付。

22 自民党『重点政策集 2014』：24 頁。

23 安全保障関連法案の立法過程については木下（2017）が詳しい。

24 このとき、安倍や自民党執行部は安全保障関連法案を衆議院の再可決によって成立させることも視野に入れていたという（『朝日新聞』2015 年 6 月 22 日付）。

25 『朝日新聞』2015 年 9 月 25 日付。

26 『朝日新聞』2016 年 6 月 2 日付。

27 自民党『参議院選挙公約 2016』：1-2 頁。

28 『朝日新聞』2016 年 8 月 4 日付。

29 『朝日新聞』2017 年 8 月 4 日付。

30 自公の選挙協力については、中北（2017）：145-155 頁を参照。

【参考文献】

神原紀之（2014）「法令解説　特定秘密の保護に関する法律の制定」『時の法令』第 1953 号、4-25 頁。

木下健（2017）「安保法制をめぐる政治過程」岩井奉信・岩崎正洋編著『日本政治とカウンター・デモクラシー』勁草書房。

河野勝（2018）『政治を科学することは可能か』中央公論新社。

衆議院事務局（2013）『平成 24 年　衆議院の動き』第 20 号、衆議院事務局。

衆議院事務局（2014）『平成 25 年　衆議院の動き』第 21 号、衆議院事務局。

曽我謙悟（2018）「内閣人事局は何を変えたのか」『中央公論』第 132 巻第 6 号、50-59 頁。

高橋和之（2006）『現代立憲主義の制度構想』有斐閣。

竹中治堅（2010）『参議院とは何か　1947 ～ 2010』中公叢書。

中北浩爾（2017）『自民党——「一強」の実像』中公新書。

松浦淳介（2017）『分裂議会の政治学——参議院に対する閣法提出者の予測的対応』木鐸社。

あ と が き

　本書の編著者の一人である岩渕美克先生は、1958 年 4 月 11 日に東京都文京区に生まれ、2018 年 4 月 11 日に 60 歳となった。

　本書は、岩渕先生の友人をはじめ、同僚、後輩、弟子などが中心になり、先生の還暦を記念して編まれたものである。もともとは、数年前に、岩渕先生と私で何らかの研究会を開催しようということで始まった話であるが、単に集まるのではなく、研究会のテーマとして、日本政治の変容を取り上げ、何回かの研究会を重ねていくことで一冊の書物をつくろうという目標を設定した。研究会の開催時期や原稿執筆の時間などを考えると、書物の完成が 2018 年頃になるため、ちょうど岩渕先生の還暦を記念した性格を併せもつ書物にしようということになり、さまざまな執筆者が集まった。

　岩渕先生は、1982 年に慶應義塾大学法学部を卒業し、1984 年に早稲田大学大学院政治学研究科修士課程を修了し、1987 年に慶應義塾大学大学院法学研究科博士課程を満期退学した後、1989 年から 1993 年まで聖学院大学で専任講師を務め、1993 年 4 月には日本大学法学部に専任講師として着任した。それ以降、日本大学法学部で助教授を経て、2002 年には教授に昇任した。学外において、岩渕先生は、2014 年 5 月に日本選挙学会理事長に就任し、2016 年 5 月までその職にあった。日本選挙学会では、年報編集委員長、企画委員長、選挙管理委員長などの役職も歴任した。

　日本選挙学会理事長退任後すぐに本書の研究会が本格化したのであるが、同時期には、岩渕先生自身の体調にも大きな変化が生じた。2016 年 9 月の新学期早々に岩渕先生の研究室を訪ねた折に、先生より「夏休み前に大腸がんがみつかり、手術をした」と聞き、ただ驚くばかりであったが、初期だから大したことはないし、お酒も食事もセーブして痩せたから、むしろ健康体だということであった。私はやや安心し、その言葉通りに受け取った。

　2018 年 6 月半ばになり、本書の原稿の最終的な取りまとめの段階となった。岩渕先生の体調は思わしくなかったが、先生は全体の進捗状況なども心配し

つつ、私とのやりとりをしていた。60回目の誕生日を過ぎてしまったとはいえ、一刻も早く本書を完成させて、先生のお手元に届けたいと思いつつ、追い込み段階を迎えていた。

しかし、7月17日に岩渕先生は逝ってしまった。

岩渕先生のお手元に届けられなかった「悔しさ」は大きいが、1日も早く岩渕先生の御仏前に本書を届けることを思いながら、最後の仕上げを行ってきた。私自身は、本書が岩渕先生の還暦を記念した書物であるとはいえ、研究者とジャーナリストによる単なる論文集ではなく、1993年以降の日本における連立政治に関する共同研究の成果として捉えている。あくまで一つの流れをもった一冊の書物であり、2人の編著者がいて、一定の編集方針に沿って進められてきたプロジェクトの産物として、本書を位置づけることができる。

その意味で、還暦記念論文集という表現では十分ではないし、かといって追悼論文集というのも適切ではない。編著者として私は、岩渕美克先生の還暦を記念した「書物」という一つのかたちにこだわったのであり、岩渕先生が還暦を迎えたという「事実」にもこだわりたい。

私が日本大学法学部に着任したのは、2006年4月であるが、その前年の12月中旬に開催された教授会で私の採用が正式に決まった。その週末に日本選挙学会の理事会があり、理事会後、岩渕先生は、新宿の高層ホテルのバーで、私が日本大学の同僚になることを祝してくれた。そのときの表情、声、姿、話などを、今でも懐かしく思い出す。

2014年5月に岩渕先生が日本選挙学会理事長に就任した際、私は在外研究で渡英中であったが、その年の秋に帰国したら、事務局長をやってほしいという連絡を受け、帰国後ただちに先生の研究室にうかがったことが昨日のことのように思い出される。岩渕先生は、何かのパーティーで第三者に私を紹介する際には、「自分の右腕です」と表現してくれた。普段は「岩崎君」と呼んでくれたが、日常生活を振り返ると、この歳になると、なかなか「君づけ」で呼ばれることはなく、それさえ懐かしく、うれしい思い出になる。

本書の刊行にあたっては、執筆者各位にさまざまな協力を得た。八千代出

あとがき

版の森口恵美子さんと井上貴文さんにも限られた時間であるにもかかわらず、数々のリクエストに快く応えていただいた。本書を 2018 年 4 月 11 日にあわせて刊行できなかったことから、せめて 2018 年のうちに刊行したいと思い、多くの方々に無理をお願いして年内刊行が実現した。関係各位に心より感謝の意を表したい。

　謹んで本書を岩渕美克先生に捧げる。

2018 年 11 月 15 日

岩崎　正洋

索　引

ア　行

青木幹雄	90, 98, 101, 108, 117
麻生太郎	159-60, 175, 250
安倍一強	259-60
安倍晋三	159-61, 205, 236, 238
アベノミクス	251, 255, 257
荒木清寛	85
安全保障関連法案	256
安全保障法制	249, 254-5
石破茂	250, 255
石原伸晃	82
一・一ライン	30, 35, 39
1億総活躍社会	257
一党優位政党制	6
伊藤隆敏	171
伊吹文明	171
李明博	235
ヴィスコシティ（粘着性）	91
宇野宗佑	87
江田五月	169
大内啓伍	34-5, 37, 41
扇千景	89, 98, 108, 124
大島理森	162
太田昭宏	160, 175
小沢一郎	11, 80, 160, 164-6, 168, 177, 182, 186, 196
越智通雄	89
オバマ	258
小渕優子	90

穏健な多党制　　6

カ　行

改憲勢力	258
改新	33-7, 39-41
海部俊樹	89
柿沢弘治	32, 34-5, 38
閣外協力	3, 68
梶山静六	79
過小規模連合	71
ガソリン値下げ隊	169
過大規模連合	49, 54, 60, 63, 71
片山虎之助	116
加藤勝信	253, 257
加藤紘一	82, 106
加藤の乱	106-7
神の国発言	103
亀井静香	80, 117, 121
神崎武法	83, 98, 101, 108, 124
官邸主導	160, 253
菅直人	81, 211
消えた年金問題	147-8
岸田文雄	250
議題設定	199
北朝鮮	129
九州・沖縄サミット	102, 105
教育基本法	142-4
行政改革	74
行政刷新	200
拒否権	248

拒否権プレイヤー	72, 198	自民党総裁選	159-60, 245-6, 256, 257
草川昭三	82	衆議院の再可決	163, 167-70, 180, 185
久保亘	34-5, 39	集団的自衛権	253-6
グローバリゼーション	134	首相公選制	126
経済財政諮問会議	75-6, 164, 205	首相臨時代理	98, 100
KSD 事件	107, 110	ジュニアパートナー	109
ゲーム論的アプローチ	4	少数内閣	39
劇場型政治	115, 121-2	少数与党政権	37
憲法改正	258	省庁再編	74-5, 96
小池百合子	259	消費税増税	191
小泉純一郎	79, 111, 159-61, 194, 247	白川方明	171-2
構造改革	115	真空宰相	86
河野太郎	82	新生党	13
河野洋平	31-2, 34, 80, 169	新テロ対策特別措置法案	162, 164-5, 167,
古賀誠	82		172
国民投票法	141-2, 145, 148-50, 154	菅義偉	250
国連	164-5	鈴木宗男	128
国家安全保障会議（日本版 NSC）	205	政策執行	206
国会同意人事	168, 170-2	政治改革	39, 43-5
国家戦略局	201	政治主導	201
子ども手当	200	政治的中立性	206
五人組	97, 100, 107	正統性	96-7, 100-1

サ　行

		政務調査会	72
最小勝利連合	71	尖閣諸島	232, 235
財務省	203	選挙管理内閣	101, 105, 175, 182, 187
堺屋太一	81	選挙共闘	3
佐藤栄作	245	総務会	72
サブプライムローン	171	租税特別措置法改正案	168-70, 172

タ　行

参議院	247-9, 252, 258, 260		
三党合意	233	大連立（政権）	49, 64, 164-7, 173, 182
G7 伊勢志摩サミット	258	竹下登	79, 106
塩崎恭久	82	竹島	235
事前審査制度	120	脱小沢	212

田中角栄	117
田中真紀子	116, 127-8
田中義枝	170
田波耕治	171
谷垣禎一	89, 232, 234-5, 250
中核的執政	199
ツェベリス	72
続訓弘	87
つなぎ法案	169-70
TPP協定	257, 259
定額給付金	177-9, 181, 183-4, 187-8
抵抗勢力	116
テロ対策特別措置法	160-2, 164
テロ等準備罪	259
同時多発テロ	126
党首討論	238
道路公団民営化	117-8
特定秘密保護法案	252-3
特定秘密保護法制	249
ドッド	70

ナ　行

内閣人事局	253
長尾正和	170
中川昭一	177-80, 185
中曽根康弘	80, 86
二階俊博	82
西村清彦	171
日本銀行	168, 170-2
日本新党	13
額賀福志郎	82
ねじれ国会（分裂議会）	6, 82, 151-2, 163-6,
	172-3, 175, 182, 185, 188, 217, 248-53
野田聖子	81

野田毅	84, 89
野田佳彦	227, 250
野中広務	79, 82, 98, 101, 105, 117, 132

ハ　行

背水の陣内閣	160
派遣切り	184
橋下徹	231, 258
橋本龍太郎	67
鳩山邦夫	181, 184, 186
鳩山由紀夫	169, 184, 191
派閥均衡人事	69
東日本大震災	191
平沼赳夫	80, 117
平野由美子	170
福井俊彦	171
福田赳夫	90
福田康夫	159-62, 164-5, 167-8, 172-3, 253
藤井孝男	117
不信任決議案	149
二橋正弘	161
ブッチホン	90-1
普天間	200
冬柴鐵三	83
平成不況	113
細川護熙	11, 194
北海道洞爺湖サミット	172
堀江貴文	123

マ　行

町村信孝	161
的場順三	161
マニフェスト	191
みなし可決	167, 170

宮澤喜一	81	山崎拓	79, 106
民主制	207	郵政事業民営化	114
民主党（政権）	247, 249, 251-2, 258	ヨーロッパ政治の伝統アプローチ	4
民進党	258-60	与謝野馨	175, 179-84
武藤敏郎	171	吉田茂	131, 2-5, 261
村上正邦	98, 107	与党審査	72
村山談話	57, 61		

ラ　行		
明治憲法	261	
モーターボート競走法案	167	ライカー	70
森友・加計問題	259-60	リーマン・ショック	176
森喜朗	81, 166	両院議員総会	99
問責決議案	153, 185, 187	連立政権のガバナンス	5

ヤ　行		ワ　行	
野合	49, 55, 59, 64	渡邉恒雄	166
山口鶴男	90	渡辺美智雄	30-3, 38
山口那津男	254	渡辺喜美	82

269

編著者紹介

岩渕　美克（いわぶち　よしかづ）

1958 年生まれ（2018 年逝去）。元日本大学法学部教授。

【主要著書】

『なぜ日本型統治システムは疲弊したのか——憲法学・政治学・
　行政学からのアプローチ』（共著、ミネルヴァ書房、2016 年）。

『比較政治学のフロンティア——21 世紀の政策課題と新しいリー
　ダーシップ』（共著、ミネルヴァ書房、2015 年）。

『政治社会学（第 5 版）』（共編、一藝社、2013 年）。

岩崎　正洋（いわさき　まさひろ）

1965 年生まれ。日本大学法学部教授。

【主要著書】

『比較政治学入門』（勁草書房、2015 年）。

『e デモクラシーと電子投票』（日本経済評論社、2009 年）。

『政党システムの理論』（東海大学出版会、1999 年）。

日本の連立政権

2018 年 12 月26日　　第 1 版 1 刷発行

編著者 ― 岩渕美克・岩崎正洋
発行者 ― 森口恵美子
印刷所 ― 三光デジプロ
製本所 ― グ　リ　ー　ン
発行所 ― 八千代出版株式会社

〒101-0061　東京都千代田区神田三崎町 2-2-13
TEL　03 - 3262 - 0420
FAX　03 - 3237 - 0723
振替　00190 - 4 - 168060
＊定価はカバーに表示してあります。
＊落丁・乱丁本はお取替えいたします。

© 2018 Y. Iwabuchi, M. Iwasaki et al.
ISBN978-4-8429-1737-5